Redemptive History and Old Testament Exegesis

구속사와 구약 주석

신득일 지음

기독교문서선교회

기독교문서선교회(Christian Literature Center: 약칭 **CLC**)는 1941년 영국 콜체스터에서 켄 아담스에 의해 시작되었으며 국제 본부는 미국의 필라델피아에 있습니다.

국제 CLC는 59개 나라에서 180개의 본부를 두고, 약 650여 명의 선교사들이 이동도서차량 40대를 이용하여 문서 보급에 힘쓰고 있으며 이메일 주문을 통해 130여 국으로 책을 공급하고 있습니다.

한국 CLC는 청교도적 복음주의 신학과 신앙서적을 출판하는 문서선교 기관으로서, 한 영혼이라도 구원되길 소망하면서 주님이 오시는 그날까지 최선을 다할 것입니다.

Redemptive History
and
Old Testament Exegesis

Written by
Deuk Il Shin

Korean Edition
Copyright © 2017 by Christian Literature Center
Seoul, Korea

저자 서문

신득일 박사
고신대학교 구약학 교수

구속사는 구약의 중요한 신학적 주제가 될 뿐만 아니라 구약과 신약을 관통하는 중심 주제가 된다. 즉 구속사는 구약과 신약을 한 권의 책으로 보도록 하는 관점이다. 구속사라는 말 자체는 성경에 나오지 않지만 예수님은 그 관점을 제시하셨다.

> 너희가 성경에서 영생을 얻는 줄 생각하고 성경을 연구하거니와 이 성경이 곧 내게 대하여 증언하는 것이니라(요 5:39).

이 말은 구약이 예수님 안에 있는 구원을 말하고 있다는 것이다.

구속사가 구약의 중심이자 신학적 관점이라는 말은 그것이 해석적 관점을 제공한다는 말이다. 그것은 신학적 접근 방식의 하나로 분류될 수 있다. 구속사적 해석이나 주석에 관해서는 첫 번째 글에서 다루었다. 구약 해석에서 구속사는 충분조건은 아니지만 필요조건이다. 이 방법은 독자가 구약 본문을 기독교적으로 이해하도록 하는 가장 유용한 도구가 될 것이다. 구속사적 해석 방법을 배제한다면 구약의 역사적 본문뿐만 아니라 여러 장르의 본문의 의미를 바르게 이해하기 어려울 것이다.

개혁교회에서 구약 해석과 설교의 중요한 관점이 되는 구속사라는 주제는 지난 세대에 한국교회에도 소개가 되었다. 그렇지만 여기에 대한 강조는 많았지만 실제로 몇몇 학자들의 논문이나 책에서만 찾아 볼 수 있는 주제가 되었다. 그 주제가 교회 강단에까지 미치지 않았다는 것이다. 물론 여러 책이 '구속사'란 제목을 달고 있지만 그 주제를 얼마나 잘 이해하고 또 본문 해석에 적절하게 적용했는지에 대해서 의문이 들 때가 많다. 이런 점을 고려하면 이 책은 미력하나마 이 주제에 관심이 있는 독자들에게 약간의 도움을 줄 수 있을 것이다.

이 책에서는 먼저 구속사와 관련된 다양한 국면을 다룬 글을 싣고, 다음으로 대체로 그 관점을 적용해서 주석한 글을 실었다. 여기에 실린 글들은 모두 논문집에서 이미 발표되었던 것이다. 글이 논문집에 실려 있으면 독자들이 접근하기가 어려울 것이다. 그래서 더 많은 독자들과 이 주제와 내용을 나누고 또 그들의 소리를 듣기 위해서 그 글들을 모았다. 대부분의 글은 구약을 체계적으로 공부한 신학도와 목회자를 염두에 두고 썼기 때문에 일반 성도들이 이해하기에 어려운 면도 있을 것이다. 아무튼 이 책의 발간이 그동안 구호만 무성했던 구속사라는 주제에 대한 구체적인 논의가 재개되고 이 방법론을 활용하여 구약 본문을 정당하게 다루려는 노력에 박차를 가하는 계기가 되기를 바란다.

아울러 어려운 출판사의 형편에도 이 책을 기꺼이 출판해 주신 CLC 박영호 목사님께 감사드리고 한글 교정을 한 이명성 목사 후보생에게 감사를 표한다

2016년 10월 23일
예순 번째 생일에
해운대에서

contents

저자 서문 *4*

약어표 *8*

1장 구속사적 구약 해석　　　　　　　　　　　　*11*

2장 아브라함의 약속에 나타난 교회론　　　　　　*39*

3장 제사장 축복(민 6:24–27)　　　　　　　　　　*57*

4장 룻기는 다문화가정 정착 모델?　　　　　　　　*85*

5장 다윗과 미갈의 다툼(삼하 6:20–23)　　　　　 *108*

6장 솔로몬의 기도에 나타난 신학적 주제　　　　*124*

7장 열왕기와 역대기에 나타난 솔로몬 성전 구조의 주석적 문제 — *151*

8장 여리고성 재건에 나타난 저주(왕상 16:34) — *175*

9장 엘리야 서신에 관한 소고 — *192*

10장 야웨를 바라는 자: 이사야 40:27-31 주석 — *211*

11장 언약궤 소실의 의미 — *234*

12장 호세아와 고멜의 결혼 — *256*

13장 시편 42, 43편 해석 문제 — *268*

14장 아모스의 열국에 대한 심판 — *293*

15장 구약에 나타난 야웨(하나님) 경외의 삶 — *319*

• 색인 *351*

약어표

AB	Anchor Bible
ABD	The Anchor Bible Dictionary
Ahw	Akkadisches Handwörterbuch
AJSLL	American Journal of Semitic Languages and Literature
ANET	Ancient Near Eastern Texts
AOAT	Alter Orient und Altes Testament
AT	Acta Theologica
BA	Biblical Archaeologist
BAR	Biblical Archeology Revue
BKAT	Biblischer Kommentar Altes Testament
BN	Biblische Notizen
BS	Bibliotheca Sacra
BuL, Bibel und Leben	
CBQ	Catholic Biblical Quarterly
CC	A Continental Commentary
CAD	Miguel Civil, A. Leo Oppenheim, Eirica Reiner (ed.), *The Assyrian Dictionary* (Chicago: The Oriental Institute)
COT	Commentaar op het Oude Testament
CTJ	Calvin Theological Journal
DACL	Dictionnaire d'Archéologie Chrétienne et de Liturgie
DCH	Dictionary of Classical Hebrew
DTC	Dictionnaire de Théologie Catholique,
EBC	The Expositor's Bible Commentary
EBD	The Eerdmans Bible Dictionary
ÉTR	Études Théologiques et Religieuses

GK   E. Kautzsch, *Wilhelm Gesenius' Hebräische Grammatik* 28te (Leipzig: F.C.W. Vogel, 1909).
HALAT Hebräisches und Aramäisches Lexikon zum Alten Testament
HALOT L Koeher, W. Baumgartner, M. E. J. Richardson and J. Stamm, *The Hebrew and Aramaic Lexicon of the Old Testament* (Leiden: E. J. Brill, 1999)
HAR   Hebrew Annual Review
ICC   International Critical Commentary
IEJ   *Israel Exploration Journal*
JAOS   *Journal of the American Oriental Society*
JBL   Jounal of Biblical Literature
JBQ   Jewish Bible Quarterly
JM   Joüon, P.-T. Muraoka
JSOT   *Journal for the Study of the Old Testament*
JTS   Journal of Theological Studies
KV   Korte Verklaring
NBD   *New Bible Dictionary*
NCB   New Century Bible
NH   *New Horizons*
NICOT The New International Commentary on the Old Testament
NIDOTTE New International Dictionary of Old Testament Theology and Exegesis
NIVAP The NIV Application Commentary
NSKAT Neuer Stuttgarter Kommentar Altes Testament
OTE   *Old Testament Essays*

OTL	Old Testament Library
PEQ	*Palestine Exploration Quarterly*
PJB	*Palästinajahrbuch*
POT	De prediking van het Oude Testament
RB	*Revue Biblique*
RTR	*The Reformed Theological Review*
SBLMS	Society of Biblical Leterature Monograph Series
TRE	*Theologische Realenzyklopadie*
THAT	Jenni, E. und C. Westermann (ed.), *Theologische Handwörterbuch zum Alten Testament* I, II (München: Chr. Kaiser, 1976).
TLOT	*Theological Lexicon of the Old Testament*
TOTC	Tyndale Old Testament Commentaries
TWAT	*Theologisches Wörterbuch zum Alten Testament*
UBCS	Understanding the Bible Commentary Series
VT	*Vetus Testamentum*
WBC	Word Biblical Commentary
WEC	Wycliffe Exegetical Commentary
WTJ	*Westminster Theological Journal*
ZAW	*Zeitschrift für die attestamentlische Wissenschft*
ZDMGNF	*Zeitschrift der Deutchen Morgenländischen Gesellschaft Neue Folge*
ZTK	*Zeitschrift für Theologie und Kirche*

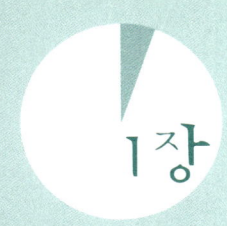

구속사적 구약 해석[1]

1. 서언

구약에 중심 주제가 있는가는 지난 세기부터 활발하게 논의된 주제다. 중심 주제가 있다고 한다면 그 주제가 무엇인가에 대한 답도 다양하다. 그런데 그 중심 주제가 단순한 논쟁에서 그치지 않고 실제로 구약을 이해하는데 어떤 도움을 주는가에 대해서는 구체적인 토의가 많지 않았던 것 같다. 그 유용성은 성경 내용을 구조적으로 통일성 있게 만드는 것과 주제별로 신학적 조망을 하는 정도였다.

본 장에서는 먼저 구약의 중심 주제의 유무에 대한 문제를 다루고 또 제시된 주제들의 특징과 주제 간의 관계를 살필 것이다. 그리고 많은 주제 가운데서 구속사의 우월적인 위치와 그 특성을 논하고 그 주제가 지니는 신학적 주석 관점으로서의 유용성을 제시할 것이다.

---

1 이 글은 「고신신학」 4권 (2002)에 실린 "구약의 중심 주제의 논쟁점과 신학적 주석관점으로서의 구속사"를 약간 수정한 것이다.

2. 구약 주석의 기본 요건

구약은 신약과 마찬가지로 하나님께로부터 왔다. 성령께서는 성경 저자들뿐만 아니라 두 성경을 하나님의 권위 있는 말씀으로 받아들이게 하기 위해서 하나님의 백성을 감동시키셨다.[2] 하나님은 특별 섭리를 통하여 성경 각 권의 형성뿐만 아니라 그 책의 수집에도 관심을 두셨다. 이것을 두고 구약을 권위 있는 정경으로 받아들이는 것부터 이미 신앙적인 관점을 견지하고 있는것이 아니냐고 말할 수도 있을 것이다.

그렇지만 성경의 모든 부분에 의문문을 던지는 비평적인 태도도 이미 그 자체의 신앙적 관점을 가지고 성경에 접근한다.[3] 그것은 하나의 전제를 의미하고 또 그 전제가 해석자의 믿음을 나타낸다. 그래서 성경을 대할 때 성경이 요구하는 믿음을 전제로 삼는 것은 자연스런 출발점이 된다.

사실 구약 해석의 가장 중요한 도구는 믿음이다. 즉 기독교 신앙이다. 포러(Fohrer)와 같은 학자는 구약을 다른 문헌과 같은 성격을 지닌 것으로 보고 연구하는 자는 구약을 이해할 때 믿음이 필요치 않다고 주장한다.[4] 그러나 성경 해석이 해석자의 실제 경험의 한 부분이라고 할 때 성경의 저자가 가졌던 기본적인 경험을 공유할 때 저자의 의도를 가장 명확하게 이해할 수 있다는 것은 합리적인 판단이다. 해석자가 역사와

---

[2] Cf. F. N. Lion-Cachet, *So het dit begin*: Gods boodskap in die raamwerk van die historiese boeke van die Ou Testament (Potchefstroom: DSP, PU vir CHO, 1989), 1.

[3] Cf. B. Holwerda, *Bijzondere Canoniek* (Kampen: Van den Berg 1972), 1.

[4] G. Fohrer, *Theologische Grungstrukturen des Alten Testaments* (Berlin: Töpelmann, 1972), 31.

언어 그리고 문헌 연구에서 얻을 수 있는 모든 주석의 도구를 다 해석에 적용한다 할지라도 그 성경 저자가 가진 믿음을 이해하지 못할 때는 성경 본문의 정확한 의미를 파악할 수 없을 것이다. 그러므로 기독교 신앙이라는 전제는 성경을 이해하는데 필수적인 요소가 된다.[5]

더 나아가서 하나님의 계시가 역사적 사건과 말씀으로 이루어지고 성경이 역사를 기록한 형태로 주어졌다는 것은 주석가가 성경을 해석할 때 역사적 그리고 문헌학적(philological) 접근 방식을 고려해야 한다는 것을 의미한다. 여기서 역사는 해석을 위한 첫 번째 문맥이 된다. 주석이 역사적인 측면을 고려해야 하는 것은 역사 속에 주어진 하나님의 영원한 말씀, 즉 성경의 특성이 그것을 요구하기 때문이다.[6] 만일 구약의 사건이 실제 역사라는 점을 간과한다면 구약에 기록된 하나님의 구속의 행위도 기껏해야 상징적인 의미 이상의 것을 기대하기 어려울 것이다.

문헌학이란 용어는 여러 분야에서 문법과 문학적 해석을 포함하는 개념으로 사용된다. 여기서 전통적 해석 방법으로 제시된 문법적 해석이라는 말 대신 문헌학이라는 용어를 채택한 이유는 문법적이라는 개념 자체가 언어학에서 차지하는 영역이 너무 제한되기 때문이다. 그것은 형태론과 구문론 정도로 언어학의 한 부분에 관여할 뿐, 현대 언어학에서 발견한 구조 분석과 같은 범주를 포괄하지 못하는 한계가 있다. 그

---

[5] G. F. Hasel, *Old Testament Theology*: Basic Issues in the Current Debat (Grand Rapids, Michigan: William B. Eerdmans Publishing Company, 1995), 200; cf. Ulrich H.J. Körtner, *Der inspirierte Leser* (Göttingen: Vandenhoeck & Ruprecht, 1994), 60; H. Cazelles, *Écriture Parole et Espirit*; trois aspects de l'herméneutique biblique (Paris: Desclée, 1971), 89.

[6] Gordon D. Fee, *History as Context for Interpretation*, in The Act of Bible Reading, ed. by Elmer Dyck (Downers Grove, Ill: IVP, 1996), 32.

렇다고 해서 문헌학이란 이름하에 언어학의 모든 이론을 무제한 수용해서 성경을 해석해야 한다는 것은 아니다. 다만 그런 관점을 고려해야 한다는 것이다.

이것은 문학이론에도 적용된다. 그러니까 본문을 해석할 때 순전히 문학적으로 해석해야한다는 견지를 지양하지만 적절한 범주 내에서 어느 정도 문학이론의 사용을 허용해야 한다는 것이다. 그래서 문헌학적 방법이란 언어학의 한 분야에 속하는 문법적이라는 개념을 좀 확대하면서 문학의 영역도 어느 정도 포함시키는 방법이라고 하겠다.[7] 사실 전통적 개념인 문법적 해석이라는 성경 본문의 문학적 형태를 적절하게 고려할 여지를 주지 않는다. 성경은 여러 가지 모양으로 기록되었기 때문에(히 1:1) 주석의 과정도 본문의 다양한 유형에 맞추어서 다양한 해석 방법을 요구한다.

주석은 또한 신학적 관점을 요구한다. 그런 관점이 없다면 주석 작업은 본문의 전체 흐름으로부터 개별적인 본문을 고립시킬 위험에 빠지기 쉽다.[8] 왜냐하면 성경 저자와 본문 형태 그리고 시대적 배경의 다양성에도 불구하고 성경은 전체적으로 사상적 통일성을 지니기 때문이다. 이 사상적 통일성이 성경에 대한 하나의 신학적 관점을 갖도록 한다. 그 신학적 관점은 구약 자체에서 얻을 수 있는 것이 아니라 구약과 신약의 관계에서 나와야 한다. 왜냐하면 기독교 학자들은 구약을 단순한 히브리

---

[7] P. A. Verhoef, *Metodiek van die eksegese* (Kaapstad: N.G. Kerk-Uitgewers, 1973), 28.

[8] Hasel, *Old Testament Theology*, 196; H. J. Kraus, *Geschichte der historisch-kritischen Erforschung des Alten Testaments* (Neukirchen: Neukirchener, 1988), 377.

문헌이나 히브리 성경으로 취급하지 않고 신약과 다름없는 권위 있는 정경으로 받아들이기 때문이다.

"구약 본문은 신약의 조명 아래 펼쳐져야 한다"는 전통인 이 해석의 원칙은 구약에서 신약으로 연결되는 공통된 주제가 신학적 해석의 중요한 요소가 됨을 반영한다. 그래서 신학적인 전제는 성경 해석의 중요한 도구가 될 수 있다. 이와 같이 구약이 지닌 특성을 따라서 구약 해석은 기본적으로 문헌학적, 역사적, 신학적 접근 방식을 요구한다.

3. 구약의 중심 주제 문제

구약성경의 사상을 전체적으로 통합시킬 수 있는 종합적인 원칙을 찾으려는 시도는 아이히로트(Eichrodt)가 그의 구약신학[9]을 언약의 관점에서 서술하면서 전면에 부각되었다. 그렇지만 구약의 중심 주제라는 것이 가능하냐는 근본적인 질문에 대해서 폰 라트(von Rad)는 회의적인 입장을 취했다. 그는 구약이 하나의 신학이 아니라 그 구조나 방법이 다양한 여러 개의 신학으로 구성되었다고 본다.

더 나아가서 그는 구약신학이란 용어를 단수로 사용하는 것조차도 재고해야 한다고 하면서 구약성경의 통일성은 이스라엘 신앙의 특정 기간에만 존재한 것으로 보고 중심점을 거부했다.[10] 그러면서도 그 자신은 통

---

9   W. Eichordt, *Theologie des Alte Testament* 1 (Stuttgart: Ehrenfried Klotz Verlag, 1933), 1950.
10 G. von Rad, *Theologie des Alten Testaments* II (München: Chr. Kaiser Verlag, 1975), 446-47.

일의 원리나 종합적 접근 방법을 사용하여 구약신학을 서술하는데 그것은 이스라엘의 신앙고백의 형태 속에 역사를 통합시킨다는 것이다.[11] 그래서 폰 라트가 자신의 구약신학을 저술하는데 사용한 구속사 혹은 전승사는 스스로 인정한 구약의 중심점이라고 할 수 있다.

사실 구약에 하나의 중심 주제가 있느냐 하는 문제는 구약이 사상적인 통일성이 있느냐는 질문과 같다. 구약이 다양한 주제를 가진 여러 권의 책으로 구성된 것은 사실이지만 그 주제들을 통합할 수 있는 포괄적인 주제가 없는, 작은 문고로 보기도 어려울 것이다. 왜냐하면 구약은 다양성과 더불어 엄연히 하나님의 존재와 사역 그리고 피조물인 인간과 세상의 반응과 같은 사상적 통일성을 유지하고 있기 때문이다. 아이히로트가 언약을 구약의 중심 주제로 제시한 이후 하나님의 거룩함(Sellin), 주이신 하나님(Köhler), 하나님의 통치(Seebass), 하나님 나라(Klein), 교통(Vriezen), 야웨 하나님(Hasel) 등의 대표적인 주제가 제시되었다.[12]

아이히로트가 구약의 중심 주제의 단면을 제시하기 위해서 사용한 언약 개념은 구약의 중요한 주제가 되는 것은 사실이다. 이 관점에서 그의 구약신학은 다른 주제들과 연관을 맺고 구조적인 통일성을 이루었다. 그가 언약을 구약의 중심 개념으로 보는 이유는 이스라엘이 하나님의

---

11 Von Rad, *Theologie des Alten Testaments* II, 447.
12 E. Sellin, *Theologie des Alten Testaments* (Leipzig: Quelle & Meyer, 1936); L. Köhler, *Theologie des Alten Testaments* (Tübingen: Von J.C.B. Mohr Verlag, 1936); H. Seebass, *Herrscherverheissungen im Alten Testament* (Neukirchen-Vluyn: Neukirchener Verlag, 1992); G. Klein, Reich Gottes als biblischer Zentralbegriff, *Evangelische Theologie* 30, (1970) 642–670; Th. C. Vriezen, *Hoofdlijnen der theologie van het Oude Testament* (Wageningen: Veenman en Zonen, 1977); Hasel, *Old Testament Theology*, 141–145, 168.

백성이 되어 신앙 공동체를 이루는 기본 조건이 언약이라고 생각하기 때문이다.[13] 그러나 이 주제에 근거한 그의 저술에는 몇 가지 난점이 있음이 드러났다.

먼저 일반적으로 지적을 받듯이 언약이라는 개념이 구약 전체를 설명할 수 있을 만큼 포괄적인 주제가 아니라는 것이다. 구약의 하나님은 이스라엘의 하나님일 뿐만 아니라 열방의 하나님도 되신다. 이런 점에서 그의 책은 '개별주의'와 '보편주의'의 양자 간의 긴장을 완화시키고 조화를 이룰 방안을 제시하지 못했다.[14] 이러한 지적은 프리전(Vriezen)의 교통이란 개념에도 동일하게 적용된다.

또한 아이히로트는 언약 개념을 정적인 실체로 보았다. 물론 하나님의 구원 사건의 중심에 언약이 있다고는 하지만 그 발생적인 데 관심을 두었다. 이것은 구약의 역사적 발전보다는 정체된 체계로서의 언약 개념을 사용한 것이다. 구약은 정적인 개념으로 설명할 수 없다. 구약의 내용은 그만큼 역동적이기 때문이다. 그래서 구약을 언약으로 설명하는 데는 한계가 있다고 하겠다.

구약의 중심 주제로 선택한 하나님의 거룩함은 정적인 개념처럼 보이지만 젤린(Sellin)은 이 주제를 역동적인 개념으로 사용하고 있다. 그는 하나님의 거룩함이 심판과 구원의 근거가 된다고 한다.[15] 그렇지만 가장 쉽게 이해할 수 있는 표현은 하나님의 공의와 사랑에 의해서 심판과

---

13 Eichordt, *Theologie des Alte Testament* 1, 8.
14 J. H. Hayes & F. Prussner, *Old Testament Theology*: its history & development (Atlanta: John Knox Press, 1985), 182.
15 E. Sellin, *Theologie des Alten Testaments*, 21–23.

구원이 주어진다는 것이다. 거룩함이란 하나님의 속성에 속하는데 하나님의 여러 가지 속성 가운데 하나가 다른 속성을 지배하는 개념으로 이해할 수 있는지 의문이다. 즉 하나님의 거룩, 영광, 무한성, 공의와 사랑 등의 개념이 어느 하나에 아니면 서로에 예속된다고 볼 때 그 관계와 정도를 정하기가 쉽지 않다. 구약의 중심이 '의'라고 주장하는 디트리히(Dietrich)의 입장도 같은 범주에 속한다.[16]

클라인(Klein)이 제시한 하나님 나라는 피조세계에 대한 하나님의 통치권을 주장하는 것으로 이해된다. 이 개념은 일단 구약의 중심 주제로서 손색이 없는 개념으로 인정받을 수 있을 것이다.

그러나 구약은 하나님을 통치자 이상의 존재로 묘사하고 있다. 또 나라의 개념이 포괄적이기 때문에 이 개념을 적용하기까지는 많은 요소들이 동원되어야 한다. 즉 하나님의 진정한 통치는 주권이나 구원과 같은 주제가 전제될 때 가능하다는 것이다. 이 주제로 구약 전체를 개괄하는 통일성 있는 구조를 그려낼 수는 있을 것이다.[17]

그렇지만 나라와 통치라는 개념으로 구약의 각 권을 설명할 때 때로는 그 개념이 너무 추상적이라는 느낌이 든다. 예를 들어 욥기를 하나님 나라 관점에서 이해하는 것이 적절한 방법이라고 말하기 어려울 것이다. 사실 성경에는 나라와 통치에 대한 언급이 많이 나오지만 그것이 구약 내용의 핵심이라든가 구약 기록의 목적이라는 직접적인 진술은

---

16 W. Dietrich, "Der rote Faden im Alten Testament," *Evangelische Theologie* 49 (1989): 232–250.

17 Cf. G. Goldworthy, *Gospel and Kingdom: A Christian Interpretation of the Old Testament* (Exter: The Paternoster Press, 1984).

찾아보기 어렵다.

또 다른 문제는 하나님 나라에 대한 이해가 너무도 다양하기 때문에 그 개념을 중심으로 구약 전반을 일관성 있게 설명하기가 쉽지 않다. 구약의 중심 주제가 구약의 독특한 성격을 나타내는 의미가 있어야 하지만 나라와 통치의 개념은 모든 종교에서 나타나는 현상이다. 즉 모든 종교에서 자신의 신이 세상을 통치하며 역사를 운행한다고 믿는다. 하나님 나라와 같이 중요한 구약의 주제라고 할지라도 그 책의 내용을 포괄적이고 체계적으로 파악하는 데는 한계가 있다.

하젤(Hasel)은 하나님 또는 야웨가 구약을 역동적으로 통합하는 중심이라고 주장한다. 이와 비슷하게 침멀리(Zimmerli)는 야웨의 이름이 이스라엘의 가장 특징 있는 주제로서 구약의 중심이 된다고 한다.[18] 사실 하나님은 구약의 처음부터 끝까지 주인공으로서 그 중심 무대를 장식한다. 또 그 이름은 유일한 것으로 하나님의 신 되심을 나타내는 특징을 지닌다. 그 하나님을 제외하고는 구약에서 알 수 있는 것은 아무것도 없다. 그리고 하나님 안에 모든 것이 포함되는 것도 사실이다.

그러나 중심 주제라고 할 때 그 주제에 내용이 있어야 할 것이다. 하나님이나 그 이름 자체로는 지향점을 가지기는 어려울 것이다. 적어도 구약을 대할 때 하나님의 의도를 따른 해석적 관점을 취할 필요가 있다. 그 의도라는 것은 구약 전체에서 또 신약과의 관계에서 나와야하기 때문에 매 본문에서 찾아서 해석에 적용할 수도 없을 것이다. 이런 점에서 하나님이라는 중심에 지향점을 지닌 내용이 보완이 되면 좋을 것이다.

---

18 W. Zimmerli, *Grundriss der alttestamentlich Theologie*, Fünfte Auflage (Stuttgart, Berlin, Köln, Mainz: W. Kohlhammer, 1985), 1–3.

앞에서 다룬 주제들 모두가 구약의 주제로서 어느 정도 자체의 가치를 지니고 있다고 하겠으나 구약 전체를 망라할 만큼 전포괄적인(all-inclusive) 주제는 없다. 여기에 대한 대안으로 좀 더 포괄적이면서 구체적인 중심 주제로서 구속사를 제시하고자 한다.

4. 성경의 중심 주제: 구속사

구약은 하나님의 계시의 목적에 대해서 직접 구체적으로 언급하지 않기 때문에 내부적인 내용을 검토해서 그 목적을 찾아야 한다. 챠일즈(Childs)는 하나님은 모든 사람들이 그분이 누구신가를 보고 알 수 있도록 하기 위해서 자신을 계시하셨다고 한다.[19] 하나님은 자신의 존재와 속성을 자신의 행위를 통해서 알리신다.

왜냐하면 그분의 인격과 사역은 분리할 수 없기 때문이다. 하나님은 이사야가 바벨론 포로된 이스라엘을 격려하기 위해서 선포할 때 다른 이름으로 자신을 계시하셨다.

> 나는 여호와 너희의 거룩한 자요 이스라엘의 창조자요 너희 왕이니라(사 43:15).

---

19 B. S. Childs, *Old Testament Theology in a Canonical Context* (Philadelphia: Fortress Press), 1985.

> 모든 육체가 나 여호와는 네 구원자요 네 구속자요 야곱의 전능자
> 인 줄 알리라(사 49:26).

이렇게 하나님이 자신을 다양하게 계시하는 데는 어떤 이유가 있다고 생각하는 것은 당연하다.

그것은 계시 자체가 자신의 목적은 아니기 때문이다. 하나님의 계시는 단순히 자신을 알리는 그 이상의 의미와 목적이 있다. 그분의 계시의 의도는 사람이 자신의 존재와 사역을 알고 궁극적으로 자신을 믿고 찬양하도록 하는 것이다. 하나님의 모든 계시와 활동의 궁극적 목적은 인간이 하나님을 영화롭게 하기 위함이라고 요약할 수 있다. 즉 하나님의 영광이 모든 계시의 목표다.

그러나 일이 지시하는 목적을 의미하는 목표라는 용어가 주제라는 말과 일치되어야 할 필요는 없다. 일반적으로 목표를 달성하려면 계획과 실행이 필요하다. 이것은 하나님에게도 적용된다. 하나님은 만물을 창조하시고 또 그것을 회복하심으로써 영광을 받으시려는 목표가 있다. 사실 이사야가 열거한 하나님의 다양한 이름의 궁극적인 의도는 하나님의 영광을 선포하는 것이지만 그 구절들의 주제는 자신의 능력과 신실함을 통하여 자신의 백성을 위한 하나님의 구원과 관련된다.

출애굽기 3장에서 하나님과 모세 간의 대화에 계시된 내용은 야웨에 대한 다양한 국면을 언급하고 있다. 즉 "언약에 신실한 조상들의 하나님, 야웨," "구원하시는 하나님, 야웨," "사람들과 인격적으로 교제하시

는 하나님, 야웨," "거룩하신 하나님, 야웨"[20]이다. 하나님은 사람들로부터 영광과 찬양을 받으시려는 목적이 있다. 이것은 그분이 누구시며 어떤 분인가를 계시하는 데서 나타난다. 그러나 목적과는 달리 하나님과 모세가 나눈 대화의 주제는 애굽 땅에서 이스라엘을 구원하는 것이라고 해도 지나침이 없을 것이다. 이 문맥에서 하나님이 자신의 인격과 사역과 관련된 표현을 쓰신 이유는 모세에게 복잡해 보이는 하나님의 신분 자체를 소개하고 인식시키기 위함이 아니라 이스라엘 백성을 애굽에서 해방시키려는 자신의 의지를 밝히기 위함이라고 하겠다.

이 주제는 성경 기록의 목적과도 관계가 있다. 그것은 구속에 대한 기록이다. 만일 아담과 하와가 타락하지 않았다면 성경은 기록될 필요가 없었을 것이다. 그때는 모두가 무흠한 상태에서 기존의 성경이 없어도 하나님의 계시를 직접 접할 수 있었을 것이다. 성경은 타락한 인간에게 하나님의 구원을 알리기 위해서 기록된 것이다(요 5:39, τὰς γραφάς는 구약을 가리킴).

그래서 성경의 중심 주제를 예수 그리스도를 통해 구원받는 것이라고 말하는 것은 무리가 없다. 즉 성경의 기록 목적은 그리스도 안에 있는 구원에 대해서 알려주기 위함이다. 베스터만(Westermann)이 이 점에 대해서 밝히길, "구약과 신약은 그 중심에 구원의 소식이 서 있다는데서 일치한다. 두 책에서는 우선적으로, 각별히 하나님이 구원하시는 분으로 선포되었다"고 한다.[21]

---

20 F. N. Lion-Cachet, "Die sentrale openbaring in die Ou Testament en die Christelike grondslag van die Potchefstroomse Universiteit," *Koers* 60/4, 563-577.

21 C. Westermann, *Der Segen in der Bibel und im Handeln der Kirche* (München: Chr.

그래서 구원이란 주제가 단순히 구약의 여러 주제 가운데 하나로서 취급되어서는 안 될 것이다. 비록 약속, 언약 그리고 왕국과 같은 중요한 신학적 주제가 성경 계시에 접근하는 유용한 원칙으로 사용된다고 할지라도 이 주제들은 마지막에 오시는 그리스도 안에 있는 위대한 구원에 대한 그림자와 반영으로 남아있을 뿐이다.[22]

독일어로 '하일스게쉬히테'(Heilsgeschichte)로 소개된 구속사만큼 내용과 분량에 있어서 포괄적인 주제도 없을 것이다. 이 개념은 구약과 신약을 연결시키고[23] 이스라엘의 종교 생활과 믿음의 근거로서 그 기능을 가진다.[24] 구속사는 또한 다른 주제와의 관계에서 배타적인 개념이 아니라 언약, 하나님의 통치, 약속과 성취와 같은 다양한 주제와 관련된 포괄적인 개념이다. 동시에 이 주제는 구약이 기독교의 경전으로서 가지는 독특한 성격을 부각시켜서 유대교와 이슬람과 같은 다른 종교의 구약에 대한 이해와 분명한 차이를 둔다.[25]

여러 가지 면에서 구속사라는 개념을 구약을 이해하는 신학적 출발점으로 삼은 것은 타당하다고 하겠다. 구속사 개념은 해석자가 고안한 신학적 전제가 아니라 성경 자체가 요구하는 전제이다. 그렇다고 해서 그

Kaiser Verlag, 1968), 9.

[22] W. VanGemeren, *The Progress of Redemption*, Grand Rapids (Michgan: Academie Books, 1988), 26.

[23] D. Fuller, *The Unity of the Bible*, Grand Rapids (Michigan: Zondervan Publishing House, 1992), 102; cf. O. Cullmann, *Christus und Zeit* (Zollikon-Zürich: Evangelischer Verlag A. G., 1948), 68-69.

[24] M. Weippert, Fargen des israelitischen Geschichtsbewusstseins, *Vetus Testamentum* 23 (1973) 419-421.

[25] Cf. H. N. Ridderbos, *Redemptive History and the New Testament Scriptures* (New Jersey: Presbyterian and Reformed Publishing Company, 1988), 25.

것이 전부라거나 그것만으로 충분하다는 말은 아니다.[26] 다만 가장 적절한 도구가 된다는 것이다.

구속사라는 용어(Heilsgeschichte)가 낭만주의 진영에서 먼저 소개되었기 때문에 그 용어 자체는 구약에 대한 합리주의적 접근 방식에서 나온 다른 용어와 마찬가지로 여전히 약점을 가지고 있고 또 논쟁의 여지도 있다.[27] 이런 문제점을 인식하는 가운데 이 용어로써 그 개념을 표현하는 것은 적절하다고 할 수 있을 것이다. 특별히 이 용어는 성경의 역사적 본문을 이해하는 데 더 잘 사용될 수 있다.

하나님 말씀인 구약은 역사를 표현한 것 이상의 의미가 있다. 성경 본문은 역사 속에서 일어난 실제적 사건을 가리키지만 구속의 의미를 가진 역사를 말하고 있다.

"성경은 하나님의 계시로서 자신의 구속계획을 실현하기 위해서 역사 속에서 행한 것을 전하는 것이다."[28]

그리스도 안에서 구원을 위한 하나님의 영원한 계획의 역사적 실현 과정으로서 구속사는 하나님의 계시에서 핵심적인 역할을 한다. 그래서 오랜 세월 동안 하나님이 자기 백성을 구원해 오셨다고 전하는 성경은 구속사가 그 특성이라는 것은 자명한 사실이다. 반대로 구속사적 특성을 배제한다면 성경 해석은 기독교적인 특성을 잃어버릴 수밖에 없을 것이다. 역사적 사건은 그 내용이 들어있는 본문을 통해서 접근할 수 있

26　P. V. Long, *The Art of Biblical History* (Grand Rapids, Michigan: Zondervan Publishing House, 1994), 99.

27　C. Trimp, *Heilsgeschiedenis en prediking* (Kampen: Van den Berg, 1986), 44.

28　Verhoef, *Metodiek van die eksegese*, 35.

는데 만일 그 내용이 들어있는 본문이 역사성이 결여된 단순한 이야기라고 한다면 그 해석의 결과는 하나님의 역사를 증발시키게 될 것이다.

신학적 차원에서 주석 방법으로 제시되는 구속사는 다양한, 유사한 표현으로 제시된다. 그것은 계시역사, 언약사, 구원사, 하나님 중심, 그리스도 중심, 기독론적 접근 방식이다.

5. 구약의 중심 주제로서의 구속사에 대한 반론과 그 연관성

구속사가 구약의 중심 개념이라는 것에 반대하는 것은 구약이 신학적으로 그리고 역사적으로 많은 관점을 지녔기 때문에 가능한 일이다. 그 가운데 구약의 역사는 구속사일 뿐만 아니라 불순종하는 자들에 대한 심판의 역사이기도 하다는 접근 방식도 있다. 특별히 선지자들은 불순종한 자들에 대해서 '야웨의 날'을 선포했다. 하나님이 심판을 행하시는 것은 하나님의 무조건적인 주도권이 언약을 파기하는 백성들의 불경건과 사악한 행위에 근거를 두고 있다. 마지막 날의 심판도 하나님의 구원 계획을 거절한 결과로 주어질 것이다.

그래서 심판이란 개념을 구원과 같은 차원에서 성경의 중심 주제로 주장하기는 어려울 것이다. 즉 하나님의 우선적인 사역은 심판이 아니라 구속이다. 챠일즈는 이 점을 분명하게 설명하면서, "나는 그분의 창조와 더불어 하나님의 목적에 가장 적합한 성경적 용어는 '구원' 혹은 '구속'이라는 것에 동의할 것이다"라고 했다.[29]

---

29 Childs, *Old Testament Theology*, 49.

아이히로트가 제시한대로 언약이라는 개념도 구약과 신약의 중요한 주제가 될 수 있다. 이 개념은 성경을 읽는 독자가 성경을 제대로 이해하기 위해서 반드시 알아야 할 주제다. 그렇지만 언약에 역사 발전 개념을 적용시키는 콕세이우스(Cocceijus)에 의하면 언약은 구속의 개념과 맞물려서 하나님께서 미래의 구원을 이루시는 틀이나 구조로 사용되는 것이다.[30]

더욱이 창세기 전반부에 기록된 창조와 타락의 사건도 구속사라는 견지에서 설명해야 한다는 것에 대해서 회의를 나타내는 것은 당연해 보인다. 왜냐하면 그 사건들은 역사적으로 구속사의 영역에 속하지 않기 때문이다. 이 문제는 성경 기록의 목적의 관점에서 해결될 수 있다. 창조의 사건을 기록한 것은 하나님을 능력과 지혜로써 우주를 창조하신 창조주로 비추기 위함이다. 이 창조는 인간을 죄 없는 무흠한 상태로 세웠다. 동시에 타락 사건도 죄의 기원과 구속의 필요를 나타내고 있다. 엄격하게 말해서 이 두 사건은 구속사의 개념과 구분해서 설명할 수 없다고 하겠다. 어떤 의미에서 두 사건의 관계를 설명하려는 몇몇 진술은 결함이 있다.

예를 들어 폰 라트가 "창조는 하나님의 구속 역사로 이해된다"[31]라고 주장하는 것은 수용할 수 없다. 왜냐하면 그에게 있어서 '창조'와 '구속'은 이스라엘 공동체의 신앙적 산물이기 때문이다. 로핑크(Lohfink)도 이 두 사건의 밀접한 관계를 강조하면서, "그래서 창조를 제쳐놓으면 인류

---

30 J. Cocceius, *De Leer van het Verbond en het Testament van God*, vertaald door W. J. van Asselt en H.G. Renger (Kampen: Uitgeverij de Groot-Goudriaan, 1990), 3.
31 Von Rad, *Theologie des Alten Testaments* II, 381.

구원도 없다" 그리고 "우리는 창조 안에서만 우리의 구원을 발견할 수 있다"[32] 고 했다. 그러나 우리가 알아야 하는 것은 그의 일차적인 관심은 "제사 문서가 이스라엘에 하나님의 제의적 임재로 묘사하는 구원의 요소가 어떻게 창조질서와 관련이 되는가"에 있다는 것이다. 그것은 창조주의 창조의 완성과 조화를 이루어, 세상에 성전을 만드는 인류의 문화적 창의성에 의해서 생기는 구원에 초점을 맞추고 있다. 문화적 활동을 통한 구원과 관련된 그의 주장에는 하나님의 창조와 인간의 창조가 구분이 잘 안 된다.

클라인에 의해서 제시된 하나님 나라 개념은 구속에 대한 넓은 관점에서 이해할 수 있다. 챠일즈는 하나님 나라와 구속을 같은 차원에서 이해했다.

> 구원의 동등 개념으로서 '하나님 나라'—자신이 창조한 만물에 대한 하나님의 통치—란 성경 용어를 사용하는 것은 아마 개별적 인간 생명으로 하나님의 사역을 제한하는 것을 막아주는 데 쓰일 뿐 아니라 세상에 활력을 불어넣는 종말론적인 힘인 하나님의 우주적인 뜻을 완성시키는 데 하나님의 주도권을 가리키기도 할 것이다.[33]

---

32 N. Lohfink, *Theology of the Pentateuch, The themes of the Priestly Narrative and Deuteronomy* (Edinburgh: T&T Clark, 1994), 116-135.
33 Childs, *Old Testament Theology*, 49.

래드(Ladd)도 하나님 나라와 구속을 아주 밀접하게 연관시키고 있다.

> 하나님 나라는 … 우선 구원론적 개념이다. 그것은 사탄을 쳐부수고 인간 사회를 하나님의 뜻에 기꺼이 복종하는 의로운 자리로 회복시키기 위해서 능력으로 행하시고 자신의 주권을 사용하시는 하나님이시다 … 그러므로 하나님 나라의 역사는 구속사다.[34]

사실 모두가 인정해야 하는 것은 어떠한 개념도 구약 전체 내용을 총체적으로 적절하게 포괄할 만큼 넓지는 않다는 것이다. 그러나 그 가운데서도 더 많은 영역을 포괄적으로 설명하는 주제가 있을 수 있다.

그래서 구속사라는 주제가 비록 전포괄적인 주제가 아니라 할지라도 다른 주제에 비해서 구약에서 중요한 역할을 하는 주제라는 것은 그리 무리한 주장이 아닐 것이다. 근자의 딜라드(Dillard)와 롱맨(Longman III)도 보스(Vos)의 주장을 옹호하면서 "수년 전 현대 성경신학자 보스는 계시가 어떻게 구속사를 반영하는가를 보여주었다. 그래서 하나님의 구속의 계획이 시대를 통해서 전진하듯이 계시사도 펼쳐진다"[35]고 진술했다.

---

34 G. H. Ladd, *Crucial Questions About the Kingdom of God* (Grand Rapids, Michigan: Eerdmans, 1952), 83-84.
35 R. B. Dillar & T. Longman III, *An Introduction to Old Testament* (Leicester: Apollos, 1994), 36.

6. 구약, 신약 그리고 구속사의 관계

구속사라는 주제를 구약을 설명하는 신학적 중심 주제로 삼으려고 할 때 이런 질문이 제기된다.

구약의 의미를 파악하기 위해서 신약에서 얻은 구원과 같은 주제를 사용해야 하는가?

휘브레이(Whybray)는 "구약이 기독교 세대를 고대하거나 예시하는 것으로 이해하는데 사용되는 전통적인 기독론적 해석원칙은 배제할 필요가 있다. 이것이 신약 저자가 구약을 이해하는 방법이라는 주장은 … 구약을 해석하는데 부적절하다"고 하고 "구약은 독자적으로 연구할 때만 제대로 이해할 수 있다"[36] 고 주장한다. 구약을 비기독교적인 책으로 보는 그의 입장은 구약이라는 명칭 자체가 신약에서 나왔다는 사실을 간과했다(고후 3:14). 구약이 기독교의 책이 아니라는 생각은 매켄지(McKenzie)가 "이제 구속사와 결별할 때가 되었다"[37]고 선언한 것에도 나타난다.

앞에서 언급했듯이 신약에 나타난 하나님의 계시로부터 예수께서 메시아임을 분명히 아는 그리스도인은, 구약을 '타나크' 혹은 '히브리 성경'이라는 이름으로 자신의 정경으로 받아들이는 유대인과는 구약에 대한 태도가 크게 다르다. 독자가 기독교인이라면 구약을 신약적 관점에서 보는 것은 고백에 근거한 합리적 방법이다.

---

36 R. N. Whybray, "Old Testament Theology-A Non-existent Beast," in *Scripture: Meaning and Method*, eds. Barry P. Thompson (Hull: Hull University Press, 1987), 170-172.

37 J. L. McKenzie, *A Theology of the Old Testament* (London: Geoffrey Chapman Publisher, 1974), 319-325.

왜냐하면 해석자는 성경의 저자가 말하는 배경이 되는 자신의 기본 전제와 경험인 믿음을 따라서 해석해야 하기 때문이다. 이런 바탕 위에서 아이히로트가 '구약신학'을 설명하기 위해서 신약이 제공하는 통찰력을 강조하는 것은 당연하다고 하겠다.

> 그러므로 구약 사상과 믿음의 세계를 묘사하는 것은 구약의 종교가 그 고유한 본질에 있어서 분명한 독특성이 있음에도 불구하고 그리스도 안에서 발견되는 완성이라는 관점에서만 파악될 수 있다는 것이다.[38]

그래서 구약의 본문은 기독론적으로 해석하는 것이 구약을 접근하는 가장 좋은 그리고 전형적인 방법이 될 것이다.

"기독론적인 해석이 기독교에서 항상 중요한 역할을 해왔다는 사실은 기독교의 가장 독특한 해석적 접근 방식을 보여준다."[39]

구약과 신약 두 성경에 대해서 그레이다너스(Greidanus)는 계시의 전진 사상에 호소하고 있다.

> 우리가 구약에서 신약으로 이동할 때 계시뿐만 아니라 구속사의 전진도 알 수 있다. 그런데 전진 때문에 구약이 비기독교적이 되지 않는다. 강의 원류는 강이 아니라고 해서는 안 된다. 즉 원류는

---

[38] Eichrodt, *Theologie des Alte Testament* 1, 2.
[39] C. Dohmen & G. Stemberger, *Hermeneutik der Jüdischen Bibel und des Alten Testaments* (Köln: W. Kohlhammer, 1996), 172–174.

강이 하류로 흘러갈 때 강의 가장 중요한 부분이다.[40]

구속사는 온 시대를 통해서 만물이 회복될 때 완전히 펼쳐질 하나님의 구속의 계획이 성취되는 단계에서 점진성을 나타낸다.

성경과 구속사의 관계에 대해서 말하자면, 하나님의 말씀은 단순히 역사적 사건을 묘사하는 그 이상의 의미가 있다고 하겠다. 즉 성경의 중심은 인간에 대한 하나님의 구속이며, 구약 자체의 특징은 구속사적이라는 말이다. 긴 세월을 거쳐 구원의 길을 따라 자기 백성을 구원하고 인도하시는 하나님의 역사가 구약에 담겨있다는 말이다. 그러나 성경은 하나님의 모든 구속 역사가 기록된 것은 아니다. 다만 전 역사 가운데서 인류 구원에 필요한 작은 부분만이 기록되었을 뿐이다. 그것은 하나님의 구속에 관한 지식을 얻기 위해서 신자가 알아야 할 결정적인 부분이다.

구속사에 대해서 논할 때 중요한 문제로 대두되는 것은 기록된 역사와 역사적 사건 간의 관계에 관한 문제다. 특별히 그레이다너스의 논문에는 그 양자 간에 차이를 두는 경향이 나타난다. 그는 자신의 설교 방법을 제시하면서, '본문' 자체를 상당히 강조하면서 역사적 사건에 대한 설교는 본문 자체에서 나와야 한다고 주장하는 스킬더(Schilder)의 입장에 반대했다.[41] 그는 우리가 특정한 본문을 해석하거나 설교할 때 특별

---

40 S. Greidanus, "The Necessity of Preaching Christ Also from Old Testament Texts," *CTJ* 34 (1999): 193.

41 Greidanus, *Sola Scriptura*; Problems and Principles in Preaching Historical Texts (Ontario: Wedge Publishing Foundation, 1970), 194-200.

히 문제의 관점에서 저자의 의도에 주의를 기울여야 한다고 강력하게 주장했다. 사실 그의 논문은 고재수 교수가 지적한 대로 베르까우어(Berkouwer), 리데르보스(Ridderbos) 그리고 루니아(Runia)와 같은 학자들이 공유하는 성경에 대한 전반적인 입장을 표명하는 것이기도 하다.[42]

이들은 1960년대의 암스텔담자유대학의 신학적 분위기에 동조하면서 성경의 무오성을 부인한다. 어쨌든 무오성에 관한 개념은 성경 기록의 정확성과 관련된 것인데 우리는 미국의 근본주의자들이 사용한 '무오성'이란 말과는 다르게 사용한다.[43] 성경론에 관해서 말하자면 베르까우어의 경우는 그가 자신의 성경론에 관한 책에서 영감에 관한 방대한 이론을 제시하고 있음에도 불구하고 정작 자신은 성경의 어떠한 영감설도 받아들이지 않는다.[44] 왜냐하면 그는 성경을 인간의 책으로 보면서 영감에 대한 자신의 견해에 대해서는 침묵하기 때문이다.

다시 그레이다너스로 돌아갈 때 문제는 성경 본문으로부터 역사적 사실을 설교하는 것이 본문 자체를 설교하는 것과 차이가 있는가 하는 것이다. 그는 역사적 사건을 본문에서 분리시키는 것이 위험하다는 말을 한다. 정말 성경에 기록된 역사적 사건은 선포되어야 할 하나님의 일로 이루어져 있다. 오순절에 제자들이 하나님의 큰 일(magnalia Dei, 행 2:11)에 대해서 설교했다. 그래서 그레이다너스는 성경 본문에 나타난 역사적인 사실에 대한 권위를 약화시켰다고 볼 수 있을 것이다.

---

42 Greidanus, *Sola Scriptura*, 200-202.
43 Cf., C. Trimp, "Heilige Geest en Heilige Schrift," in *Hoe staan wij ervoor?* (Barneveld: De vuurbak, 1992), 126-133; J. van Bruggen, *Wie maakte de bijbel?* (Kampen: Kok, 1986), 97-98.
44 G. C. Berkouwer, *De Heilige Schrift* II (Kampen: Kok, 1967), 5-61.

역사와 본문 관계에 관한 또 다른 견해는 불트만(Bultmann)에게서 볼 수 있다. 그의 출발점은 일단 본문으로부터 본문에 기록된 역사적인 사실로 나아간다는 입장이다. 그는 비신화화하는 주석을 통하여 역사의 꺼풀인 한시적인 경험을 제거하려고 애썼다.[45] 그는 신약이 역사적인 성격을 지녔다는 것을 부인하게 되었다. 역사적 사실과 본문의 관계에 있어서 본문을 약화시키는 것은 쿨만(Cullmann)에게서도 찾아볼 수 있다. 그는 우선적으로 역사적인 사건에 치중함으로써 성경을 분명하게 이해할 수 있다고 했다.[46] 그래서 독자는 성경의 저자가 부여한 케리그마적인 의미에 도달할 수 있다고 한다.

그러나 역사를 기록한 성경 본문을 신뢰하지 않고 역사적인 사실에 집중하는 것은 불가능하다. 판넨베르크(Pannenberg)도 성경과 계시 간에 약간의 거리를 두고 있다. 그는 성경을 하나님의 계시라기보다는 계시에 관한 보도로 받아들인다. 특별히 그에게 있어서 구약의 본문은 그냥 전승의 산물이지 그것이 역사성을 지닌다고 보지 않는다.[47]

구속사를 고려할 때 우선 떠오르는 것은 비역사적 본문이 구속사와 아무런 상관이 없어 보인다는 것이다. 그러나 구약의 비역사적인 본문

---

[45] R. Bultmann, *Das Problem der Theologie des Neuen Testaments,* Herausgegeben von G. Strecker (Darmstadt: Wissenschaftliche Buchgesellschaft, 1975), 308: "Ich wolle durch die entmythologisierende Exegese 'das Zeitiche und Geschichtliche als mythologische Einkleidung' eliminieren."

[46] Cullmann, *Christus und Zeit,* 78-79: "Erfassen wir die Deutung nicht doch besser, wenn wir sie uns auch vom nackten Ereignis, das für uns freilich in der Vergangenhiet liegt, geben lassen? Ist die Vergangenwärtigung nicht lebendiger, wenn wir auch das nachte Ereignis kennen?"

[47] W. Pannenberg, *Offenbarung als Geschichte* (Göttingen: Vandenhoek & Ruprecht, 1963), 111-114.

조차도 구속사의 개념을 배제해 버리면 성경 본문의 의도와 실제적 의미를 놓치게 된다. 욥기, 시편, 잠언, 전도서 그리고 아가서 같은 시가서 조차도 구속사 개념과 직접 또는 간접으로 연결이 된다.

예를 들어 욥기에 실제로 구속이라는 주제가 중요한 역할을 하고 있다. 욥이 드리는 희생제사(1:5; 42:8f.), 대속자와 부활에 대한 그의 신앙(19장), 엘리후의 이야기에 나타난 대속 사상 등이다. 놀라운 것은 욥의 고난도 우리의 구원에 대한 확신을 준다는 것이다. 즉 사탄의 지적과는 달리 이 땅에 구원에 이르는 진실한 믿음이 존재한다는 것을 증명하는 것이다.

일반적으로 '구약신학'에서 '이스라엘의 응답'[48]으로 분류되는 시편은 야웨에 대한 구속받은 백성들의 반응이다. 비록 문체는 역사적으로 기록된 것은 아니지만 기본적으로 시편은 하나님의 구속 역사에 근거해서 백성들이 하나님을 찬양하고 자기를 구원해 달라고 외치라고 가르친다. 이 원칙은 잠언과 전도서와 같은 지혜서에도 그대로 적용된다. 이 두 책은 구속받은 백성이 하나님의 섭리적 인도를 받아 어떻게 지혜롭게 살 것인가에 대한 지식을 설명한다. 특히 잠언은 구속받은 백성이 지켜야 할 '율법의 일반화'라고 할 수 있다.

"하나의 잠언은 지혜로운 삶의 필수적인 요소를 가르치는데 하나의 모세 율법보다 더 잘 맞다."[49]

비록 시가서가 역사를 서술하는 책이 아니라 할지라도 그 책은 역사

---

48 H. J. Kraus, *Psalmen 60-150*, BKAT XV2 (Neukirchen-Vluyn: Neukirchener Verlag, 1978), 9.

49 Fuller, *The Unity of the Bible*, 38.

적 정신과 함께 살아있다. 즉 그 책은 히브리 신앙과 그 이웃의 신앙을 구분하고 범신론적, 권력을 지향하는 세계에서 자신의 정체성을 보장해 주는 근본적인 개념을 붙들고 있다는 것이다.

7. 신학적 주석 관점으로서의 구속사의 필요성

주석과 성경 연구에서 구속사적 관점이 필요하다는 것은 새로운 현상이 아니다. 이것은 2세기 교부인 이레네우스(Iranaeus)가 영지주의를 반박한 이래로 사용되어온 관점이다. 종교개혁 이후 벵엘(Bengel) 같은 신학자는 구속사의 목표가 종교개혁과 정통교회의 교리 사상을 거절하는 데서 나온 기독교적 탐구에 대한 열쇠로서 그 방법론이 구속사적 개념에 뿌리를 둔 '성경신학'과 관계있다고 주장했다.[50] 19세기의 에어랑엔(Erlangen)학파가 역사 비평을 반대하기 위해서 사용한 개념도 구속사였다.[51]

많은 연구가 종교사적인 것에 관심이 쏠려있을 20세기 초에 쾨벌레(Köberle)는 이스라엘의 역사적 삶과 다른 종교의 역사 간의 관계를 설명하면서 하나님의 계시의 실체(Realität der göttlichen Offenbarung)와 이 백성의 종교사의 실제 역사적 과정(wirklich geschichtlichen Verlauf der Reli-

---

50 K. G. Steck, *Die Idee der Heilsgeschichte*, TS 56 (Zollikon: Evangelischer Verlag AG, 1959), 12.
51 R. A. Harrisville & W. Sundberg, *The Bible in Modern Culture: Theology and Historical-Critical Method from Spinoza to Käsemann* (Grand Rapids, Michigan: W. B. Eerdmans, 1995), 135-36.

gionsgeschichte dieses Volkes)이 상호 관계가 있다고 했다.[52] 개혁교회에서는 스킬더가 구속사 개념을 강조함으로써 바르트(Barth) 역사관의 위험이 드러나고 성경 해석과 주석에서 구속사적 방법이 하나의 해석적 관점으로 취급되었다. 다른 편에서 바르트와 불트만의 변증법적, 그리고 케리그마 신학에 반대하여 판넨베르크가 구속사에서 보편사를 제기했다. 그는 보편사의 구도 속에 구약의 계시사와 헤겔 역사관의 절충을 시도했다.[53] 그러나 구속사에 대한 그의 개념은 성경적 구속사의 세속화를 드러낸 것이다.

성경 주석에서 역사적인 사실이 유일한 초점이 되어서는 안 된다. 성경은 단순한 사건보다는 더 깊은 의미가 있다는 것이다. 주석은 객관적인 사실에 대해서 묘사하는 본문의 의미에 치중해야 한다. 그래서 주석가는 역사에 관심을 가지는 동시에 그 역사가 담고있는 구속사적 의미에 비중을 두어야 할 것이다.

만일 구속사적인 특성이 성경 본문 해석에서 정당한 위치를 지니지 못한다면 첫 번째 위험성으로 알레고리 해석이 등장하게 된다. 그것은 말씀으로 기록된 모든 것을 더 높은 실체에 대한 상징으로 이해하는 것이다. 이것은 필로가 유대교 경전에 대한 변증적인 무기로 사용함으로써 생긴 헬라 철학의 산물이기 때문에 어떤 이유로도 정당화될 수 없는

---

52 Justus Köberle, *Sünde und Gnade im religiösen Leben des Volkes Israel bis auf Christum: eine Geschichte des vorchristlichen Heilsbewusstseins* (München: Beck, 1905), 2.

53 W. Pannenberg, "Hermeneutik und Universalgeschichte," in: *Grundfragen systematischer Theologie* (Göttingen: Vandenhoeck & Ruprecht, 1967), 121.

주석 방법이다.[54]

　구속사적 관점을 배제할 때 생기는 다른 문제점은 이른바 모범적 해석이라고 하는 도덕화와 심리화의 위험이 나타난다는 것이다.[55] 이 해석법은 성경에 묘사된 인물에 관심을 두고 그들의 신앙과 행동을 신자들이 따라야 할 모범으로 제시하는 인간 중심의 성향을 지니고 있다. 이 방법론을 따르면 성경에 나타난 하나님의 역사에서 관심을 돌리게 된다. 물론 기독신자가 성경의 인물에서 교훈을 받아야 할 점이 있겠지만 그것도 하나님의 구속 사역과 관련해서 살펴야 정당한 해석을 할 수 있을 것이다.

　구속사에 대한 양보는 현대 해석학에서 주류를 형성하는 현대 문학적 방법에 주도권을 내어줄 위험이 있다. 신비평, 구조주의, 수사학적 비평, 내러티브 비평과 같은 문학적 해석 방식은 본문 자체의 자율성을 기초로 한 것으로 한 마디로 비역사적인 접근 방법이라고 할 수 있다. 이런 방법은 구속사와 정반대의 입장을 취한다. 본문의 문학적 질감을 고려하는 것도 필요하지만 그보다 앞서는 것은 본문의 내용에 치중하는 것이다.[56] 또한 독자 중심 해석이나 여성해방 사상 또는 해체주의 해석과 같은 포스터모던 해석은 구약 본문의 의미를 정당하게 이해하는데 별로 도움이 되지 않는다.

　이와 같이 구속사는 성경 자체가 요구하는 주석적 관점일 뿐만 아니

54　Trimp, *Heilsgeschiedenis en prediking*, 24; cf. C. Trimp, Narratieve homiletiek?, in *Ten dienste van het woord* (Kampen: Kok, 1991), 182.

55　Greidanus, *Sola Scriptura*, 73-75, 78-80.

56　Cf. D. I. Shin, *Modern Literary Approaches to the Old Testament Interpretation and its Assessment*, 「고신신학」 창간호 (1998): 71-120.

라 여러 시대를 걸쳐서 나타나는 그릇된 해석 접근 방식을 정당하게 대처하는 역할을 하는 중요한 개념이다.

8. 결어

하나님의 영원한 계획이 역사 속에 점진적으로 실현된 구속사는 신약뿐만 아니라 구약의 여러 주제들을 통합하고 그것들과 관련성을 가지는 중심 주제가 된다. 구속사는 역동성 있는 하나님의 행위로서 구약의 특성을 가장 잘 드러내는 주제라고 할 수 있다. 그것은 구속사 개념에 대한 올바른 이해와 적절한 적용이 없이는 구약을 균형있게 또 정당하게 주석하기 어렵다는 말이다. 구속사는 성경 자체가 주의를 기울이기를 요구하는 주제이기 때문에 성경 주석의 신학적 접근 방식의 한 관점으로서 유용하게 사용될 수 있다. 성경이 요구하는 관점을 충실히 따를 때 주석가는 비로소 말씀의 신실한 종이 될 수 있을 것이다

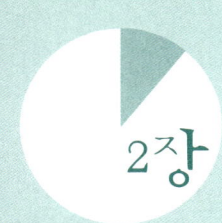

2장

아브라함의 약속에 나타난 교회론[1]

1. 개요

아브라함에게 주어진 약속은 본토, 친척, 아버지의 집을 떠나라는 명령에 대해서 주어진 것으로서 아브라함이 받은 소명의 중요성을 부각시킨다. 계시역사의 관점에서 이 약속은 구속역사의 새로운 장을 여는 계기가 된다. 여기서 새롭다는 말은 큰 민족을 이룬다는 것과 복을 받는다는 것이다. 하나님은 아브라함을 부르시고, 떠나라고 명령하심으로써 한 민족을 계획하셨다. 이것은 이전에 보편적으로 적용되던 하나님과의 관계를 아브라함을 중심으로 한 하나의 민족에 한정시키신다는 것이다.

이 말은 하나님의 구속의 계획이 좀 더 구체화되었다는 것을 의미한다. 창세기 3:15에 나타난 원복음(proto-evangelium)이 이제는 아브라함의 소명을 통하여 이루어지는 한 민족으로 나타난다. 아브라함에게

---

[1] 이 글은 「고신신학」 14호 (2012)에 실린 "아브라함의 약속에 나타난 선교적 사명"을 개정한 것이다.

주어진 이 약속은 앞으로 계속해서 반복되고 다윗에게서 더욱 분명하게 드러나는 것을 알 수 있다(삼하 7:16).[2] 이 약속은 앞으로 나타나는 모든 구원의 약속의 근간을 이룬다는 점에서 더 큰 중요성을 지닌다. 이 장에서는 약속의 내용을 주석하고 그것이 지시하는 교회론적 의미를 살펴보고자 한다.

2. 본문과 번역

아브라함에게 주신 하나님의 약속으로 나타난 본문은 본문 문제는 별로 없다. 그래서 마소라 본문을 그대로 번역하면 다음과 같다.

> 그리고 내가 너로 큰 민족을 이루게 하리라.[a] 그리고 내가 너에게 복을 주어서[b] 너의 이름을 창대케 하고 너는 복이 될 것이라.[c] 그리고 너를 축복하는 자들에게 내가 복을 주고 너를 경멸하는 자를[d] 내가 저주하리라. 그리고 너를 통하여 땅의 모든 족속이 복을 받을 것이다[e] (창 12:3-5).

a. '에에스카'('e '$e\acute{s}k\bar{a}$ $l^e g\bar{o}y$), qal + 대격 + 전치사 '러'(l^e)의 형식에서 전치사 '러'(l^e)는 행동의 결과로 나타난 상태를 뜻한다.[3]

---

[2] 신득일, "구약역사서의 교회, 어떻게 설교할 것인가?,"「본문과 설교」6 (2014): 60.

[3] R. J. Williams, *Hebrew Syntax: An Outline* (Toronto: University of Toronto, 1976), § 278.

b. 사르나(Sarna)는 이 문장("네게 복을 주리라")을 따로 분리해서 독자적인 복으로 본다. 그는 이 복을 신명기 7:13-15에 근거를 두고 물질적 번영으로 이해했다.[4]

c. 개역성경의 "너는 복의 근원이 될지라"는 문법적으로나 신학적으로 틀린 번역이다. 이 명령형은 앞 문장의 청원법이 계속되는 것으로서 의지를 나타내는 것으로 보아야 한다.[5] 스키너(Skinner)는 이 동사를 '버하야'(w ^{e}hāyā)로 본문을 수정해서 그 부분을 "그것(그의 이름)이 복이 될 것이다"라고 번역했지만 그럴 필요가 없다.[6]

d. 사마리아 사본은 논리적인 일치를 위해서 מקלליך(너를 경멸하는 자들)라고 복수형을 썼다. 그렇지만 그것이 일관성을 유지해야할 이유는 없어 보인다.

e. '바락'(bārak)의 니팔형은 구약에서 세 번밖에 쓰이지 않았다. 그것은 모두 동일한 약속의 내용이다(창 12:3; 18:18; 28:14).

4　N. M. Sarna, *Genesis,* The JPS Torah Commentary (Philadelphia: Jewish Publication Society), 89. 그러나 이 문장을 다른 복의 내용으로 이해할 필요가 없다.

5　F. E. König, *Historisch-Kritisches Lehrgebäudeder hebräischen Sprach* III (Leipzig: Nachdruck Hildesheim, 1979), §203; P. Joüon, *A Grammar of Biblical Hebrew* II, translated and revised by T. Muraoka (Rome: Pontificio Istituto Biblico, 1991), §116 h.

6　J. Skinner, *Genesis,* ICC (Edinburgh: T.&T. Clark, 1976), 244.

3. 교회론

1) 교회의 단일성과 보편성: 큰 민족

아브라함에게 주신 하나님의 약속에 나타난 '큰 민족'이란 우선 백성의 수가 많은 민족적 집단을 뜻한다.[7] 여기서 말하는 민족은 지리적 경계를 가지고 언어와 문화적 동질성을 가진 정치적 집단을 말한다.[8] 그러나 이 민족은 창세기 10장에 언급된 칠십 민족과는 구분되는 특별한 민족이다. 이 민족은 아브라함의 자손으로 구성될 것이다. 아브라함이 이 약속을 받았을 때 그는 현실적으로 받아들이기 어려웠을 것이다. 그는 자식이 없는 상태에서 이미 노년에 이르렀기 때문이다.

그에게 주신 하나님의 약속은 실로 엄청난 내용을 담고 있었다. 그것을 받아들이는 것은 믿음의 문제였다(히 11:1). 아브라함은 "하나님은 죽은 자를 살리시며 없는 것을 있는 것 같이 부르시는 분"이심을 믿어야 했다(롬 4:17). 무에서 유를 창조하신 하나님께서 이 일을 하시겠다고 하시고, 실제로 아브라함의 자손을 통하여 큰 민족을 이루셨다. 혈혈단신 아브라함의 허리에서 큰 민족이 형성되었다(사 51:4). 이것은 정말 큰 복이 아닐 수 없다.

여기서 하나님의 백성의 공동체인 이스라엘 국가가 형성되고,[9] 궁극적

---

[7] '민족'으로 번역된 *gōy*는 '백성'으로 번역된 *'am*과는 다르다. 전자는 대체로 지역의 전체 인구를 가리키고 후자는 혈연 관계를 강조한다. HALOT, 182.

[8] G. J. Wenham, *Genesis 1–15*, Word Biblical Commentary (Dallas: Word, Incorporated, 1998), 275.

[9] Weisman은 족장들의 약속을 두 종류의 자료가 있는 것으로 이해했다. 그것은 야웨 문서와 엘로힘 문서인데 보다 오래된 엘로힘 약속은 정치와 법률적인 요소가 없는 지파 단위

으로 예수 그리스도의 교회가 건설되는 것이다.

이런 의미에서 '민족'이란 말은 단순한 혈통이나 정치적 집단이란 개념을 뛰어넘어서 종말론적인 의미를 지닌다.[10] 아브라함은 단순한 이스라엘 족장이 아니라 우주적인 인물이었다. 그는 모든 믿는 자의 조상이요, 교회의 뿌리이다.

> 너희가 그리스도께 속한 자면 곧 아브라함의 자손이요, 약속대로 유업을 이을 자니라(갈 3:29).

새 언약 시대에 아브라함의 자손이 되는 것은 혈통으로 계승하는 것이 아니다.[11] 그래서 세례 요한이 유대인을 향해서 경고했다.

> 속으로 아브라함이 우리 조상이라고 생각지 말라(마 3:9).

예수께서도 유대인들을 향해서 그들이 육신으로는 아브라함의 자손이지만 사실은 그 아비는 진리를 쫓아내는 마귀라고 하셨다(요 8장). 이와 같이 아브라함의 자손이 되는 것은 육으로 되는 것이 아니고, 하나님의 능력으로 인한 믿음을 통해서만 가능하다. '큰 민족'의 구성원이 되

의 민족을 가리키고 야웨 약속은 국가적 차원의 민족을 가리킨다고 한다. Z. Weisman, "National Consciousness in the Patriarchal Promises," *JSOT* 31 (1985): 55-73. 그러나 자손들에게 반복되는 아브라함의 약속에 나타난 민족은 지파나 왕국과 같이 국가단위의 이스라엘에 한정된 것은 아니다.

10 J. W. Dumbrell, *The Faith of Israel*: A Theological Survey of the Old Testament (Grand Rapids, MI: Baker Academic, 2002), 28.

11 구약 시대에도 하나님의 언약을 받아들이고 유대인이 된 사람들이 많았다(에 8:17).

는 것은 예수 그리스도의 공로로만 가능하게 되었다. 누구든지 그리스도께 속한 자라면 그는 아브라함의 자손이다. 예수 그리스도를 믿음으로써 구원받은 자녀들이 큰 민족의 백성이다. 교의학적으로 교회의 단일성과 보편성의 기초가 되는 것은 바로 이 내용이다. 모든 성도가 큰 민족의 구성원이 된 것은 그들로 하여금 큰 위로를 받도록 한다.

2) 교회의 선포: 복(구원)

아브라함에게 주어진 약속의 핵심 단어는 '복'이다. 이 짧은 문구에 복이란 말이 창세기 12장에서 다섯 번 나온다.

> "너에게 복을 줄 것이다" … "너는 복이 될 것이라" … "너를 축복하는 자에게 내가 복을 주고" … "너를 통하여 땅의 모든 민족이 복을 받을 것이다."

이 복은 점진적으로 확산된다. 이 약속에서 복을 준다는 내용은 이전에도 언급되었지만 여기서 말하는 복은 근본적으로 다르다. 하나님은 노아와 그 자녀들에게도 복을 주셨지만 그것은 어디까지나 생존과 인류 번성과 관련된 자연계의 복이라고 볼 수 밖에 없다(창 9장). 물론 그것도 우주적 차원에서 이루어지는 궁극적인 회복이라는 구속을 의미할 수 있다.

그러나 아브라함에게 주신 복은 창조세계에 대한 복의 핵심이 되는 것

이다. 왜냐하면 그것은 저주를 극복하기 위해서 주어진 것이기 때문이다.[12]

고대 근동 사람들은 복을 능력을 부여받는 것으로 보았다. 즉 생식과 풍요, 번영과 생명을 유지하는데 필요한 능력을 복이라고 생각했다. 고대 근동의 한 부분이었던 이스라엘도 유사한 개념을 갖고 있었다. 즉 복은 삶을 영위하고 향상시키며, 수확과 자손의 번성과 성취 등 인간의 모든 영역에서 요구되는 것을 충족시키는 힘이다.[13] 그러나 그런 복의 내용도 근본적으로 하나님과 갖는 인격적 관계에 의해서 규정된다. 그것은 하나님의 계획에 의한 그분의 자유로운 의지에 달려있다.

특별히 아브라함에게 주신 약속에 나타난 복은 죽음에서 생명을 선물로 받는 것이고 인간의 타락으로 말미암아 초래한 저주에서 벗어나는 것이다. 결국 이 복은 그리스도 안에서 이루어지는 기독론적인 성격을 지닌다.[14] 이런 관점에서 아브라함의 약속에 나타난 복은 이전의 복과는 완전히 다른 것이다. 그래서 계시역사에서 새롭게 도입된 이 복의 개념은 바로 그리스도 안에서 누리는 구원을 말한다. 이 구속의 역사를 벗어나서는 복이라고 할 것은 아무 것도 없다.

본문에 언급된 '복주다' 또는 '축복하다'(bārak)라는 말이 반복되면서 그 의미가 분명해지는 것을 알 수 있다. 그 복은 교회와 교회의 구성원

---

12 R. Bauckham, *Bible and Mission: Christian Witness in a Postmodern World* (Grand Rapids, Mi.: Baker Book House, 2003), 35.

13 Friedrich Horst, *Segen und Segenshandlungen in der Bibel, in Gottes Recht*, Theologische Bücherei (München: Chr. Kaiser, 1961), 194-7; S. Mowinckel, *Religion und Kultus* (Göttingen: Vandenhoeck & Ruprecht, 1953), 64-5. 복의 어원적인 뜻인 '무릎,' '무릎을 꿇다'는 원래 복이 우월한 존재로부터 오는 것으로 이해한 것 같다.

14 J. H. Wright, *The Mission of God* (Downers Grove, Illinois: IVP Academic, 2006), 220.

을 통하여 이루는 구원 사역의 결과로 나타난다. 교회는 하나님께서 구원을 이루시는 장이 될 뿐만 아니라 교회의 선포를 통해서 교회가 이 구원의 복을 누리고 있음을 알게 된다.

3) 교회의 영광: 큰 이름

앞에서 나열한 복의 내용에서 빠진 것은 "네 이름을 창대케 하리라"(2b)는 것이다.[15] 사실 이것도 내용상 복을 증거하는 것이다. 왜냐하면 아브라함의 큰 이름과 큰 민족은 함께 가기 때문이다.[16] 바벨탑 사건에서 사람들이 스스로 이름을 내려고 한 것은 하나님의 진노의 대상이 되었지만 이제는 하나님 편에서 아브라함의 이름을 내려고 하신다.

자신의 나라와 집안을 떠남으로써 지연과 혈연 관계를 정리하고 버려진 자처럼 보이는 이 아브라함에게 큰 민족을 약속하셨을 뿐 아니라 그 이름이 창대케 될 것이라고 하신 것은 훗날에 그가 결코 버림받은 자가 아니라는 것을 증명해 보이는 것이다.[17]

이름을 크게 하겠다는 것은 단순히 이름 자체만을 의미하지 않는다.

---

15 Jenkins는 이름과 관련된 약속의 요소가 특별히 야웨 기자의 전통에 사용되었고, 그것은 원역사와 족장들의 이야기와 시나이 전승 간의 편집적 그리고 신학적 연결고리를 만들기 위한 것이라고 한다. A. K. Jenkins, A Great Name: Genesis 12:2 and the editing of the Pentateuch, *Journal for the Study of the Old Testament* 10 (1978), 41–57. 그렇지만 이 견해는 오경이 전승의 수집물이라는 전제에서만 생각할 수 있는 문제다.

16 Westermann, *Genesis*, 173.

17 외경 Jubilee는 아브라함이 부름을 받기 전에 "그의 이름이 갈대아의 온 땅에서 창대하게 되었다"고 한다(Jub 11:22). J. H. Charlesworth, *The Old Testament Pseudepigrapha and the New Testament*, vol.2 (New Haven: Yale University Press, 1985), 79.

명성이 높다는 말은 그 사람이 유명해진다는 말이다(창 6:4).[18] 그래서 아브라함의 이름이 창대케 되는 것은 곧 아브라함 자신이 창대하게 되는 것이다. 그가 큰 사람이 되도록 하겠다는 것이다. 이것은 하나님께서 아브라함에게 개인적으로 또 공적으로 부여하신 높은 위치를 가리킨다.

헷 족속은 아브라함에게 "당신은 우리 가운데 있는 하나님의 방백"이라고 했다(창 23:6).[19] 역사상 수많은 영웅과 열왕의 이름이 사람들의 기억 속에서 사라져 갔지만 하나님께서는 아브라함의 이름에 영예가 돌아가도록 돌보셨다. 그래서 미래의 모든 세대가 아브라함을 "우리의 조상"이라고 그 이름을 부르게 되었다. 성도는 앞으로 천국에서 아브라함을 만나 그를 아버지라고 하며, 그의 위대한 이름을 부르며 그와 교제하게 될 것이다(마 8:11).

이렇게 그의 이름은 시공간을 초월해있다. 뿐만 아니라 영적으로도 가장 높은 위치를 점하는 이름을 받았다. 그것은 가장 아름다운, 별과 같은 이름, "하나님의 친구"이다(약 2:23; 대하 20:7; 사 41:8). 이보다 더 영화로운 이름은 없을 것이다. 아브라함은 이 약속을 통해서 피조물로서 창조주와 유지할 수 있는 최고의 관계를 누릴 수 있었다. 세상 사람들의 판단에는 조상을 버리고 떠나는 아브라함에게 무슨 이름이 남아있겠는가 싶었겠지만 하나님은 계속해서 인간의 상상을 초월하는 내용으

---

18 W. H. Gispen, *Genesis* II, COT (Kampen: Kok, 1974), .
19 Ruprecht는 전승사적인 입장에 근거를 두고 본문을 고대근동 문헌의 유사한 표현을 찾아서 약속에 언급된 '큰 백성,' '큰 이름'과 관련된 복은 왕국 시대 초기에 성취되었다고 본다. 특히 '큰 이름'은 다윗과 솔로몬 같은 왕에게 해당한다고 한다. E. Ruprecht, "Der traditionsgeschichtlichen Hintergrund der einzelnen Elemente von Genesis XII 2–3," *VT* XXIX4 (1979), 444–464.

로 약속을 이루셨다.

　아브라함에게 복을 주시겠다는 약속의 내용이 큰 민족을 이루겠다는 약속 다음에 나오는데, 순서상 그 이유가 있어 보인다. 아브라함의 복은 결코 개인적으로 성취되는 것은 아니고 그 후손, 즉 그 민족과 관련된 것이다. 옛 언약의 교회가 그 영예로운 이름을 가진 조상을 둔 것은 그 공동체의 영광이 된다. 새 언약의 성도는 교회의 뿌리인 아브라함의 자손으로서 그 영광을 함께 누린다. 곧 그의 이름이 복을 받고 번창한 것은 곧 교회의 영광과 관련된다. 하나님이 아브라함의 이름을 창대하게 하시겠다는 약속에는 그의 교회를 영화롭게 하시겠다는 약속이 들어 있다.

4) 교회의 역할: 복의 통로

　아브라함의 큰 이름과 관련된 복의 성격이 점차 드러난다. 그것은 그가 복의 통로가 되는 것이다. 개역성경에서 "너는 복의 근원이 될지라" (2c)로 번역된 말은 히브리어 원문에서 명령형으로서 문자적으로 "복이 되라"라고 번역할 수 있겠지만 그것은 의미가 명확하지 않다. 그래서 문법적으로 앞의 청원법을 계속 연결시켜서 번역하는 것이 옳다. 그래서 "너는 복이 될지라"로 번역해야 한다. 이 말은 아브라함이 다른 사람을 위한 복이 된다는 뜻이다.[20]

　이것을 물질적 번영이란 차원에서 본다면 야곱에게 허락된 복이 라반

20　A. G. Fruchtenbaum, *The Book of Genesis*, Ariel's Bible commentary (San Antonio, TX: Ariel Ministries, 2008), 242.

에게 미치는 것과 요셉에게 주어진 복이 바로와 애굽에 미치는 것이다. 이렇게 아브라함을 통해서 세상이 복을 받는다는 것이다. 복의 근원은 하나님이시지만 아브라함은 복을 받는 채널이 된다. 그가 복을 받을 뿐만 아니라 그 자신이 많은 사람을 위한 복이 되어야 했다.

그가 하나님의 복을 받는 통로가 된다는 것은 3절의 말씀에서 구체적으로 드러난다.

> 너를 축복하는 자들을 내가 복을 주고 너를 경멸하는 자를[21] 내가 저주하리니 땅의 모든 민족이 너를 인하여 복을 얻을 것이라 (창 12:3).

'축복하는 자들'은 복수로 쓰였고, '경멸하는 자'는 단수로 쓰인 것은 아브라함을 축복하는 자가 더 많다는 것을 암시할 수 있다.[22] 특히 "너를 경멸하는 자를 내가 저주하리라"는 말은 마소라 사본이 필사상 오기가 아니라고 한다면 '저주'가 '경멸'보다 강한 의미가 있기 때문에 대적이 아브라함에게 끼친 해악보다는 그들이 당하는 진노가 더 크다는 말이다.[23] 결국 하나님의 복이 인간의 미래를 결정한다는 의미가 된다.[24] 하나님의 행위에 중립은 없다. 오직 복 또는 저주가 있을 뿐이다.

---

21 KJV의 "that curseth thee"(너를 저주하는 자)는 정확한 번역이 아니다. 왜냐하면 이 동사는 '가볍다'를 의미하는 *qālal*의 피엘형으로서 '경멸하다' 또는 '굴욕을 주다'라는 뜻이고 '축복하다'(*bārak*)의 반대 개념이 아니라 '영예롭게 하다'(*kābed*)의 반대 개념이기 때문이다. 즉 이 부분은 민 24:9과는 히브리어 동사가 다르다는 말이다.

22 Wenham, *Genesis 1–15*, 277.

23 Fruchtenbaum, *The Book of Genesis*, 242.

24 G. von Rad, *Genesis*, OTL (Philadelphia: The Westminster Press, 1973), 161.

하나님은 아브라함을 복을 내리는 기준으로 삼으셨다. 사람들이 아브라함을 대하는 태도에 따라서 복이 좌우된다. 여기서 '너'라는 말은 단순히 아브라함 개인에 한정되지는 않는다. 오히려 집합적 의미를 지닌 것으로 아브라함에게 속한 자손들을 포함한 집단으로 보아야 한다. 이 약속에 기초해서 개인적으로 아브라함을 선대한 자들이 복을 받겠지만, 이스라엘의 전 역사를 통하여 개인이든, 집단이든 아브라함의 자손을 선대한 자들은 복을 받고, 경멸한 자들은 저주를 받았다(수 2:12; 시 137; 암 1:3-2:3 등).[25]

하나님의 백성의 대적은 하나님의 구속의 계획을 훼방하는 세력으로서 그것은 곧 하나님의 대적으로 간주된다. 이것은 계시역사적으로 새 언약 시대에 아브라함의 자손의 무리인 교회에도 동일하게 적용되는 것이다. 하나님의 교회에 적대적인 입장을 취하는 세력은 사탄의 편에 서 있기 때문에 하나님이 대적할 수밖에 없을 것이다.

아브라함의 후손으로 구성된 교회는 세상으로부터 부름을 받은 자들이기 때문에 세상에 속해 있지 않고 세상과 싸우는 전투적 교회의 성격을 지닌다. 교회는 이 전투에서 항상 이기게 되어 있다. 예수님께서 다음과 같이 말씀하신 것은 교회의 승리를 보장한다.

> 너는 베드로라 내가 이 반석 위에 내 교회를 세우리니 음부의 권세가 이기지 못하리라(마 16:18).

---

[25] 특히 아모스의 서론에 해당하는 열국에 대한 예언심판은 이스라엘과 유다를 학대한 주변국가들에 대한 하나님의 심판이 아브라함의 약속에 기초한 것임을 잘 보여준다. 신득일, "아모스의 열국에 대한 심판," 「고신신학」 13 (2011): 259-285.

5) 교회의 선교적 사명

(1) 선교의 출발점

"구약에 선교에 대한 명령이 있는가?"

이 질문에 대해서 답을 하기 전에 먼저 그 질문에서 의도하는 선교가 무엇을 말하는지 되물을 수밖에 없다. 만일 그것이 신약교회에서 말하는 직분을 받은 선교사가 지리적, 정치적, 문화적 경계를 넘어서 복음을 전한다는 것이라면, 그런 선교는 구약에서 명령하지 않는다고 말해야 할 것이다.[26]

그러나 하나님이 이스라엘의 하나님이시지만 동시에 모든 민족의 하나님이신 것을 고려한다면 구약에도 선교에 대한 암시가 있다고 보아야 할 것이다. 또한 종말론적인 비전 가운데 열방이 주께로 돌아온다는 직접적인 언급을 볼 때(시 96:9; 사 51:5 등), 구약은 구속이라는 차원에서 기본적으로 모든 민족에게 열려있다고 볼 수밖에 없다.

구약의 선교에 대해서 말할 때 대부분의 선교학자들은 하나님께서 아브라함과 이스라엘을 선택하신 것을 많이 언급한다.[27] 물론 하나님의 구체적인 구원 사역이 아브라함을 부르심으로써 시작되었기 때문에 그 역사적인 사건을 부각시키는 것은 이해할 만하다. 사실 그 부름이 선교와 관련된다면 그것은 선교를 위한 시초의 준비 단계라고 말할 수 있을 것

---

[26] D. J. Bosch, *Transforming Mission: Paradigm Shifts in Theology of Mission* (Maryknoll, New York: Orbis Books, 1993), 17.

[27] Cf. 방동섭, 『선교없이 교회 없습니다』 (서울: 생명의 말씀사, 2010), 155-158; Wright는 이 약속을 비중있게 다루지만 본문 주석을 통해서 교회의 선교적 사명을 선명하게 드러내지는 못한 것 같다. Wright, *The Mission of God*, 200-21.

이다. 아브라함에 주어진 이 약속이 구약 이스라엘 역사의 성격을 가늠하는 중요한 기반이 되고 그 약속에 구속을 향한 하나님의 계획에 선교적 사명에 대한 암시가 나타난다는 것은 자연스럽다.

물론 계시역사의 성격에서 나타나는 것이지 독자 중심 해석이 선교 개념에 적용된 '선교적 해석학'의 결과는 아니다.[28] 왜냐하면 '선교적 해석학'은 구약의 모든 본문을 선교적 관점에서 해석하려는 시도로서 타락한 인간을 구원하려는 하나님의 구속 사역과 교회가 수행해야 할 교회의 선교를 혼동하고 있기 때문이다.

이미 큰 민족이라는 개념에서도 선교의 의미는 나타났다. 이 민족 구성의 성격을 볼 때 구약 시대에는 그 민족이 이스라엘이었다. 이스라엘은 제사장 나라로서 열방을 하나님과 새로운 관계를 맺게 할 임무가 있었다(출 19:6). 이스라엘이 종말에 모든 민족이 주께로 돌아오도록 하는 중요한 도구로서의 역할을 한다는 데서 선교적 임무가 나타난다. 그렇지만 옛 언약 시대에는 이 민족이 선교에 있어서는 예비 단계에 있었다. 구약에서는 선교가 어디까지나 원심력이 아니라 구심력으로 작용했기 때문이다. 마지막의 짧은 구절은 구원의 복이 어떻게 주어지는가를 잘 보여주고 있다.

---

28 D. J. Hesselgrave, *A Missionary Hermeneutic: Understanding Scripture in the Light of World Mission* (International Journal of Frontier Missions, 10 no 1 Ja 1993), 17–20. "누구도 멸망하는 것을 원치 않는 '선교사 하나님'(Missionary God)"과 같은 표현은 이해할 수 없는 말이다. 이 방법론은 직분으로서 선교사와 선교의 내용인 하나님을 구분하지 않는다. 이것은 교의학적으로 심각한 문제를 야기할 수 있다.

(2) 모든 족속이 누리는 복

하나님의 약속은 마지막 문장에서 절정을 이룬다. 아브라함이 복을 받는 통로가 된다는 것이 여기서 분명해 진다.

땅의 모든 민족이 너를 통하여 복을 받을 것이다(창 12:3).

'민족'으로 번역된 히브리어 단어, '미쉬파하'(mišpāḥā)는 넓은 개념을 가진 말로서 종족, 지파, 민족을 포함한다.[29] 이것은 확대된 단위의 가정에서 큰 민족에 이르기까지 아브라함을 통해서만 복을 받는다는 것이다. 이것이 민족이라고 한다면 이 약속은 우선 창세기 10장에 언급된 칠십 민족을 가리킬 것이다 그러나 궁극적으로 이 약속은 인종과 언어와 국경을 초월한 모든 민족집단에 적용된다.[30]

가끔 '복받다'는 동사를 재귀태로 번역해야 한다는 문제를 제기하기도 하지만 수동태로 번역하는데 전혀 문제가 없다.[31] 이 문장에 주어가 없지만 복을 주는 주체는 하나님이시다. 복이란 하나님께로부터 오는 것이지 스스로 창출해 낼 수 없는 것이다. 그것은 어원적으로나(무릎을 꿇다), 성경적으로도 맞지 않다. 여기서 하나님은 이스라엘 지파나 한 민

---

29 *HALOT*, 651.
30 Battett은 어떤 인구 집단이 여섯 개의 한정된 특성을 지닌다고 한다. 즉 인종, 피부색, 민족의 기원, 국적, 문화와 언어. Cf. H. Peskett & V. Ramachandra, *The Message of Mission* (Leicester: Inter-Varsty Press, 2003), 102.
31 재귀태로 번역하는 것(they will bless themselves in you)은 히브리 성경 안의 의미를 지니고, 수동태(they will be blessed through you)는 이 약속이 신약에 적합한 의미로서 서로 구별된다. J. Bailey Wells, *God's Holy People: A Theme in Biblical Theology* (JSOTSS 305; Sheffield: Sheffield Academic Press, 2000), 205-6.

족의 수호신이 아니라 열방의 하나님이신 것을 시사하고 있다.

'너를 통하여'라는 말은 아브라함을 가리키는 것인데, 같은 내용의 약속이 담긴 다른 본문에서는 좀 더 넓은 표현을 쓰고 있다. 창세기 22:18에는 "네 씨를 인하여 천하만민이 복을 얻으리니 …"라고 했다. 창세기 26:4에는 "네(이삭) 자손을 통하여 …"라고 했고, 창세기 28:14에는 "너(야곱)와 네 자손을 통하여 …"라고 했다.

'씨'라고 할 때 이 씨는 궁극적으로는 예수 그리스도를 가리킬 수 있지만 문맥상 집합적으로 아브라함의 자손을 말한다. 이스라엘 백성이다. 이스라엘은 특별한 위치에 있는 백성이다. 그러나 이 약속은 이스라엘이 미래에 다른 나라를 지배할 것이라고 말하지 않고 다른 나라를 위한 복의 중재자가 된다고 한다.

그들은 하나님의 구원 사역에 중심이 되는 백성이다. 하나님께서 그 백성에 대한 행동에 따라서 그들을 대하신다는 것이다. 그 이유는 하나님께서 예수 그리스도를 통한 구속 사역을 이스라엘 백성을 통해서 이루어 가시기 때문이다. 실제로 이스라엘 백성을 핍박한 백성은 저주 받았고, 이스라엘을 선대한 백성은 복을 받았다.

이것은 하나님의 백성이 역사의 중심이 된다는 말이다. 하나님은 자기 백성인 교회를 중심으로 역사를 운행해 가신다. 역사는 하나님의 구속이 이루어지는 장이다. 하나님이 구원하기로 작정한 자들이 다 부름을 받고 구원받았다면 역사는 끝났을 것이다.

다시 말하면 하나님께서는 교회를 통해서 세상에 복을 주신다고 말씀하신 셈이다. 그러면 세상이 어떻게 저주에서 벗어나서 생명의 복을 누릴 수 있는가라는 질문에서 교회의 선교적 사명을 생각하게 된다. 창세기 본문은 어떻게 복이 전달되는지에 대해서 구체적으로 말하지 않지만 분명히 아브라함에게 주신 하나님의 약속은 선교를 통한 인류 구속을 향한 하나님의 계획을 보여주는 것이다.

> 또 하나님이 이방을 믿음으로 말미암아 의로 정하실 것을 성경이 미리 알고 먼저 아브라함에게 복음을 전하되 모든 이방이 너로 말미암아 복을 받으리라 하였느니라(갈 3:8).

이것이 새 언약 시대에는 교회가 선교적 사명을 완수함으로써 이 약속이 성취되는 것으로 보아야 할 것이다. 그래서 구약에서 이보다 더 강력한 선교적 동인을 찾기가 쉽지 않다고 말할 수 있다. 큰 민족을 만들겠다는 약속은 이미 성취되어서 세계의 모든 성도들이 큰 민족의 일원이 되었다. 그러나 이것은 계속 유지되고 교회의 선교를 통해서 더욱 확장되어야 할 것이다.

4. 결론

아브라함의 소명과 함께 그에게 주어진 약속은 복으로 구성되었다. 그 복은 메시아의 사역을 통한 타락한 인류의 회복을 의미하는 것이다. 그래서 그 복은 개인이나 이스라엘 민족 차원에 머물러 있는 것이 아니고 인류 구원을 위한 하나님의 계획으로 주어진 것이다.

하나님은 아브라함과 그의 자손을 복의 통로로 사용하셔서 그 구원의 계획을 이루어 가신다.

  그 아브라함의 자손은 새 언약 시대에는 교회를 의미한다. 그 교회는 보편성을 지닌 단일 고백 공동체이자 영광스런 집단이다. 그 교회는 천하 만민이, 모든 민족이 복을 받는 통로의 역할을 한다. 즉 이 약속은 교회의 사명인 선교를 통해서 성취된다는 뜻이다. 인류 타락으로 말미암아 초래한 저주에서 벗어나 새 생명의 선물을 누리는 복을 받도록 하는 것은 이 약속이 암시하는 강한 선교적 동인이 된다. 아브라함에게 하신 하나님의 약속은 그리스도 예수 안에서 아브라함의 복이 이방인에게 미치게 하는 교회의 선교적 사명을 제시한다(갈 3:14).

3장

제사장 축복(민 6:24-27)[1]

　개혁교회는 전통적으로 예배 시 두 종류의 축도를 한다. 그것은 구약에서 아론과 그 자손들이 했던 제사장 축복(민 6:24-26)과 신약에서 바울이 했던 사도적 축복(고후 13:13)이다. 주로 주일 오전 예배 시 구약의 제사장 축복을 하고 오후 예배 시 신약의 사도적 축복을 한다.
　구미의 개혁교회나 장로교회의 예배와 생활을 경험한 한국 목사들이 신학교와 교회에서 가끔 제사장적 축복을 축도로 사용하기는 하지만 사도적 축도만 알고 있는 한국교회는 제사장적 축도가 여전히 낯설다. 그렇지만 우리 교단의 예배 모범에는 엄연히 이 본문을 축도로 사용할 수 있도록 명시되어 있다.
　한국교회가 여태껏 제사장 축복을 모르고 있거나 공식적인 축도로 사용하지 않는 것은 개혁신앙과 신학을 표방하면서도 개혁교회의 예배 전통을 진지하게 살펴보지 않았고, 또 제사장적인 축복의 내용과 그 활용

---

[1] 이 논문은 『개혁교회의 정로』 (허순길 박사 은퇴기념 논문집, 1999)에 실린 글이다.

에 대한 연구가 미진했기 때문이라고 볼 수 있다. 그러나 이것은 예배와 믿음 생활에 중요한 요소가 되기 때문에 연구해 볼 가치가 있다. 현대 교회는 모든 전통적 예배 의식의 요소가 그렇듯이 축도도 그냥 공식적인 예배를 마치는 신호로 여기거나 막연하게 '좋은 것'으로 생각하고 아니면 별 내용이나 의미없는 진부한 말로 취급하는 경향이 짙다. 이 글은 그런 타성에 젖은 교회에 축도가 예배 의식에서 얼마나 중요한 요소인가를 부각시킬 것이다. 이 연구에서는 민수기 6:22-27을 주석함으로써 제사장적 축도의 의미와 그 활용에 대해서 알아 볼 것이다.

1. 정경론과 본문

1) 정경의 상태

일반적으로 역사 문헌 비평에서는 이 본문을 제사 문서(P)로 분류한다. 그것은 축복 자체가 제사장과 관련이 있다고 보기 때문이다. 원래 본문의 문맥은 현재의 형태가 아니라 아론이 처음 제사를 드리고 백성들을 축복한 사건(레 9:22)에 있었을 것으로 본다.[2] 즉 아론과 제사장들의 중심적인 위치를 드러내기 위한 의도에서 현재의 본문 형태로 배열했다는 말이다.

전승사의 입장에서는 이 축복의 양식은 원래 독자적으로 존재했는데 후대에 그 역사적 정황에 맞추었다고 본다. 특히 마틴 노트(Noth)는 이 축복이 이른 시대로부터 전수받은 전통에 속하는 것으로 그 표현의 단

---

2 Cf. G. B. Gray, *Numbers*, ICC (Edingburgh: T.&T. Clark, 1912), 71.

순성은 고대성을 말해준다고 한다.³

축복 자체는 제사장적 기원을 가지지 않지만 후대에 제사장 작품 속에 받아들여져서 합쳤다는 것이다. 결과적으로 22-23절과 27절도 후대 첨가로 볼 수밖에 없다. 그런데 켈러만(Kellermann)은 22-26절을 한 단위로 보고 27절을 제사장의 역할을 부각시키기 위해서 첨가한 것으로 본다.⁴ 드보(de Vaulx)는 이 축복이 여기에 삽입된 이유가 모세와 야곱의 축복이 나실인과 가지는 관계 때문이라고 하면서 이 거룩한 축복은 나실인의 자원하는 헌신에 대한 응답이라고 한다.⁵

제사장 축복이 처음부터 제사장 문서에 속한다고 보면 이 축복은 포로 이후 유대 공동체에서 나왔다는 말이고 원래 독립해서 존재했다가 나중에 제사장 문서에 배열되었다고 한다면 포로 이전에 성전 제의는 물론 회막에서 제사할 때도 이 축복을 사용했음을 인정한다는 뜻이다.

어쨌든 이 본문은 원본이 아니라는 말이다. 화란 캄펜신학교(총회파) 구약학 교수인 코르펠(Korpel)이 민수기의 제사장 축복과 쿰란 문서에 나타난 제사장 축복과 기원전 7세기 것으로 보이는 동판에 나타난 제사장 축복을 비교 연구한 결과 그는 이 세 본문은 동일한 원문에서 변조된 것이라고 결론지었다.⁶ 쿰란의 축복은 마소라 본문보다 길고 동판의 것

---

3   M. Noth, *Numeri*, Das vierte Buch Mose (Göttingen: Vandenhoeck & Ruprecht, 1966), 53.
4   Diether Kellermann, *Priesterschrift von Numeri 1 bis 10* (Berlin: Walter de Gruyter & Co., 1970), 95-98.
5   J. de Vaulx, *Les Nombres*, Sources Bibliques (Paris: J. Gabalda, 1972), 103. 그는 이것이 기록되기 전에는 오랫동안 구전으로 전수되었다고 한다.
6   Marjo C. A. Korpel, "The Poetic Structure of the Priestly Blessing," *JSOT* 45 (1989): 3-9.

은 짧다. 그런데 민수기의 마소라 본문이 어떻게 변조되었는지를 설득력있게 말할 수 없다.

물론 내용적으로 제사장 축복과 유사한 여러 가지 축복의 형태가 옛날부터 있어왔겠지만(창 14:9; 24:60; 27:27-29; 48) 제의와 백성과 관련된 제사장 축복이 제사장의 직분과 전체 회중이 모이는 제의가 있기 전에 현재 본문이 보여주는 축복의 형태가 존재했는지는 의문이다.

그런 비평적 접근은 본문을 이해하는데 별로 도움을 주지 않는다. 특히 역사 문헌 비평에 의해서 문서를 나누는 것은 현대 주석의 경향과 어울리지 않는다.[7] 그것은 가설에 불과할 뿐만 아니라 학자들 간에도 제사장 문서의 성격과 연대에 관한 견해도 다양하다.[8]

2) 본문 문제

본문 문제는 우선 마소라 본문(MT)을 받아들이는데 별 어려움이 없다. 23절의 '아모르 라헴'('āmōr lāhem)은 부정사 독립형이라서 가끔 '아마르'('āmar) 앞에 전치사 '러'(l^e)가 빠진 것처럼 생각하기도 하는데 그렇게 보면 뒤에 오는 대명사와 연결하는 것도 어색해진다. 부정사 독립형은 부사나 율법 조항 같은데서 강한 명령을 나타낼 때도 쓰인다.[9] 여기서는 강한 명령의 의미가 있다. 동일한 기능을 가지고 민수기 4:2, 레

---

[7] Gerald Bray, *Biblical Interpretation: Past and Present* (Leicester: Apollos, 1996), 392-411.

[8] Cf. Y. Kaufmann, "Probleme der israelitisch-jüdischen Religionsgeschichte I," *ZAW* 48 (1930): 42. Kaufmann은 제사장 문서를 포로이전으로 본다.

[9] GK, §113 k, bb.

위기 2:6; 6:7(개역한글, 6:14)에도 쓰였다. 칠십인역의 본문은 '아모르 라헴'('āmōr lāhęm) 다음에 27절을 배치했다. 켈러만은 구약을 헬라어로 번역할 당시 이 문장이 확정되지 않았거나 번역자의 생각에 27절이 늦게 생겼다고 보았기 때문이라고 추측한다.[10] 그러나 칠십인역의 형태가 MT에 영향을 주지는 않는다.

25절의 첫 단어 '야에르'(yā'ēr)은 마소라 본문에서 '우르'('ūr, to shine)의 히필, 간접 명령형으로 이해했는데 사마리아 오경은 미완료(yā'īr)로 표기했다.[11] 사마리아 오경의 독법은 미래를 향한 축복의 예언적인 성격을 나타내려는 의도에서 비롯되었다. 마지막 단어 '비투넥카'(wītunękkā)에 대한 시리아 역본은 "네게 생명을 준다"로 번역했는데 이것은 시리아 역본의 특징인 해석이나 설명이 반영된 번역 형태를 보여준다.

위치상 23절 다음에 있는 칠십인역의 27절에 주(κύριος)가 첨가되었다. 형태상 축복의 문구에서 하나님의 이름을 사용한 것과 일치시키고 하나님을 강조하기 위해서 그렇게 첨가해서 번역한 것 같다.

2. 문학적 형태

본문의 문학적 장르는 시적인 축복이다. 히브리어로 제사장적 축복은 운율이 정교하고 아름다운 형태를 갖추고 있다. 전체적으로 보면 이 축

---

10 D. Kellermann, *Priesterschrift von Numeri 1 bis 10*, 97.
11 마소라 본문의 이 동사를 미완료로 분해한 Gispen의 분해는 틀렸다. W. H. Gispen, *Numeri* I, COT (Kampen: J. H. Kok, 1959), 119-120.

복(24-26절)은 샌드위치처럼 서두(22, 23절)와 결론(27절)으로 쌓여 있다. 서두는 축복의 기원을 소개하는 것이고 결론은 제사장이 축복한 결과를 말하는 내용이다. 축복의 구조는 다음과 같다.

야웨는 네게 복을 주시고 너를 지키시기를 (원하며)
여바레커카 야웨 버이쉬레카
(yᵉḇārēḵᵉḵā YHWH wᵉyišmᵉrēḵā)

야웨는 그 얼굴을 네게 비추시고 네게 은혜 베푸시길 (원하며)
야에르 야웨 파나우 엘레카 비투넥카
(yā'ēr YHWH pānāw 'ēlêḵā wīṯunękkā)

야웨는 그 얼굴을 네게로 향하여 드사 평강 주시기를 (원하노라)
잇샤 야웨 파나우 엘레카 버야셈 러카 샬롬
(yiśśā YHWH pānāw 'ēlêḵā wᵉyāśem lᵉḵā šālōm)

처음 이 축복이 기록될 때는 고대 히브리어였고 모음도 물론 없었다. 모두 삼행으로 구성되었는데 첫 행은 15개 자음의 3단어, 둘째행은 20개 자음의 5단어, 셋째행은 25개 자음의 7 단어로 이루어졌다. 이 글자 수가 의도적인지는 모르지만 여기에 특별한 의미를 부여하는 게 어색해 보인다.[12] 그러나 이 축복이 삼행으로 이루어져 하나님의 이름이 각 행에

---

12 Harrison은 이 수가 완전수임을 지적하는데 축복의 온전함과 관련시키는 것 같다. Noordtzij와 Gispen은 전체 15단어 중에서 하나님의 이름 세 개를 제외한 12단어를 12

언급된 것은 제의에서 기원을 나타내는 표현이다(야웨는 … 야웨는 … 야웨는 …).[13]

압운은 26절의 마지막 단어를 제외하고는(šālōm을 따로 배열하면 완전해짐) 행별로 모두 두운과 각운이 정확하게 맞추어져 있다. 즉 시작하는 말의 문자는 모두 3인칭 단수 간접 명령형 형태인 접두요소 요드(y)이고 끝나는 낱말의 끝은 대명사 2인칭 남성 단수 접미사(kā)이다.

각 행 안에서 이루는 내적 병행으로 각 행은 두 시구(colon)로 이루어졌다. 각 시구는 동사문인데 다른 동사와 연결하는 계사(접속사 w^e)를 사이에 두고 시구가 나누어진다. 형태상 첫 시구는 길고 둘째 것은 짧다. 편의상 각 행의 첫 시구(복주심, 얼굴을 비추심, 얼굴을 드심)는 백성을 향한 하나님의 동작을 나타내고 둘째 시구(보호, 은혜, 평강)는 동작의 결과로서 백성을 위한 복의 내용을 나타내는 것으로 볼 수 있다.[14]

이런 병행 관계는 구약의 여러 본문에서 찾아 볼 수 있다(시 5:13[한글: 12절]; 시 67:2; 말 1:9 등). 모두 여섯 개의 동사에서 나타난 동작이 여섯 개의 복을 말하지는 않는다. 세 개의 축복으로 보아야 할 것이다. 즉 보호와 은혜, 평강이다.

각 행의 관계에서 이루어진 외적 병행에는 삼행 모두 첫 시구에서 하

지파의 수와 관련짓는다. R. K. Harrison, *Numbers*, WEC (Chicago: Moody Press, 1990), 132; Gispen, *Numeri*, 117.

13 Michael Fishbane, "Form and Reformulation of the Biblical Priestly Blessing," *JAOS* 103.1 (1983): 115.

14 Cf. Patrick D. Miller, Jr., "The Blessing of God: An Interpretation of Numbers 6:22-27," *Interpretation* 29 (1975): 243. Miller는 이 구조를 애매하게 설명하고 있다. "the first clause of each line invoking God's movement toward the people, the second clause, his activity in their behalf."

나님의 이름과 동작 그리고 그 복의 내용이 나타나면서 병행을 이룬다. 일종의 점진이 나타나는 것을 알 수 있다.

처음에는 짧은 문장으로 시작하여 점점 분량이 늘어나면서 마지막 단어 평강(šālōm)에서 절정을 이룬다.

둘째행의 '얼굴을 비춘다'는 표현은 셋째 연에서 더 발전되었다. 특별히 첫 행의 복은 사실 전체 축복을 포괄하는 것인데 이 복이 마지막 평강으로 향한다. 이런 구조는 여러 시편에서도 쉽게 확인할 수 있다 (128:4-6; 147:13-14). 이 축복에서 평강은 복의 절정으로 복에 대한 가장 포괄적인 표현이다(시 29:11).[15] 제사장 축복은 구조상 평강에 초점을 두고 있다고 볼 수 있다.

3. 주석적 설명

1) 축복의 위임(22, 23절)

하나님은 구원받은 이스라엘 백성들에게 복 주시길 원하셨다. 하나님의 복은 초자연적인 것을 포함하는 그분의 능력이지만 하나님은 직분자를 통하여 복을 전하도록 하셨다. 그래서 모세로 하여금 아론과 그 자손들이 축복하라고 명령하셨다.[16] 축복이란 그렇게 낯선 것이 아니다. 사람

---

15 Cf. Korpel, "The Poetic Structure of the Priestly Blessing," 5-8.
16 히브리어 *bārak* 이나 영어의 bless는 한국말로 '복주다,' '축복하다'로 번역할 수 있다. 그러나 한글 번역은 의미상 차이가 있다. 복은 복 자체를 말하고, 축복은 복을 비는 것이다. 그래서 성경은 하나님이 주체가 될 때는 '복을 주다'(시 67:6, 7)로, 사람끼리는 '축

들은 일상생활에서 만나고 헤어질 때 서로 축복이 담긴 내용으로 인사를 한다. 특별히 생일이나 특별한 기념일, 연말 연시에 주고받는 인사말의 표현은 축복으로 가득하다. 사실 현대인이 인사말로 사용하는 축복은 아무런 구속력이 없는 소원일 뿐이다.

현대인과는 달리 고대 근동의 축복 개념은 다르다. 고대 근동 특히 아카드 문화권은 헬라 세계와는 대조적으로 풍부하게 발전된 축복의 개념을 보여준다.[17] 바벨론 사람은 인사말에서부터 상거래와 신전의 제의에 이르기까지 생활 전반에 축복(karābu)이 사용된다.[18] 그것은 단순히 울리는 소리가 아니라 사람의 중심에서 우러나는 어떤 능력이 담긴 말이다. 그들에게 이 축복은 삶의 중심에 자리 잡은 것으로 삶의 번영이 여기에 달려있다. 축복으로 그들의 삶을 번성케 하고 풍요롭게 한다. 제의에서 바벨론의 제사장이 어떤 신격으로 축복할 때 이것은 높은 신의 축복을 불러오는 것을 의미한다.[19]

고대 근동 사람들은 자연 현상을 신격화해서 숭배했기 때문에 그들의

복하다'(시 118:26)로, 사람이 하나님을 향할 때는 '찬송하다'(욥 1:20)로 번역했다. 그래서 함축적인 히브리어 한 단어를 우리말로 적절하게 표현하지 못할 때도 있다. 즉 '하나님의 축복'이란 표현은 엄격히 말해서 신학적으로, 언어적으로 틀린 말이다. '하나님의 축복을 받는다'는 더욱 말이 안 된다. 이것은 우리말이 지니는 표현의 한계와 잘못된 언어습관에서 온 것인데 그 말을 이해하는 데는 별 어려움이 없다.

17 Westermann, *Der Segen in der Bibel*, 32.
18 *CAD* 8, 192–198. 바벨론 사람의 축복의 용도는 광범위한데 제의에서는 주로 왕에게 신의 축복을 기원하는 내용이 많고 사람들에게 할 때는 신 앞에서 즐겁게 살기를 기원하는 것과 군대를 위한 것도 있다. 심지어는 문이 사람을 축복(환영)하는 문헌도 있다. Couroyer는 엘레판틴 문서에 기록된 아람어 문헌 연구에 기초해서 이집트 사람들의 인사가 히브리어인의 축복과 꼭 같은 문장 구조와 형식을 갖고 있다고 했다. B. Couroyer, "BRK et les formules égyptennes", *RB* 85 (1978): 58–60.
19 E. J. Bickerman, "Bénédition et prière", *RB* 69 (1962): 526n.

주술적인 축복을 통하여 초자연적인 능력을 받을 수 있다고 생각했다. 그래서 헴펠(Hempel)은 축복에 대한 구약의 관점도 원시적이고 마술적으로 축복을 사용한 데서 그 기원을 찾는다.[20] 이스라엘의 축복이 원시적인 것에서 윤리적인 것으로 진화했다고 보는 것이다. 고대 근동과 현대 원시 종교에 지배적이었던 능력에 대한 사상적 배경을 이스라엘이 소유했다고 보는 것은 계시 종교의 특성을 고려하지 않는 데서 비롯되었다.

물론 이스라엘도 고대 근동 세계의 한 부분이다. 그러나 하나님께서 자신을 계시하시고 특별한 방법으로 자기 백성을 조성하셨다. 이스라엘 자체가 하나님의 주도로 이루어졌고 그들의 종교는 계시 종교이기 때문에 이스라엘의 삶은 초자연적인 능력과 이룬 연합이나 관계의 지배를 받는 것이 아니라 하나님과 이룬 언약적 관계를 새롭게 하시는 하나님의 권리에 좌우된다.

그래서 구약의 축복은 근동 사람들처럼 능력을 말한다는 데서는 같지만 그것은 야웨의 능력이다. 그 능력은 누가 추출해낼 수 없고 다만 하나님의 의지에서 나온다. 구약의 축복은 백성을 향한 하나님의 의지가 담겨있다고 볼 수 있다.[21]

하나님은 축복하는 일을 제사장에게 맡기셨다. 이방 종교에서는 축복권을 가진 자가 능력을 가지고 행사한다. 축복 자체도 주문과 같이 주술적인 힘을 가진 말로 사용된다. 그러나 이스라엘의 아론계 제사장은 능

---

20 J. Hempel, "Die israelischen Anschauungen von Segen und Fluch im Lichten altorientalischer Parallelen," *ZDMGNF* 4-79 (1925): 20-22.

21 H. M. Ohmann, *Tellingen in de woestijn* (Bedum, The Netherlands: Uitgave Bond van Mannen verenigingen op Geref. Grondslag, 1983), 44.

력을 받은 자가 아니라 직분을 받은 자다.

로마 가톨릭은 반대로 생각한다. 즉 사제는 직분자를 능력을 맡은 자로 만들었다.[22] 제사장은 역할을 맡은 사람이지 축복에서 주어지는 능력과는 무관하다. 복을 주는 주체는 바로 하나님이기 때문이다. 야곱이 이삭에게서 축복을 받았는데 이것은 제사장적 축복과는 다른 예언적인 의미가 있다. 제사장의 축복은 빈말이 아니고 능력이다. 그 능력은 약속의 말씀과 삶이 일치될 때 나타난다.

하나님은 모세를 통해서 아론이 '그들을 향해서 말하라'('아모르 라헴,' 'āmōr lāhem)고 하셨다. 이것은 축복의 공식적인 용도를 말한다. 회중이 함께한 공식적인 제의에서 직분을 받은 제사장이 회중을 향해서 축복해야 한다. 본문은 아론이 기도('히트파렐,' hitpallel)나 간구('샤알,' šā'al)할 것을 명령하지 않고 회중에게 '말하라'고 했기 때문에 이것은 기도가 아니다. 칼빈도 이 제사장의 사역을 단순한 기도로 보지 않고 "이 의식은 하나님의 은혜에 대한 효력있는 증언이다"라고 했다.[23]

기도에서 '당신'이란 하나님이지만 여기서는 '너'는 백성이다. 즉 기도의 대상은 하나님이지 사람이 아니다. 그래서 복을 빈다는 뜻을 가진 축복이라는 말과 축복기도의 준말인 축도라는 표현은 아주 어색하다. 이것은 제의에서 공식적으로 회중을 향해서 하는 일종의 기원적 선언이다.[24]

---

22 Ohmann, *Tellingen in de woestijn*, 44; cf. Miller, Jr., "The Blessing of God," 249.
23 J. Calvin, *Commentaries on the Four Last Books of Moses Arranged in the Form of a Harmony* (Bellingham, WA: Logos Bible Software), 245: "이 말에서 제사장은 하나님과 백성을 화목케 하는 대사로 임명받았다"
24 E. J. Bickerman, "Bénédiction et prière," 528-530; Miller는 축복과 기도를 구분하지

이렇게 제사장은 그 직분에 주어진 여러 가지 임무에 더하여 공적인 제의에서 회중을 축복하는 권한을 위임받았다.[25]

2) 축복의 내용(24-26절)

(1) 첫째행

"야웨는 네게 복을 주시길"('여바레커카,' $y^eb\bar{a}r\bar{e}k^ek\bar{a}$)이란 첫 축복의 내용에서 하나님의 이름이 주어로 나타나 있다. 사실 동사에 이미 주어가 명시되어 있기 때문에 일부러 주어를 명시하지 않아도 문법적으로 문제가 없다. 이것은 하나님의 이름을 강조하기 위해서 첨가한 형태다. 무라오까(Muraoka)는 이렇게 하나님을 주어로 사용해서 그 이름을 표현한 것은 하나님이 주도적인 위치를 차지한다는 일종의 종교적 심리가 작용해서 단어를 그렇게 배열했다고 한다.[26]

여기서는 복의 근원이 어디인가를 보여주고 있다. 다른 이방신이나 어떤 자연적 힘에 의해서가 아니라 오직 하나님만이 복을 주실 수 있는 끊이

않고 오히려 축복을 기도에 포함시킨다. Miller, "Blessing of God," 250.

[25] 물론 축복을 시행할 때 예외가 없는 것은 아니었다. 다윗은 번제와 화목제를 드리고 야웨의 이름으로 백성을 축복했다고 기록하고(삼하 6:18) 솔로몬도 이스라엘 온 회중을 축복했다(왕상 8:55). 그러나 이것이 제사장적 축복이었는지는 알 수 없다. Mowinckel은 초기 이스라엘 왕은 하나님의 아들로서 복받는 채널이었는데 후기에 제사장으로 대체되었다고 한다. Sigmund Mowinckel, *Religion und Kultus* (Göttingen: Vandenhoeck & Ruprecht, 1953), 41. Wehmeier는 "제의적인 축복을 시행하는 것이 제사장의 특권이 된 것은 비교적 구약의 늦은 시기에 정착되었다"고 하는데 그 '늦은 시기'라는 말이 어느 정도 늦는지 애매하다. G. Wehmeier, *Der Segen im Alten Testament*, diss., Basel, 1970, 147. Scharbert는 왕이 하던 역할을 제사장에게 위임한 시기는 왕정 중기라고 추측한다. J. Scharbert, ברכ, *TWAT* I, 822.

[26] T. Muraoka, *Emphatic Words and Structures in Biblical Hebrew* (Jerusalem: The Magnes Press, 1985), 35.

지 않는 복의 근원이 되심을 나타낸다.

특별히 '야웨'란 이름은 이스라엘에게 특별한 의미가 있다. 이스라엘에게 있어서 이름은 단순한 상품의 선택된 상표가 아니라 부르는 대상의 속성과 존재가 결부되어 있고 이스라엘의 신앙은 이 이름을 아는 데서 시작된다.[27] 출애굽한지 얼마 되지 않은 이스라엘은 야웨란 이름이 무엇을 의미하는지 잘 알고 있었다. 야웨는 약속에 신실하신 하나님, 백성을 구원하셔서 자기 백성으로 삼으시고 특별한 관계를 맺으신 분이시다. 즉 이스라엘은 야웨의 백성이요, 야웨는 이스라엘의 하나님이시다(출 6:7). 이 의미를 잘 이해하는 이스라엘은 제사장이 하는 축복에 기대를 가질 수 있었을 것이다.

'복주다'(bārak)란 동사는 대부분 피엘형(233번)으로 쓰였다. 칼(qal)형(71번)은 모두 분사 수동으로만 쓰여서 복된 상태를 나타낸다. 그것은 일반 동사로 한정된 목적어를 받을 수가 없기 때문에 목적을 갖기 위해서 피엘형으로 쓸 수밖에 없다. 피엘형은 분사나 상태 동사를 동작을 일으키도록 하는 작위적 기능(make somebody blessed)을 가지고 있기 때문에 하나님이 주어가 될 때 한글로 '복주다'는 의미가 가능하다.[28]

이 동사의 형태는 간접 명령형인데 그 뜻은 명령, 기원, 권고, 기도 등 다양하다. 특별히 축복하는 말에 접두어가 있는 단축형의 간접 명령형을 쓰는 것은 동사에 무엇을 하도록 하는 기능을 부여하기 때문이다.[29]

---

27 Zimmerli, *Grundriss der alttestamentlich Theologie*, 12-4.
28 E. Jenni, *Das hebräische Pi`el* (Zurich: EVZ-Verlag, 1968), 216-7; C. A. Keller, "ברך," in *THAT* I, 354-5.
29 Hans-Peter Müller, "Segen im Alten Testament: Theologische Implikationen eines halb vergessenen Themas," *ZTK* 87 (1990): 10. Wehmeier는 원래 축복의 형식은 직

여기서는 기원에 가깝다고 볼 수 있겠다.[30] 그래서 "야웨께서 복주시기를 (원한다)"라는 뜻이다.

이 본문에서 말하는 복은 하나님의 순간적인 구속 행위와는 구분되는, 생명을 보존하고 누리는데 필요한 지속적인 보살핌을 뜻한다. 구원 받는 것이 최고의 복이지만 이스라엘은 이미 구원받은 상태에 있고 그들에게 필요한 것은 이 구원의 복을 지속적으로 누리는 것이다. 이스라엘에게 복이란 능력을 뜻한다. 삶을 영위하고 향상시키며, 수확과 자손의 번성과 성취 등 인간의 모든 영역에서 요구되는 것을 충족시키는 힘이다.[31]

하나님은 족장들에게 그 복을 주시고 약속하셨다. 재산과 부(창 24:35; 26:12), 후손(창 28:3), 땅에 대한 약속(창 35:12). 신명기 7:12-16에는 번영과 풍요, 생육, 건강과 승리를 말하고 있다. 제1동굴에서 발견된 "쿰란 문서"(1QS, The Manual of Discipline)는 민수기의 제사장 축복을 담고 있는데 거기에는 "그가 네게 모든 좋은 것으로 복을 주시길"('여바레커카,' $y^eb\bar{a}r^ek^ek\bar{a}\ b^ek\bar{o}l\ t\bar{o}b$, 원래 모음은 없음)이라는 확대된 본문으로써 유대 공동체가 제사장적 축복에서 이해한 복의 의미를 보여준다.[32] 즉 복은

설법으로 이루어져서 그 속에 묘사된 행복한 미래가 이미 효력을 지닌 현실로 선포되었다. 그런데 복을 주시는 이는 인간이 아니라 하나님이시라는 것에 대한 관심 때문에 점차로 간접 명령형으로 사용하게 되었다고 한다. Wehmeier, *Der Segen im Alten Testament*, 140-1.

30 GK, § 109, 1 a; J. P. Lettinga, *Grammatica van het Bijbels Hebreeuws* (Leiden: E. J. Brill, 1976), § 72 i 1. 한글을 포함한 거의 모든 서양어 역본이 이 동사를 기원하는 것으로 번역했지만 사실 이 본문에서 간접 명령형의 기능을 정확하게 결정하는 것은 불가능하다.

31 Horst, *Segen und Segenshandlungen*, 194-7; Mowinckel, *Religion und Kultus*, 64-5.

32 Florentino Gorcía Martínesz & Eibert J.C. Tigchelaar (eds.), *The Dead Sea Scrolls*

'좋은 것'과 관련된다. 이러한 이스라엘에 대한 하나님의 복은 신명기 28:1-14에 구체적으로 잘 요약되어 있다. 이 모든 것은 인간의 삶의 행복에 기본적으로 요구되는 사항이다.

하나님은 이 복을 받는 대상을 '너'(kā)라고 2인칭 단수로 말씀하셨다. 단수로 표현했지만 내용은 27절의 '이스라엘 자손'과 같은 말이다. 이것은 이스라엘 사람 개인뿐만 아니라 전체 회중을 가리키는 집합적인 의미를 갖는다. 이렇게 회중을 단수로 쓴 것은 회중의 영적인 일치를 보여 줄 뿐만 아니라 하나님과 이스라엘 간의 친밀한 인격적인 관계를 나타낸다.

하나님은 그런 관계에 있는 자기 백성에게 복을 주시고 지키신다. 하나님의 복은 우선적으로 보호에서 나타난다. "복주고 … 지킨다"('샤마르 … 버바락,' šāmar … wᵉbārak)는 표현은 고대 근동의 여러 석비(Kuntillet Ajrud, 비블로스의 Punic 비석)에서도[33] 볼 수 있는데 이런 축복의 형식이 일반적인 관행임을 알 수 있다. 보호는 부족함이 없는 삶에 대한 총체적 표현이다. 즉 구체적으로 그 보호는 기근과 가난, 질병과 전쟁 등 모든 재난과 환란에서 벗어나는 것이다. 쿰란 문서는 어디로부터 보호받는지를 언급하고 있다.

Study Edition (Leiden: Brill, 1997), Col. II:2-4. "그는 너를 모든 좋은 것으로 복을 주시고 모든 악한 것에서 지키시기 원하며 그는 너의 마음을 삶의 지혜로 비추사 영원한 지식으로 은혜 베푸시기 원하며 그는 그 은혜로운 얼굴을 너를 향하여 드사 영원한 평강을 주시기를 원하노라."

33 Cf. Michael L. Brown, "ברך," in: Willem A. Van Gemeren (ed.), *NIDOTTE* I, 1385.

"모든 악한 것으로부터 너를 보호하길"('버이쉬모러카 미콜 라,' w^{e}yišmōr^{e}kā mikkōl ra', 원래 모음은 없음).

하나님의 보호를 말할 때 흔히 시편 121편을 언급하는데 그것은 절기를 맞아 성전을 향해서 순례의 길을 가는 순례자를 하나님께서 지키신다는 개인적인 보호를 말한다.

물론 이 시편의 보호도 전 회중을 향해서 제사장 축복이 말하는 보호의 내용이 된다. 홍해를 건너서 광야에 들어서서 시내산 근처에 머물고 있는 이스라엘 백성에게는 이 보호가 절실한 상태였다. 그들은 하나님의 보호로 무모한 모험을 할 필요가 없었다. 이스라엘은 족장들이 어떻게 하나님의 보호를 경험했는가를 잘 알고 있었기 때문이다.

이스라엘은 미래에 대한 소망을 갖고 약속의 땅으로 향할 수 있고 하나님은 분명히 광야의 길에서 그리고 약속의 땅에서도 예상되는 모든 위험으로부터 그들을 안전하게 지키실 것이다. 그러나 무조건 이 복이 주어지지 않는다. 여기에는 조건이 있다. 하나님의 보호를 누리고 경험하는 것은 오직 믿음 안에서만 가능하다. 그 조건은 하나님을 신뢰하는 믿음이다(레 26장; 신 7; 28).

(2) 둘째행

둘째행의 "얼굴을 비추다"는 현대인에게는 생소한 표현이지만(시 67:2, "그 얼굴을 우리에게 비추다"), 고대 근동 사람들에게는 친숙한 표현이다. 고대 우가릿 문헌에는 이런 표현이 흔하다. "태양의 얼굴이 내게 비추었다"(*pru* 2, 15:9, 10 *wpn sps nr by*),³⁴ "내(사신)가 태양 앞에 왔는데 그 태양의 얼굴이 내게 대단하게 비추었다"(*rbt lpn sps wpn sps nu by mid*)³⁵고 하는 표현에서 태양은 대왕에 대한 통칭이다. 기원전 9세기 아카드어로 된 쿠두루 석비 중 한 구절에 "그가 밝게 응시하며 얼굴을 비추었다"(iv 39)고 기록하고, 기원전 6세기 신바벨론 문헌에도 같은 표현이 나온다.

> 그녀의 얼굴을 내게로 향하고 즉 그녀(나부나이드)의 빛나는 얼굴로 나를 믿음직스럽게 바라보고 실제로 그가(마르둑) 자비를 베풀도록 했다.³⁶

여기서 알 수 있는 것은 '얼굴을 비추는 것'은 신이나 신격을 가진 것으로 여겨지는 대왕에게 적용되는 표현이라는 점과 또 일반적으로 널리 알려진 관용구라는 것이다. 물론 구약에는 '비추다'는 동사가 하나님께만 적용된다.

이는 이스라엘의 왕이 숭배의 대상이 아니기 때문이다. 이 은유적 표현의 의미는 높은 자가 낮은 자에게 호의적인 태도를 취한다는 것이다.

---

34 Loren R. Fisher, *Ras Shamra Paralles* I, Analecta Orientalia 49 (Roma: Pontificium Institutum Biblicum, 1972), 55-6.
35 Samuel E. Loewenstamm, *Comparative Studies in Biblical and Ancient Oriental Literatures*, AOAT 204 (Neukirchen-Vluyn: Neukirchener, 1980), 266.
36 Fishbane, "Form and Reformulation," 117. 놀랍게도 제사장 축도와 거의 같은 문헌도 있다. "에아가 너를 기뻐하기를 원하며, 바다의 여왕 담키나가 그 얼굴로 너를 비추기를 원하며, 신들의 왕 마르둑이 너의 머리를 들기를 원하노라." Westermann, *Der Segen in der Bibel*, 46.

'하나님의 얼굴'이란 의인화한 것인데 이것은 하나님의 임재를 나타내는 특별한 표현이다. 그 얼굴을 비춘다는 말은 빛이 날 정도의 표정으로 상대를 대한다는 말인데 그 반대 의미를 생각하면 뜻이 분명해진다. 즉 하나님이 얼굴을 숨기시는 행위는 심판을 의미한다.

> 주께서 어찌하여 얼굴을 가리우시고 나를 주의 대적으로 여기시나이까(욥 13:24).

> 그들의 재난의 날에는 내가 … 얼굴을 보이지 아니하리라 (렘 18:17).

하나님이 얼굴을 비추시는 것은 심판과 대조를 이루는 개념으로 고통 가운데서도 구원의 희망을 갖도록 하는 호의와 만족을 주시려는 하나님의 태도를 뜻한다(시 80:4, 8, 20; 119:135; 단 9:17). 물론 동사로 표현되지는 않았지만 "왕의 얼굴 빛에 생명이 있다"(잠 16:15)는 표현도 백성에 대한 왕의 자애로운 태도를 나타낸다.

하나님의 얼굴빛은 구원을 필요로 하는 사람에게 비추어 은혜를 베푸신다. "네게 은혜 베푸시기를"(wītunękkā)에서 동사(ḥānan)는 칼(qal), 강세 간접 명령형으로 '은혜 베푸시길'이란 말이다. 히브리어 의미로 은혜는 하나님의 긍휼과 선과 호의에 대해서 우리가 아무런 공로가 없음을 뜻한다. 하나님의 은혜는 대적과 악 그리고 죄로부터 보호받는 데서, 즉 총체적 개념으로 하나님의 호의에서 나타난다. 자격 없는 이스라엘 백성은 그런 은혜를 구하고 누릴 수 있었다(시 4:1; 9:13; 41:4).

(3) 셋째행

셋째행은 둘째행과 비슷한 표현인데 좀 더 발전된 형태로 보인다. "얼굴을 네게로 향하여 든다"란 표현은 아카드어의 '~을 향하여 눈을 들다'(nasu ena ana)란 말과 관계가 있다. 이것은 사물이나 사람을 특별한 방법으로 바라보는 것 즉 애정을 갖고 바라본다는 말이다.[37]

구약에서 '얼굴을 든다'란 말은 숙어로서 문맥에 따라서 의미가 다양하다. 즉 확신과 기쁨(욥 11:15), 친근하게 대하다(욥 22:26), 소원을 들어주다(창 19:21), 기쁘게 받는다(욥 42:8) 등 긍정적인 뜻으로 쓰였다. 하나님이 '~를 향하여 얼굴을 드신다'는 말은 상대를 사랑의 눈으로 보시고 그를 기뻐하신다는 뜻이다(습 3:17). 이 축복에는 백성에 대한 하나님의 사랑의 의지가 담겨있다.

야웨께서 얼굴을 드시는 결과는 이 제사장적 축복의 마지막 목표이자 마지막 낱말인 평강(šālōm)이다. 여기서 말하는 평화는 단순히 전쟁이 없는 상태를 말하는 것이 아니고 번영을 가리킨다(시 37:11; 잠 3:2). 그래서 이것은 첫 시구에서 언급한 복의 요약이다. 장수와 후손(시 128:6), 안녕(시 4:9; 122:6-8), 건강(시 38:4), 능력(시 29:11) 등.

이 말의 동사는 빚을 갚거나 보상한다는 뜻으로 부족함이 없는, 온전한 상태를 말한다. 복과 마찬가지로 평강은 개인이나 회중이 복지와 행복에 필요한 모든 것을 포함한다.[38] 그래서 하나님이 평강을 주신다는 말은 안정된 삶의 번영에 대한 보장이다. 평강에 대한 이 능력있는 말은 회중의 경배를 마무리하는 하나님의 마지막 말이다. 제사장 축복의 문

---

37 Gispen, *Numeri*, 120.
38 A. Noordtzij, *Numeri*, KV (Kampen: Kok, 1941), 86.

맥에서 의미하는 평강은 영적인 성숙과 건강, 그리고 온전히 하나님과 사람을 섬기는 총체적 인격의 소산이다.[39]

민수기 전체 문맥에서 평강의 복은 22-26장에서 구세대의 마지막 생애에 언급된 말인데 여기서 하나님은 저주를 축복으로 바꾸셨다. 그리고 신세대에 대해서 언급하는 26-36장은 약속의 땅으로 들어가기 위한 희망찬 기대에 대한 긍정적인 말로 가득 차 있다.[40] 이렇게 축복은 복으로 시작해서 평강으로 끝난다.

3) 야웨의 이름을 둘 곳

하나님은 27절의 말씀으로써 제사장 축복의 효과를 말씀하신다. "그들이 내 이름을 이스라엘 자손 위에 둘 것이다"는 이름을 이스라엘을 향해서 선언하는 것과 같다. 그래서 한글 번역 "내 이름으로 축복할찌니"와 칠십인역과 불가타의 "그들이 내 이름을 부를 것이다"는 마소라본문을 의역한 것이다. '이스라엘 자손'에서 자손은 아들의 의미라기보다는 집단의 소속을 나타내는 말이다. 그것은 '이스라엘 백성'을 가리킨다. 이름이 전달되는 것은 가까운 관계가 이루어진다는 말이다.

제사장은 축복의 주어로 나오는 하나님의 이름을 이스라엘 위에 둠으로써 그 둘의 관계를 결속시키는 일을 해야 했다.[41] 야웨란 이름은 이스

---

[39] R. K. Harrison, *Introduction to the Old Testament* (Grand Rapids, Michigan: Eerdmans, 1991), 133.

[40] Dennis T. Olsen, *Numbers*, Interpretation (Louisville: John Knox Press, 1996), 43.

[41] Dorothea Greiner, *Segen und Segnen*, Eine systematisch-theologische Grundlegung (Stuttgart: Kohlhammer, 1998), 46.

라엘 신앙에서 유일한 것이다. 이 이름으로 이스라엘은 구원받고 생명을 보존했다. 또 그 이름으로 약속의 땅에 들어갈 것이다. 기원전 7세기의 야웨란 이름이 각인된 동판은[42] 27절의 말씀이 문자적으로 실현된 것을 보여준다.[43] 그러나 하나님은 자신의 이름을 낡아 없어질 동판이 아니라 이스라엘 백성 위에 둘 것을 말씀하셨다. 하나님은 그 이름을 백성들의 마음과 생각에 두심으로써 백성과 언약적 관계를 지속하길 원하셨다.

축복 가운데 3번 반복되는 하나님의 이름이 강조되어 나오듯이 여기서도 일인칭 대명사(' anî)를 덧붙여서 강조하고 있다. 하나님께서 친히 복을 주신다고 축복에 대한 확신을 주신다. 제사장적 축복의 효과를 강조하는 것은 축복에 대한 하나님의 책임 때문이다.[44] 그 효력은 제사장의 영적인 상태나 능력이 아니라 복을 주시려는 하나님의 의지에 달려 있다. 하나님은 제사장의 축복에 대한 명령을 약속으로 끝내신다. 이스라엘은 제의 때 모여서 헤어지기 전에 이 풍성한 축복을 대할 수 있었다. 이 부분은 제사장의 축복이 결코 공허한 바람이 아님을 강조한다.

---

[42] 1979년 예루살렘의 Ketef Hinnom에서 다른 물품과 함께 조그만 두 동판 두루마리가 발견되었는데, 거기에 히브리어 글자가 새겨져있었다. 약 6년 후에 판독한 결과 민수기 6:24-26의 제사장 축복의 내용이 담겨있는 일종의 부적 같은 것이었다. Ada Yardeni, "Remarks on the Priestly Blessing on Two Ancient Amulets from Jerusalem," *VT* XLI, 2 (1991): 176-85; G. Barkay, "The Divine Name Found in Jerusalem," *BAR* 9/2 (1983): 14-19. 작은 동판: "야웨는 네게 복을 주시고 그가 너를 지키시길, 야웨는 그 얼굴을 네게 비추사 평강주시길 원하노라." 큰 동판: "야웨는 네게 복을 주시고 너를 지키시길, 야웨는 (그 얼굴을) 비추시길 …"

[43] Robert Martin-Achard, "Remarques sur la Bénédiction Sacerdotale Nb 6/22-27 2e partie," *ÉTR* 70 (1995): 257.

[44] C. W. Mitchell, *The Meaning of brk "to bless" in the Old Testament* (Atlanta: Scholars Press, 1987), 97.

4. 계시사적 의미

광야 시내산 부근에 도달한 이스라엘은 계명을 받고 성막과 제사장 임명에 대한 명령을 받았다. 이제 이스라엘은 하나님과 특별한 관계를 가진 백성으로 살아야 했다. 제의에서 백성들을 만나주시는 하나님은 그들의 삶의 중심에 제의를 두시고 그 제의의 중요한 요소로서 축복을 명하셨다. 제사장 축복에서 말하는 복은 일시적인 구원과 구분되는 지속적인 보살핌을 의미한다.

그러나 신약적 관점에서 복이란 이 둘을 엄격히 구분하지는 않는다. 이것은 구원 자체가 일시적인 동시에 지속적이기 때문이다. 즉 구원받은 자도 구원의 완성을 향해서 자라간다는 말이다. 이런 점에서 복과 평강을 구조적으로 구분하는 것은 옳지 않다. 베스터만은 복을 수직적인 것으로 평강은 수평적인 것이라고 했다.[45] 그러나 제사장의 사역, 특히 그리스도의 사역으로 하나님과 누리는 화평은 수평적이라고 말할 수 없다.

제사장 축복의 중심 사상은 성경의 중심 사상과 일치한다. 즉 하나님과 함께하는 임마누엘 사상이다. 하나님의 얼굴을 대면하는 관계는 이스라엘의 소망이고 가장 큰 특권이자 복이다(민 12:8; 시 42:3).

이 축복에 언급된 평강은 하나님의 구원 계획의 본질적 부분이다. 모든 평화는 그분으로부터 오고 하나님은 평화의 근본이시다(왕상 2:33; 욥 25:2; 시 35:27; 122:6; 미 4:5). 야웨 하나님과 관계가 단절되면 평강

45　Westermann, *Der Segen in der Bibel*, 33.

은 없다(렘 30:5). 이 평강을 소유한 자는 복을 받고 보호를 받으며 은혜를 누린다. 왜냐하면 평강이란 구원의 결과로서 하나님과 관계가 회복된 상태를 말하기 때문이다.[46] 메시아적 예언에서 예수님은 평강의 왕(사 9:6)이고 스가랴 9:9, 10은 평강의 왕이 오시는 것을 묘사하고 있다. 이것은 완전한 평강의 상태와 우주적 통치가 시작되는 것을 말한다. 예수 그리스도는 제자들에게 인간의 지각을 초월하는 하나님의 평강을 주시겠다고 약속하셨다(요 14:27; 16:33).

야웨 하나님은 그 이름이 있는 곳에 복을 주신다. 그 이름은 절대자이신 하나님을 가리키는데 그분은 타락한 인간을 구속하시기 위한 구원의 목적을 역사 속에서 아버지와 아들과 성령으로 계시하시는 분이시다. 결국 복은 삼위 하나님으로부터 온다.

그런데 이 복은 조건 없이 누릴 수 있는 것은 아니다. 왜냐하면 이스라엘 예배의 중심은 풍산제가 아니라 하나님의 구속의 행위와 언약이기 때문이다. 언약의 특성은 믿음으로 순종하는 자는 복을 받고 불순종하는 자는 저주를 받는다는 것이다(신 28장). 백성들은 언약의 양면성(고후 2:15-16)을 지닌 축복으로 위로와 동시에 암시적이긴 하지만 경고를 받았다.[47] 믿음이 있는 한 하나님과 더불어 생명의 풍성한 복을 누릴 것이다.

하나님은 이 복을 통하여 이스라엘의 존재를 강화시키고 아브라함에게 약속하신 그의 씨로 말미암아 땅 위에서 복을 얻을 모든 족속을 향해

---

46 Philip J. Nel, "שׁלם," in *NIDOTTE* IV, 132.
47 Cf. F. Charles Fensham, "Malediction and Benediction in Ancient Near Eastern Vassal Treaties and the Old Testament," *ZAW* 74 (1962) 9.

일하셨다. 그래서 이 복의 중심에는 항상 하나님의 구원의 계획이 있다.

초대 기독교회는 제사장 축복에 하나님의 이름이 세 번 나오는 것을 삼위일체를 지시하는 것으로 이해했다.

첫째행은 아버지의 사역(보호), 둘째행은 아들의 사역(은혜), 셋째행은 성령의 사역(사랑과 평강)으로 보았다.[48] 그러나 야웨 하나님 자신이 삼위 하나님이시다. 야웨 하나님은 구약의 이스라엘을 위해서 일하셨을 뿐만 아니라 신약교회를 위해서도 일하셨다. 그래서 지금도 제사장 축복에 약속된 복이 적용된다.

하나님의 자녀들이 시대마다 고대해 온 언약적 축복의 완전한 성취는 하나님이 정하신 날에 이루어질 것이다. 마지막 때 모든 백성이 함께 모이는 날 다시는 저주가 없고, 모두가 그 이마에 쓰인 이름과 더불어 하나님의 얼굴을 보고 등불과 햇빛이 쓸데없이 주 하나님이 비취는 가운데 왕 노릇할 것이다(계 22:3-5).

5. 축도의 사용

성경에는 제사장 축복이 사용된 증거는 없지만 흔적은 있다. 아론이 속죄제와 번제와 화목제를 백성을 향하여 손을 들어 축복함으로 마쳤을 때 그가 제사장 축복을 했을 것으로 생각한다(레 9:22). 시편 120-134편, 즉 성전에 올라가는 노래의 핵심은 제사장적 축도의 내용으로 이루

---

[48] Ohmann, *Tellingen in de woestijn*, 47.

어져 있다.[49] 이것은 제사장적 축도와 성전 제의 간의 밀접한 관계를 보여준다. 앞서 언급한 기원전 7세기경의 두 동판이 보여주는 제사장적 축복은 그 당시에도 제사장 축복이 공식적으로 사용되고 있었음을 시사한다.

포로 이후 유대 공동체에서도 계속 그 축복이 사용된 증거는 쿰란 문서에 나타나 있다(각주 31). 또 미드라쉬에도 그것이 공적으로 사용된 것을 보여준다.[50] 포로 이후에도 유대인들은 성전에서 아침 저녁으로 야웨의 이름을 불렀다. 그러나 회당에서는 주('adōnāy)라고 불렀다. 후기 유대교는 야웨란 이름을 부르는 것을 두려워하여 계속 '주'로 불렀다. 그래서 "쿰란 문서"(1QS 2.2b-4a)에는 '야웨'란 이름이 없다. 유대인들은 지금까지 아론의 축복을 사용하지만 그 축복의 효력을 기대할 수 없게 되었다. 그들이 예수님을 배척한 후부터 그 복을 상실했다.

신약 시대에 예수께서 축복하는 내용과 행위는 모두 구약의 축복과 관계가 있다(막 10:13-16; 눅 9:16; 22:17; 24:30). 사도들의 축복에도 제사장 축복의 내용이 나타난다(고전 1:3; 고후 13:13; 계 1:5 등). 그러나 기독교회는 오랫동안 이 축복의 형식을 무시한 것으로 보인다. 축복의 형태는 분명하지는 않으나 안디옥의 익나시우스, 알렉산드리아의 클레멘트, 오리겐 등 동방교부들의 서신과 글, 서방의 터툴리안과 암브로시우스의 글에서 축복에 관한 내용이 언급되어 있다.[51]

---

49 Leon J. Liebreich, "The Songs of Ascent and the Priestly Blessing," *JBL* 74, 1955, 3-6.
50 H. Freedman & Maurice Simon (trans), *Midrash Rabbah* III (London, Jerusalem, New York: The Soncino Press, 1977), 234.
51 J. Baudot, "Bénédictions," in *DACL* II-1, 670-684.

이것은 제사장 축복을 공식적으로 사용할 것을 결정하지 않았지만 예배와 성례 시 그 내용으로 축복을 했음을 알려준다. 톨레도 4차 공의회 (633년)의 제18 신조에 의하면 이 축복을 미사에서 성찬식 전에 하도록 했다.[52] 최초로 제사장 축복의 내용을 완전하게 언급한 것은 7세기 감독 이시도루스의 글로 보인다. 그는 "옛날 모세가 하나님의 명령에 따라 삼중적 간구의 거룩한 표시로 백성들에 주었던 축복은 그 축복이 제사장들을 통하여 백성에게 주어지는 것임을 보여주고 증명한다"고 하면서 민수기 6:22-26을 소개한다.[53] 그러나 예배의 마지막에 이 축복을 사용하는 것은 10세기 전에는 교회가 몰랐고 예배 순서로 받아들여진 시기는 16세기로 본다.

사실 제사장적 축복을 예배에 본격적으로 사용한 것은 종교개혁자들에게서 시작된 일이다. 그들은 이 축복을 존중해서 예배의 중요한 요소로 다루었다. 루터는 아론의 축복을 독일 미사에서 사용하도록 하기 위해서 미사 모범에 아론의 축복과 시편 67:7, 8을 갈리칸 예배에서 받아들인 로마 가톨릭의 축복 양식과 나란히 두었다. 쯔빙글리도 1523년 로마 가톨릭의 형식을 채택하고, 칼빈도 1525년 예배 규정에 아론의 축복을 제의했다.[54] 네덜란드의 경우는 1567년부터 제사장적 축도를 공식적

---

52 A. Michel, "Tolède," in *DTC*, 1182.
53 Hispalensis Isidorus, *De officiis ecclesiasticis libri duo*, ed. Joannes Cochlaeus (Louvain: apud Hieronymum Wellaeum Lovanii, 1564), I-17.
54 Berthold W. Köber, Die Elemente des Gottesdienstes (Wort Gottes, Gebet, Lied, Segen), in Hans-Christoph Schmidt-Lauber und Karl-Heinrich Bieritz (ed.), *Handbuch der Liturgik* (Leipzig: Evangelische Verlagsanstalt, 1995), 713.

으로 사용하기 시작했다.[55] 오만(Ohmann) 교수는 이 축복이 16세기에 와서야 비로소 교회가 받아들인 것을 이상한 일이라고 아쉬워했다.[56]

목사가 축도하는 것은 말씀의 내용과 관련이 있다. 그래서 이 말씀을 들은 자들이 순종하여 말씀을 따라 삶으로써 하나님의 복을 누릴 것을 기원하며 선언하는 것이다. 개혁교회에서는 목사 유고시 장로가 목사의 설교를 읽는데 예배 끝에 손은 들지 않지만 장로도 축도를 한다. 손을 드는 것은 아론이 축복할 때 한 몸짓으로 전통적으로 교회는 말씀을 맡은 자가 그렇게 하도록 했다. 축복은 기도가 아니기 때문에 목사와 회중이 서로 마주보면서 축복을 하고 받는다. 화란 개혁교회는 오전에 이 축복을 쓰는데 회중은 세번 아멘 노래로 화답한다.

목사가 축복을 하기 전에 '평안히 가십시오' 혹은 '여러분의 마음을 하나님을 향하여 드시고, 주님의 복을 받아, 평안히 가십시오'라는 인사를 하고 축복을 한다. 축도가 예배의 끝에 사용되는 것은 역설적이긴 하지만 회중에서 떠나면서 하나님과 함께 누리는 복과 평강을 가슴에 품고 일상생활로 돌아가도록 하는 것이다. 이것은 예배에 있었던 것과 세상에서 일어는 것을 이어주는 하나의 교량 역할을 한다.[57]

즉 세상에서도 예배에서 경험한 것을 생활에서 연결해서 하나님과 교제하며 살도록 하는 것이다. 회중을 향한 하나님의 섭리적 보살핌을 기원하며 선언하는 것이다. 그래서 축도는 보통 인사와는 다른 의미를 지

---

55 G. Van Rongen, *Zijn Schone dienst* (Oosterbaan & Le Cointre N.V. Goes, 1951), 100.
56 Ohmann, *Tellingen in de woestijn*, 48.
57 Westermann, *Der Segen in der Bibel*, 102.

닌다. 이 축복의 효력은 단 하나, '나는 너희의 하나님이요, 너희는 나의 백성'이라는 언약의 약속에 근거한다.

7. 맺는 말

제사장 축복의 형태는 아름답고 내용은 풍부하다. 이 축복은 하나님과 우리를 연결시키고, 예배 시 즐기던 교제를 세상에서도 누리도록 한다. 이것은 개혁자들이 발견해서 물려준 신학적 유산이다. 짧지만 힘있게 선포되는 축복이 교회를 견고하게 자라게 하고 성도의 삶을 영육간에 풍요롭게 한다. 언약적 축복으로 예수 그리스도 안에서 하나님의 보호와 은혜 그리고 평강을 기대하고 누리게 된다. 제사장 축복은 옛 언약에 속한 것이지만 새 언약 시대에도 적용된다. 이 축복의 약속은 마지막 날에 완전히 성취될 것이다.

4장

룻기는 다문화가정 정착 모델?[1]

1. 논쟁점

21세기에 접어들면서 한국에 거주하는 외국인 수가 가파르게 성장했다. 최근 5년 사이에도 그 수가 약 42% 증가했다. 외국인 이주자가 2010년에 12만여 명이었는데 2014년에는 거의 180만에 달했다.[2] 그리고 그 증가 추세는 계속 유지되고 있다. 이 통계는 한국이 단일민족, 단일문화가 아니라 다인종, 다문화사회가 되었다는 것을 보여준다.

이와 관련하여 구약과 다문화가정에 대한 다양한 연구물이 제시되었다. 그 가운데 가장 많이 다룬 구약 본문이 룻기일 것이다.[3] 그런데 문제는 본문에 대한 접근 방식에 따라서 룻기 해석과 적용이 다양하다는

---

1 이 글은 「신앙과 학문」 20(4) (2015)에 실린 논문이다.
2 법무부, 『2014년도 출입국·외국인정책 통계연보』 (서울: 법무부 출입국·외국인 정책본부, 2015), 37.
3 여한구, "룻기를 통해 본 이주여성 사역에 대한 연구," 「복음과 실천신학」 22 (2010): 70-103; 이성혜, "룻기에 나타난 헤세드," 「개혁논총」 33 (2015): 9-39; 정중호, "다문화사회를 위한 귀환이주 전승," 「구약논단」 18(4) (2012): 178-204.

것이다. 즉 그 해석과 적용에 룻기 본문의 의도가 적절하게 반영되었는가 하는 것이다. 그래서 이 연구는 룻기의 해석과 다문화가정에 대한 현대적 적용 문제를 다룰 것이다.

이 글은 크게 두 부분으로 구성되었다. 그것은 본문 해석과 적용이다. 먼저 해석 부분에서 다양한 해석 문제를 언급하면서 구약 계시역사의 중심이 되는 구속사적 관점에서 본문을 해석할 것이다. 다음으로 본문을 다문화가정의 상황에 적용하는 범위와 한계를 다룰 것이다. 그것은 본문의 핵심적 메시지와 파생적 교훈에 관한 것이다.

2. 본문 해석 문제

룻기를 해석할 때 다양한 방식이 있겠지만 이 연구의 목적과 관련하여 여기서는 등장 인물을 중심으로 해석하려고 한다. 이 말은 주제별로 묶어서 본문을 설명함으로써 룻기를 한절 한절 주석을 하거나 이야기의 순서를 따라서 설명하지는 않는다는 뜻이다. 물론 등장 인물을 중심으로 설명하더라도 전체적으로는 대략의 순서를 따른다. 여기서 핵심 구절을 주석하면서 사건의 성격과 의미를 설명할 것이다.

1) 나오미의 역할

(1) 나오미의 신앙(룻 1장)
나오미의 신앙과 관련된 내용은 세 가지로 정리할 수 있다.

첫째, 기근과 이주와 관련된 내용이다. 나오미는 엘리멜렉의 아내이지만 그 남편과 같은 성격의 신앙을 가진 것으로 봐도 무방할 것이다. 그들이 함께 기근을 피해서 모압 땅으로 이주한 것은 가족 내에서, 적어도 부부 간에 합의된 사안으로 이해할 수 있을 것이다. 사사 시대에 이 가정이 기근이 들었을 때 모압 땅으로 이주한 것은 단순히 생존을 위한 이주 이상의 의미가 있다. 즉 그들의 이주는 족장들의 이주와 같은 것으로 생각할 수 없다는 것이다(창 12:10; 46:6).

사사 시대는 족장 시대와 상황이 다르다. 사사 시대는 각 지파가 기업을 받았기 때문에 기업을 받은 땅을 떠나지 말고 자기 기업에서 살아야 했다. 그래서 그들이 기근 때문에 기업을 떠나서 모압 땅으로 이주한 것은 불신앙적인 행위이다. 더욱이 이스라엘은 모압과 관계를 맺는 것이 금지되었다.[4] 베들레헴 땅에 흉년이 들었다는 것은 우연한 자연적 재난이 아니고 하나님의 심판을 의미한다. 신명기 율법은 이스라엘 백성이 하나님의 명령을 지켜 행하면 약속의 땅에 풍요를 허락한 반면에(신 28:12), 거역하면 비를 그친다고 했다(신 28:24). 그래서 약속의 땅에 흉년이 든 것은 백성의 죄의 결과로 인한 하나님의 심판으로 봐야 할 것이다.

그런데 이 심판에 대처하는 방식이 문제가 된다. 그들은 그 상황에서 하나님께로 돌이켜야 했다(신 30:10). 그러나 엘리멜렉과 나오미는 회개하지 않고 두 아들과 함께 생존을 위해서 '모압의 들'('서데 모압,' ś eḏē mō'āḇ)로 갔다. 그들은 하나님과 언약 관계를 회복하는 것보다 육의 양

---

4 Cf. 포로후기의 관점, A. LaCocque, *Ruth* CC (Minneapolis, MN: Fortress Press, 2004), 37.

식을 찾는 일이 더 중요했던 것이다. 그들은 하나님의 손에서가 아니라 인간의 손에서 나온 양식을 기대했던 것이다.[5] 그들은 이방인과 같이 살았다(마 6:32). 이와 같이 룻기는 처음부터 엘리멜렉과 나오미가 언약에 불충한 인물이라고 말해준다.

둘째, 나오미는 남편이 죽고 난 후 자녀들이 결혼할 때 그들이 이방인과 결혼하는 것을 허락했다. 이스라엘 백성이 이방인과 결혼하는 것은 금지된 것이다(신 7:3). 이 율법은 가나안인을 염두에 둔 것이지만 다른 이방인에게도 적용된다. 말론과 기룐은 이 율법을 고려하지 않았다. 그러나 그 이방인이 여호와의 신앙을 받아들인다면 문제가 달라진다.

그렇지 않은 상태에서 결혼하는 것은 언약을 파기하는 행위가 된다. 아브라함이 이삭의 배필을 종족 가운데서 구하기 위해서 멀리 보내는 것이나(창 42:4) 이삭이 야곱에게 가나안 사람과 결혼하지 말고 친족 가운데서 아내를 구하도록 권한 것은(창 28:1-2) 이방인과 결혼하는 것이 금지되었기 때문이다.

또한 결혼에 대한 이 실례는 구약에서 부모가 결혼에서 모든 것을 결정한다는 것을 보여준다.[6] 나오미의 경우는 아들들이 결혼할 때 자부들이 기본적으로 여호와의 신앙에 동의했을 수도 있고 그렇지 않을 수도 있다.

어쨌든 그녀는 여호와의 총회에 들이지도 못하는 모압 여인을(신 23:3)

---

5 I. de Wolff & R. Houwen (eds.), *De geschiedenis der Godsopenbaring* III (Enschede, The Netherlands: Uitgeverij J. Boersma B.V., 1974), 452.

6 R. de Vaux, *Ancient Israel: Its Life and Institutions* (New York, Toronto, London: McGraw-Hill Book Company, INC., 1961), 29.

며느리로 받아들이는 위험을 감수했던 것이다. 결혼과 관련된 나오미의 입장은 8절과 15절을 볼 때 언약에 충실했다고 보기는 어려울 것이다. 고대 사회의 결혼에서 부모의 역할을 고려한다면 그렇다(창 21:21; 27:46-28:2; 수 15:16-17).

셋째, 나오미가 며느리들에게 '돌아가라'고 충고하는 것은 무엇보다도 언약에 반하는 말이다. 처음에는 모두 베들레헴으로 돌아갈 뜻이 있었으나 중간에 마음이 바뀐 것 같다(룻 1:7). 그녀는 자신도 외국 이주민으로 10년 세월을 보낸 경험이 있는 자로서 자부들이 이스라엘이라는 이방의 백성으로 살기가 얼마나 어려운지를 알고 있었다. 그래서 그들에게 현실적인 선택을 하도록 했다. 그러나 이미 엘리멜렉의 가족이 된 자부들을 돌려보내는 것은 사회적 관습에 맞지 않다.

"결혼함으로써 여자는 자기 부모를 떠나서 남편과 살러 가서 남편의 종족에 가담한다."[7]

또 그것은 언약적 임무를 다하는 이스라엘 백성의 태도도 아니다. 나오미가 "너희는 각기 너희 어머니의 집으로 돌아가라 너희가 죽은 자들과 나를 선대한 것 같이 여호와께서 너희를 선대하시기를 원한다"(룻 1:8)라고 한 권고와 인사말은 그녀의 진심을 표현한 것이지만 그것이 책임있는 권면인지 모를 일이다. 여기서 일반적인 표현인 '아버지의 집'(창 38:11; 레 22:13; 삿 19:2-3)이라는 말 대신에 '어머니의 집'('베트 엠,' $b\bar{e}\underline{t}$ $'\bar{e}m$)이라고 쓴 것은 라코크(LaCocque)가 주장하듯이[8] 그것이 여성작가이

---

7 De Vaux, *Ancient Israel*, 28.
8 LaCocque, *Ruth*, 45.

기 때문에 선택한 표현이라기보다는 "과부는 친정 어머니에게로 돌아가야지 시어머니와 머물러서는 안 된다고 말하고 싶었을 것이다."[9] 이것은 이스라엘의 관습에 맞지 않는 것임을 암시한다.

또 '선대하다'('헤세드,' ḥeṣeḏ)는 말은 기본적으로 '은혜'를 의미하지만 문맥상 '신실함'으로 이해해야 할 것이다.[10] 그녀의 덕담에서 두 번 쓰인 이 단어가 자부들에게 적용될 때는 가족에 충성된 삶을 의미하겠지만 하나님께 적용될 때는 그들에 대한 신실성과 은혜를 의미할 것이다. 그런데 하나님의 신실한 은혜를 어떻게 모압의 친정에서 누리기를 바라는지 이해하기 어렵다. 그렇다고 나오미의 믿음이 하나님은 이스라엘이나 이방 나라에서나 동일한 은혜를 주실 것이라고 믿을 만큼 확고하다고 단정할 수도 없을 것이다.

나오미가 "여호와께서 너희에게 허락하사 각기 남편의 집에서 위로(안식)를 받게 하시기를 원하노라"고 말한 것도 이해하기 어렵다. 이 구문과 단어구성이 난해하지만[11] 개역개정 번역의 의미는 통한다고 볼 수 있다. 모압 남편의 집에서 '안식' 또는 '위로'('므누하,' m enūḥā)를 받으라는 말이 안전이나 거처와 관계가 된다면 의미전달이 될 것이다. 또 이 단어는 하던 일을 멈추고 일시적으로 쉬는 상태를 의미할 수도 있다(민 10:33).

그렇지만 나오미가 자부들에게 말한 '안식'은 일시적인 위로가 아니

9　K. L. Younger, Jr., *Judges and Ruth*, NIVAP (Grand Rapids, MI: Zondervan, 2002), 420.

10　*HALOT*, 337.

11　F. W. Bush, *Ruth, Esther*, WBC (Dallas: Word, Incorporated, 1998), 76.

라 일생의 삶을 보장받는 느낌을 준다. 그래서 이스라엘에게 이 말이 약속의 땅에서 주어진 성취의 내용인 것을 볼 때(신 12:9; 왕상 8:56), 안식은 여호와 하나님과 함께 하는 것으로서 나오미의 요구는 불가능한 일이다. 물론 그녀는 여호와의 은혜가 자부들에게 있기를 바라는 마음으로 그 표현을 썼겠지만 믿음의 관점에서 '안식'이나 '위로'가 이방인인 모압인 남편에서 얻을 수 있는 것은 아니다. 이 점에 있어서 나오미가 말하는 '안식'이나 '위로'는 이해하기 어렵다.

나오미의 권고를 듣고도 돌아가기를 거부하는 자부들에게 계대결혼을 언급한 것(룻 1:11-13)은 나오미가 율법을 알고는 있지만 율법의 정신은 이해하지 못했다고 볼 수 있다. 그것은 결과적으로 보아스와 같이 아들이 아니라 할지라도 기업무를 길이 있다는 것을 생각하지 못한 것이다. 더 치명적인 말은 나오미에게 설득을 당하여 돌아간 오르바를 예를 들면서 룻을 설득하는 말에서 나타난다.

> 보라 네 동서는 그의 백성과 그의 신들에게로 돌아가나니 너도 너의 동서를 따라 돌아가라(룻 1:15).

룻도 그의 백성과 신들에게로 돌아가라는 이 충격적인 권고는 여호와 하나님만이 유일한 신(monotheism)이라고 고백해야 할 이스라엘의 모습과는 다르다(신 6:5-6). 이것은 종교다원주의적 입장을 표현한 것이다. 나오미는 모압 사람은 그모스를 섬기고, 이스라엘은 여호와를 섬기는 것을 인정한 셈이다.

물론 나오미가 그모스를 섬기는 것이나 여호와를 섬기는 것이나 같다고 생각했는지는 모르지만 적어도 단일신론(henotheism)을 인정한 것으로 보인다. 이것이 나오미의 신앙이었다.

(2) 나오미의 주선(룻 2-3장)

베들레헴 보아스의 밭에서 룻이 곡식을 가져온 것을 알게 된 나오미는 이후에 룻에게 일어나는 모든 일에 결정적인 영향을 미친다. 룻이 보아스의 밭에서 한 에바의 곡식을 가져왔을 때 나오미에게 놀라운 일이 일어난다. 그것은 이십이 리터나 되는 많은 양의 곡식 때문이 아니다. 그녀는 그 곡식과 보아스라는 이름에서 구속을 위한 율법을 발견한 것이다.

> 그 사람은 우리와 가까우니 우리 기업을 무를 자 중의 하나이니라 (룻 2:20).

그것은 나오미에게서 발견된 불신앙적인 요소와는 달리 그녀는 여기서 하나님의 법을 발견한다. 크노슨(Cnossen)은 인간이 구원의 길을 발견하는 것은 회개를 통해서만 가능하다고 보고 이 사건을 나오미의 회개한 결과로 본다.[12] 이 본문이 회개에 대해서 언급하지 않지만 하나님의 법을 받아들이는 것은 믿음의 행위이고 율법에 관심을 갖지 않았던 자가 율법에 호소하는 것은 변화가 있었다는 것을 의미한다. 분명히 룻에 대한 반응으로 나타난 나오미의 모습은 이전의 불신앙적인 태도와는 달

---

12 S. S. Cnossen, *The Significance of the Book of Ruth* (London, Ontario: Inter-League Publication Board, 2000), 61.

라졌다고 볼 수 있을 것이다. 보아스를 근족으로서 기업무를 사람 중에 하나로 인식한 것은 레위기 율법에 호소하는 내용으로 봐야할 것이다.

> 만일 너희 형제가 가난하여 그 기업 얼마를 팔았으면 그 근족이
> 와서 동족의 판 것을 무를 것이요(레 25:25).

이 규정은 희년이 되기 전에도 가난한 자들의 삶이 회복되도록 배려한 특별한 은혜의 장치로 주어진 것이다(레 25:28). 나오미가 적극적으로 기업무를 자 중의 하나인 보아스를 통해서 룻에게 주려는 것은 '안식(처)'이다.

> 내 딸아 내가 너를 위하여 안식할 곳을 구하여 너를 복되게 하여야 하지 않겠느냐(룻 3:1).

여기서 나오미는 '안식'이라는 말을 전에 모압에서 사용한 것과 같은 의미로 사용했겠지만 지금은 상황과 문맥이 다르다. 즉 전에는 그 의미가 적절하게 사용되지 않았지만 지금은 율법의 약속을 따라서 바르게 적용되었다는 것이다. 나오미가 룻이 보아스를 통하여 누리기를 원하는 '안식'은 하나님께서 언약 백성에게 약속하신 것과 같은 것으로서 근족을 통하여 구속(기업무름)을 받도록 한 하나님의 율법을 따라서 약속을 주장하고 있다(룻 3:2; 레 25:25; 신 25:5-10).

나오미는 기업무르는 일을 위해서 실제적인 계획을 수립해서 일을 성사시키려고 한다. 그녀는 친절하게 룻이 단장하는 것과 보아스를 만날

장소와 방법까지 다 일러주었다. 그러나 나오미의 기대와는 달리 일이 의도한 대로 곧바로 성사되지는 않았다. 왜냐하면 보아스가 가장 가까운 근족이 아니기 때문이다(룻 3:12). 물론 보아스에게 기회가 주어질 수도 있었지만 첫 번째 시도가 틀어진 가운데서도 나오미의 반응은 차분했다. 그녀는 일이 잘못된 것을 알고도 불평하거나 조바심을 내지 않고 하나님의 인도를 잠잠히 따랐다(룻 3:18a). 나오미가 기다리는 것은 믿음의 행위였고, 또한 믿음으로 율법의 요구를 이행할 보아스를 신뢰하고 있었다.

> 그 사람이 오늘 이 일을 성취하기 전에는 쉬지 아니하리라
> (룻 3:18b).

결국 모든 일의 과정은 나오미가 하나님의 은혜로운 법을 따라서 한 대로 성취되었다. 나오미는 의식하지 못했겠지만 결과적으로 그녀가 추구한 길은 메시아에 대한 소망을 여는 것이다.

2) 룻의 맹세와 행동

(1) 룻의 맹세

시어머니인 나오미의 현실적이고 집요한 설득에도 불구하고 오르바와는 달리 룻이 나오미를 따랐다는 것은 놀랍다. 룻이 시모를 따르겠다고 하면서 한 말은 일종의 신앙고백으로 들리기까지 한다.

> 어머니께서 가시는 곳에 나도 가고 어머니께서 머무시는 곳에서 나도 머물겠나이다 어머니의 백성이 나의 백성이 되고 어머니의 하나님이 나의 하나님이 되시리니 어머니께서 죽으시는 곳에서 나도 죽어 거기 묻힐 것이라(룻 1:16b-17a).

룻의 발언은 국적을 바꾸는 의미가 있지만 여러 주석가들이 주장하듯이 다신론에서 유일신론으로 회심이나 개종을 의미하는 것이 아니다.[13] 또 스미스(Smith)가 주장하듯이 그녀가 사용한 언어의 양식은 언약적인 성격을 지니기는 하지만(왕상 22:1-4; 왕하 3:4-7),[14] 그것을 비로소 언약 관계에 들어가는 것으로 보기도 어렵다. 왜냐하면 나오미는 자부들을 이미 "내 딸들아"라고 부르면서 그 관계를 표현했기 때문이다(룻 1:13). 굳이 언약과 관련짓는다면 다만 이미 맺어진 관계를 다시 확약하는 요소는 있다.

여기서 언약이란 가족 관계를 형성함으로써 하나님의 언약의 범주에 들어오는 것이기 때문에(cf. 창 17:13), 그들은 이미 언약 백성이 된 것이다. 물론 전체적으로 이 말이 하나님과의 언약적 관계를 의미하는 것은 아니다. 우선 이 말로써 룻은 나오미와 가족적인 연대를 지속하려는 열망을 표현한 것으로 보인다.[15] 이것은 고대 이스라엘에서 여인이 결혼

---

13 J. G. Harris, et al., *Joshua, Judges, Ruth*, UBCS (Grand Rapids, MI: Baker Book, 2012), 322.

14 Mark S. Smith, ""Your People Shall Be My People": Family and Covenant in Ruth 1:16-17," *CBQ* 69 (2007): 245-246.

15 Smith, "Your People Shall Be My People," 247.

하면 시댁 식구가 되는 관습에 충실한 행동이기도 하다.[16]

룻이 한 말에는 하나님에 대한 개인적 신앙고백의 요소가 있지만 우선 그 전체적인 틀은 나오미에 대한 사랑을 표현한 것으로 봐야할 것이다. 그녀는 나오미와 같이 되고 싶었다. 어머니와 동행, 동거하고 어머니의 신과 백성이 곧 자신의 신과 백성이라는 것은 자신의 정체성을 나오미와 함께 공유한다는 것이다.

죽어서 무덤까지 같이 가는 것은 사랑을 넘어서 일종의 집착에 가깝다. "왜냐하면"(kī)이라는 접속사가 이끄는 종속절에서 룻의 선택과 행동은 나오미에게 달려있다(룻 1:16). 이것은 해설자가 "룻은 그녀에게 달라붙었다('다버카,' $d\bar{a}\underline{b}\ eq\bar{a}$)"고 언급한 것에서도 알 수 있다(룻 1:14b). 또한 "만일 내가 죽는 일 외에 어머니를 떠나면 여호와께서 내게 벌을 내리시고 더 내리시기를 원하나이다"(룻 1:17b)라고 하면서 룻은 자신의 발언에 대해서 오직 이스라엘에서만 사용되는 서약 형식인 여호와의 이름으로 맹세하면서 자기 저주를 내렸다. 이때 구문론적으로 애매한 접속사 '키'(kī)는 강조의 뜻으로서 룻의 생각에는 죽음 만이 둘의 관계를 갈라놓을 수 있다는 것이다.[17]

룻의 맹세가 전체적으로 나오미와 가족이 되는 것에 초점을 두고 있지만 여기에는 중요한 내용이 포함되었다. 그것은 여호와 하나님과의 관계다. 바르트와 니다(Waard & Nida)는 구조적으로 백성과 하나님에 대

16　De Vaux, *Ancient Israel*, 28.
17　B. Conklin, *Oath Formulas in Biblical Hebrew* (Winona Lake, IN: Eisenbrauns., 2011), 1-2.

한 언급은 대칭구조 가운데 중심에 해당된다고 한다.[18] 룻이 여호와를 선택한 것은 나오미의 영향이나 교육 때문이라고 보기는 어렵다. 왜냐하면 앞에서 보았듯이 나오미는 룻에게 언약적으로 선한 영향을 끼치지 않았을 것이기 때문이다. 나오미 가정이 기업을 버리고 떠난 것과 자녀의 이방인 결혼과 종교다원주의적 입장은 룻이 여호와 하나님만을 섬기는 환경에서 살지 않았을 것이라는 가정을 정당화시킨다.

여기서 "선택의 표"가 나타난다.[19] 이것은 하나님의 주권적인 선택이 드러난 것으로 볼 수 있는 대목이다. 룻은 여호와 하나님에 대해서 들었겠지만 그 위대하고 은혜로우신 분에 대해서 경험할 수 있는 형편이 아니었다. 그런 상황 가운데서도 그녀가 하나님을 선택한 것은 그 가운데서 하나님께서 역사하셨다는 것을 의미한다.

(2) 룻의 행동

본문(룻 1:22)은 나오미가 룻과 함께 돌아왔다는 것을 말하면서 룻을 동격으로 나열된 단어 가운데 '돌아온 자'('핫샤바,' *haššāḇā*)로 칭한 것은 흥미로운 일이다.[20] 이 단어는 마소라 학자들이 마치 완료형에 관계사를 의미하는 관사를 붙인 것으로 이해하고 액센트를 전종음절에 찍었지만 저자의 의도는 명백히 분사에 관사를 붙여서 관계사 역할을 하도록 한 것이다.[21]

---

18 J. D. Waard & E. A. Nida, *A Translator's Handbook on the Book of Ruth* (2nd ed.), UBS Handbook Series (New York: United Bible Societies, 1991), 17.

19 Cnossen, *The Significance of the Book of Ruth*, 49.

20 LaCocque, *Ruth*, 58; Younger, *Judges and Ruth*, 428.

21 GK, §188 k.

그래서 시제도 본동사 '돌아왔다'와 일치한다. 사실 그녀는 돌아온 것이 아니고 모압의 들에서 베들레헴으로 이주했을 뿐이다. 안 써도 되는 말로써 룻을 이렇게 수식한 것은 룻이 단순히 귀환 이주자임을 나타내기 위함이라기(정중호, 2012: 189)보다는 주인공 룻을 이미 그 가족의 일원으로 취급하고 있는 것으로 보인다. 라코크의 설명대로 이 표현이 '모압 여인 룻'이라는 부정적인 이미지를 없애고 룻은 오브라 다른 모압인 중의 하나와는 달리 모압의 들에서 돌아왔다는 것을 상기시키는 의미가 있다.[22]

룻이 처음 한 일은 보아스의 밭으로 이삭을 주우러 간 것이다. 이집트와 같은 나라에도 가난한 자들을 위한 이삭줍기에 대한 증거가 있는 것을 보면[23] 룻도 그 제도를 알았을 가능성이 있고 또 나오미에게서 그 제도에 대해서 들었을 것이다. 그것은 룻과 같은 이주민과 약자를 위한 하나님의 은혜로운 장치였다(레 19:10; 23:22). 룻은 그 일이 가장 비천한 신분을 가진 사람이 하는 일이지만 양식을 얻기 위해서 그 권리를 이용했다. 룻이 곡식베는 자들을 따라서 간 곳이 나오미의 친족 보아스의 밭이었다(룻 2:3).

본문은 처음부터 보아스를 소개하면서 그가 엘리멜렉의 근족인 것을 밝힌다(룻 2:1). 그녀는 보아스의 밭에서 그의 환대를 받으며 언약 공동체 내의 형제와 자매 사랑이 무엇인지 경험하게 된다. 보아스가 여호와의 이름으로 축복하고 또 그가 이방인인 자신에게 행하는 모든 사랑은

---

22 LaCocque, *Ruth*, 58.
23 J. H. Tigay, *Deuteronomy*, The JPS Torah Commentary (Philadelphia: Jewish Publication Society, 1996), 229.

그 전에는 경험하지 못한 것이다(룻 2:4-10). 정중호 교수가 지적하듯이 룻은 이주자가 아니라 이방 여인('노크리야,' nŏkriyyā)이기 때문에 그녀가 아들을 낳기 전에는 베들레헴에서 받아들여지지 않았다는[24] 말은 적절하지 않은 것 같다. 왜냐하면 그전에 이미 더 가까운 기업무를 자와 장로들이 모압 여인 룻을 위해서 보아스의 요청에 응했기 때문이다(룻 4:4). 그녀는 이미 나오미의 자부이자 말론의 아내로 인정받고 있었다.

룻은 나오미의 주선으로 그 다음 단계의 순서를 밟게 된다. 그것은 보아스를 통한 계대결혼이었다. 나오미의 조언을 따라서 단장을 하고 나서는 것은 시모에 대한 충성일 수도 있겠지만 내용적으로 하나님의 질서를 믿음으로 받아들이는 것으로 볼 수 있을 것이다(룻 3:6). 그것은 인간적으로는 부담이 될 수도 있는 일이기 때문이다. 룻이 보아스에게 한 말은 하나님이 예비하신 은혜를 믿음으로 누리려는 것이다.

> 나는 당신의 시녀 룻이오니 당신의 옷자락으로 시녀를 덮으소서 당신은 우리 기업을 무를 자가 됨이니이다(룻 3:9).

보아스의 답에서 뜻하지도 않게 보아스가 자신이 기업무르는 우선순위가 아니라는 데서 심적으로 매우 복잡한 감정을 느꼈을 것이다(룻 3:12). 그러나 룻은 순간적으로 실망했는지는 몰라도 나오미의 조언을 따라서 보아스를 믿고 그 일의 진행과 결과를 기다렸다(룻 3:18). 룻의 행동에는 하나님의 특별한 역사가 있다는 것을 빼놓을 수 없다. 베들레

---

[24] 정중호, "다문화사회를 위한 귀환이주 전승," 186.

헴은 나오미와 룻을 그렇게 환영하는 분위기는 아니었지만(룻 1:19) 룻은 믿음으로 그 공동체의 제도에 순응했다. 그녀가 '우연히' 보아스의 밭으로 간 것이 근족 관계를 맺는 계기가 되었다. 사실 그것은 우연이 아니라 하나님의 특별한 인도로 봐야 한다. 룻이 변화된 나오미의 조언에 순종하는 모든 과정이 하나님의 간섭에 의한 것으로 볼 수 있다.

3) 보아스의 기업무름

(1) 보아스의 환대

보아스는 룻을 만나기 전부터 그녀에 대해서 알고 있었다(룻 2:11). 보아스가 그녀를 보호하고 음식과 양식을 제공하며 특별한 친절을 베푼 것은 룻이 시어머니에게 한 것에 대한 보답의 의미가 있어 보인다. 그것은 그녀의 행실이 여호와의 상을 받기를 원한다는 말에서 알 수 있다(룻 2:12). 보아스의 밭에 다른 이삭 줍는 사람이 있는지는 모르지만 룻에 대한 보아스의 환대는 우선 친척 관계에서 그리고 룻의 행실에서 비롯되었다고 볼 수 있을 것이다. 보아스의 관대함은 룻에게 언약 공동체 안에서 형제 사랑이 무엇인지를 인식시킴으로써 하나님의 자비를 일깨워 준 셈이다.

보아스는 타작 마당에서 룻에게서 기업무를 자의 임무를 요청받았을 때도 당장 그녀의 청을 들어줄 수는 없었지만 그의 성숙한 면을 보여준다. 그는 스스로 룻과 같이 젊은 여인의 적절한 상대가 아니라고 판단한 것 같다.

> 내 딸아 여호와께서 네게 복주시기를 원하노라 네가 가난하건 부하건 젊은 자를 따르지 아니하였으니 너의 베푼 인애가 처음보다 나중이 더하도다(룻 3:10).

그리고 이 번역의 뒷부분은 문자적으로 "너가 인애를 처음보다 나중에 더 낫게 베풀었다"고 번역할 수 있다. 문맥을 고려할 때 처음 인애는 나오미에 대한 것이고, 나중 인애는 보아스 자신에게 대한 것임을 알 수 있다.[25] 이 말이 이어질 기업무르는 행위(구속)와 관련된다면,[26] 그는 룻이 기업무를 자를 통하여 장차 받을 복을 선언한 셈이다. 보아스는 기업무르는 데 자신이 우선권을 갖지 않았지만 기회가 없는 것은 아니라는 말로 룻을 안심시킨다(룻 3:13). 또한 룻의 평판을 지켜주고(룻 3:14) 보리를 여섯 번 되어주면서(룻 3:15) 미래에 대한 기대를 갖게 했다.[27]

(2) 보아스의 율법 준수

보아스는 나오미가 기대한 대로 그 일을 성취하기에 쉬지 않는 자였다(룻 3:18-4:1). 그는 이 일을 진행하면서 처음부터 율법을 따라서 처신했다. 밤에 타작 마당에서 룻을 만나서 그녀에게 더 가까운 기업 무를 자에 대해서 말한 것도 율법을 따른 것이다. 아마도 나오미는 가까운 근

---

25 C. J. Goslinga, *Richteren, Ruth*, KV (Kampen: Kok, 1938), 147-148; Waard & Nida, *A Translator's Handbook on the Book of Ruth*, 53.
26 Bush, *Ruth, Esther*, 171.
27 C. van der Waal, *Sola Scriptura*: wegwijzer bij het bijbellezen I (Goes: Oosterbaan & Le Cointre, 1966), 151.

족을 알았을 수 있을 것이다.[28] 어쨌든 그녀는 보아스가 이 일을 해주길 바랐을 것이다. 율법이 지켜지지 않던 사사 시대에 보아스는 처음부터 법을 존중했음을 알 수 있다.

보아스가 성문에서 그 기업무를 자를 부르고 장로 열 명을 청한 것은 그가 이 문제를 법적인 문제로 다루고 있다는 것이다. 고대 근동에서 성문은 시민들이 모이는 중심지 역할을 했다. 거기에 모여 공동체의 법적 문제를 논의하고, 상거래도 이루어지고, 소문도 퍼뜨리고, 하고 싶은 말을 하기도 했다(창 23:10, 18; 신 16:18; 22:19; 룻 4:1, 11; 삼하 19:8; 왕상 22:10; 암 5:12, 15).

열 명의 장로를 청한 것은 일이 잘못 될 때는 이들의 연륜을 이용하여 사태를 즉시 수습하고자 하는 의도가 있었을 것이다. 그가 기업무를 자에게 "나오미가 우리 형제 엘리멜렉의 소유지를 팔고 있다(팔았다)"(룻 4:3)고 하면서 무를 것인가를 물었다. 기록되지 않았지만 룻은 보아스에게 그것을 이야기 한 것 같다. 그때 그는 율법의 조치를 따라서 기업무를 자의 임무를 기꺼이 행하려고 하였다(레 25:25).

그러나 그는 룻과 결혼해서 죽은 자의 기업을 그의 이름으로 세워야 한다는 것에 대해서는 자기 기업에 손해가 갈까봐 거절하면서 "네가 무르라"고 했다(룻 4:6). 그 손해란 상속권과 관련된 내용일 것이다. 그는 "네가 너를 위하여 사라"하고 그의 신을 벗으며 그 임무를 이양했다(룻 4:8). 그런데 그가 신을 벗은 것은 신명기의 내용과는 차이가 있지만(신

---

28 F. B. Huey, Jr., *Deuteronomy, Joshua, Judges, Ruth, 1 & 2 Samuel*, ed. F. E. Gaebelein, *EBC* (Grand Rapids, MI: Zondervan Publishing House, 1992), 538.

25:9), 이 본문은 이 행동으로 보아스와 룻의 계대결혼을 합법화한다.[29] 보아스는 룻을 아내로 맞아서 죽은 자의 이름이 끊어지지 않도록 하는 데 장로들과 거기 있던 모든 백성에게 그들이 증인이 되었다고 하면서 그 일의 법적인 성격을 강조했다(룻 4:10-11). 그는 룻과 결혼해서 아들을 낳았다(룻 4:13).

율법에 의하면 근족은 잃은 재산을 찾아주지만(레 25:25) 계대결혼은 남편의 형제로 한정되었다(신 25:5-10). 그런데 보아스는 말론의 형제도 아니고 사촌도 아니다. 그는 나오미가 요구한 것을 알고서 율법의 요구를 넘어선 이타적인 사랑으로 행했다. 그는 기업무를 자로서 율법의 조문이 아니라 율법의 정신을 따라서 믿음으로 행한 '구속자'이다. 그 결과로 왕이 없어서 아무도 율법을 지키지 않는 사사 시대에 율법을 온전히 실천하고서 메시아가 오는 길을 예비하게 되었다.

3. 본문 적용 문제

1) 사회적 적용

룻기의 내용을 교회에서 사회로 확대적용한 대표적인 논문은 여한구 교수의 논문(2010: 70-103)이다. 여한구 교수는 자신의 논문에서 먼저 통계 자료에 기초하여 한국에서 증가하는 이주민과 관련된 사회 문제를 제시하고 "룻의 이야기를 통한 통찰을 현대사회에 적용한다면 한국사회

---

29 LaCocque, *Ruth*, 133.

가 고민하는 문제를 해결할 수 있는 실마리를 찾을 수 있다. 나아가 세계화 시대 대한민국의 청사진을 제시할 것이다"라고 했다.[30]

그는 여기서 룻으로 대표되는 이주 여성들에 대한 교회의 목회방향을 보아스와 나오미의 태도를 통해 제시하고자 했다. 그는 "룻은 이스라엘과 적대적 관계에 있던 모압과의 사회통합을 통해 왕국의 희망을 보여주고 있다. 룻의 정착요인에서 나오미와 보아스의 역할은 사회통합을 위한 교회의 역할로 이해해야 할 것이다"라고 한다.[31] 여기서 나오미는 이주자의 사회적 멘토 역할을 하고 보아스는 이주자의 사회적 울타리가 된다는 것이다.

그런데 룻기의 본문은 이스라엘이라는 언약 공동체 안에서 일어난 사건을 보여준다. 이삭줍기와 고엘(기업무를 자)제도도 언약 공동체 안에서 이루어지는 것이다. 이것은 사회적 문제가 아니고 교회의 문제를 다룬다. 교회가 룻과 같은 이주 여성들에게 희망이 되어야 한다는 말은 이해할 수 있지만 룻기 본문의 이주 여성을 돌보라는 메시지로 사용하기는 어렵다. 본문의 의미를 이렇게 적용할 때는 교회와 사회의 역할구분이 모호해진다. 이 본문으로 한국에 이주해 온 이주민이 한국사회에서 정착하는 데 교회의 역할에 대한 모델로 보는 것은 본문의 의도와 상황에 맞지 않다.

물론 룻의 경우를 본보기로서 이주민 정책에 대한 하나의 성경적 원리를 찾아내는 것은 흥미로운 일이다. 그러나 이 시대는 룻기에 나타

---

30 여한구, "룻기를 통해 본 이주 여성 사역에 대한 연구," 73.
31 여한구, "룻기를 통해 본 이주 여성 사역에 대한 연구," 81.

난 이주민에 대한 관심과 돌봄을 적용시키기에는 너무나 복잡하고 다양하다. 오히려 다양한 사회조직과 기능을 반영한 국가정책을 이용하여 이주민 정착계획을 수립하는 게 더 효과적일 것이다.

2) 교회적 적용

최근 룻기의 내용을 교회가 다문화가정을 돌보는 것에 적용시킨 대표적인 경우는 이성혜 교수의 논문이다. 이 교수는 하나님의 '헤세드'가 우리의 행동과 삶의 중심이 되어야 할 것을 말하는 것이 룻기의 교훈이라고 한다. 또 "교회에 들어온 타문화 사람들에게 '고엘'의 삶으로 우리가 그리스도 예수 안에서 하나 됨을 지켜가도록 룻기는 도전하고 있다"고 한다.[32] 이 논문은 룻기가 보여주는 사건을 언약 공동체 내부에 적용시킨 것은 적절해 보인다.

그러나 하나님의 은혜는 이방 여인이었던 룻이 이스라엘 공동체에 성공적으로 정착하게 된 것으로 끝나지 않는다. 이 교수의 논문도 하나님의 '헤세드'가 구속역사를 이끌어 가는 중요한 주제임을 드러냈다.[33] 그것은 룻의 구속을 통하여 구속자 예수 그리스도에게로 이어지는 다윗에게로 연결된 것이다(룻 4:21-22). 궁극적으로 우리의 구속을 위해서 룻에게 행하신 하나님의 행위는 다문화가정에 대한 사랑에 국한되지 않고 불신의 시대에 그리고 언약에 불충한 가정에서 나타난 하나님의 은혜에 대한 다양한 적용이 가능할 것이다.

---

32 이성혜, "룻기에 나타난 헤세드," 34.
33 이성혜, "룻기에 나타난 헤세드," 23.

3) 구속사적 적용

성경 본문을 이해할 때 우선 저자가 본문에서 의도하는 것에 집중하는 것이 중요하다. 그 외에도 다른 파생적인 의미와 교훈도 있겠지만 그것은 어디까지나 부차적이다. 구약 본문은 하나님의 계시로서 일차적으로 하나님 자신을 보여주기 위해서 기록되었지 인간의 행동양식을 통한 모범을 보여주기 위해서 기록된 것은 아니다. 그것은 영원 전부터 작정하신 하나님의 구원의 계획을 시공간 속에서 펼치는 역사다. 그래서 룻기도 주관적으로 볼 것이 아니라 하나님의 구속역사적 관점에서 해석하고 이해해야 할 것이다.[34]

특별히 룻기에 나타난 하나님의 구속사는 배교의 시대에 또 불신앙의 환경 가운데서도 약속을 따라서 일하시는 하나님의 역사를 보여준다. 그것은 하나님의 이름이 한 번도 언급되지 않은 에스더서에서 모르드개와 에스더의 불충에도 불구하고 하나님이 그들 가운데 역사하셔서 사태를 반전시키고 메시아의 길을 여신 것과 같다. 룻기 전체는 믿음을 가질 수 없는 상태에서도 이방 여인 룻이 여호와에 대한 믿음을 갖고 언약의 백성이 되도록 돌보신 하나님의 섭리를 선명하게 보여준다. 이방인이 언약의 공동체의 일원이 되는 것은 구약의 오순절을 보여준다.

그러나 그것이 한 개인의 구원을 위한 하나님의 일은 아니다. 하나님은 변화받은 나오미의 역할과 보아스의 믿음과 룻의 순종을 통하여 인류를 구원하실 메시아이신 예수님이 오시는 길을 제시한다. 왕이 없으

---

34 H. J. Schilder, *Richteren en Ruth: Een vacature vervuld* (Kampen: Kok, 1982), 42.

므로 말미암아 무질서와 혼란이 그 시대의 특징이 된 때에 왕이 오는 길을 보여주면서 메시아에 대한 희망을 준다. 이 역사의 연장선에서 우리의 구원이 이루어졌다는 것이다. 이 놀라운 사실 때문에 룻기를 읽는 성도는 하나님을 찬양하게 된다.

4. 결론

룻기가 이주여성의 정착을 다루는 것은 사실이다. 그러나 룻기를 이주여성의 정착에 대한 모델을 제시하는 것으로 사용하는 것은 그 책의 일차적인 의도와는 다르다. 그것은 사회적 적용과 교회적 적용도 마찬가지다. 본문의 핵심 내용은 인간의 기대와는 달리 사사 시대와 같은 영적 암흑기에도 하나님은 룻이라는 이방 여인을 통하여 자신의 구원 사역을 이루어 가신다는 것이다. 더욱이 이 책은 하나님의 주권적 선택으로 말미암아 언약에 불충한 나오미의 가정에서도 룻에게 믿음을 주신 하나님의 은혜를 바라보도록 한다. 그리고 인류 역사에 터뜨리고 들어오는(베레스) 은혜는 인류 구원을 위한 메시아의 길을 열고 그 하나님의 큰일을 찬양하도록 한다.

끝으로 다문화와 관련된 구약 연구에 대해서 한 가지 제안을 한다면 이주민을 배려하는 율법을 심도있게 연구할 필요가 있다고 본다(출 22:21; 23:9; 신 10:18-19; 24:19). 이것은 다문화정책보다는 이주민에 대한 배려에 대한 원칙을 제공할 것이다.

다윗과 미갈의 다툼(삼하 6:20-23)[1]

1. 도입과 배경

다윗은 이스라엘 역사에서 가장 훌륭한 왕으로 평가를 받아왔다. 하나님의 관점에서 이스라엘 왕의 표준이 되는 사람이 바로 다윗이다.

성경에서 가장 훌륭한 왕으로 인정받는 다윗 왕이 심각한 부부 싸움을 했다고 한다면 정말 믿기 어려운 일이 아니겠는가?

하나님 마음에 합한 사람이요, 이스라엘의 성군이었던 다윗이 심각한 부부 싸움을 했다는 것은 상상하기 어려운 일일 것이다. 그렇지만 성경은 그 내용을 아주 상세하게 그리고 진지하게 다루고 있다. 이 싸움은 단순히 가정 문제로 끝나는 문제가 아니다. 이스라엘 역사와 국가정책에도 큰 영향을 미치는 사건이었다.[2] 더 나아가서 하나님의 구속의 역사

---

[1] 이 글은 「본문과 설교」 제1호 (2008)에 실렸다.
[2] 이것은 사울의 집안과 베냐민 지파와 관련된 정책과 관계가 있다. 정치적으로 사울왕의 추종자들은 항상 사울의 가문에 관심이 있었기 때문이다.

에 엄청난 영향을 미치는 결과를 가져왔다. 이것은 엄청난 파장을 몰고 오는 사건이었다.

어떻게 해서 이런 부부 싸움을 하게 되었나?

그 원인을 알기 위해서 배경을 살펴볼 필요가 있다.

이 다툼은 한마디로 신앙과 불신앙의 갈등에서 빚어진 것이라는 것을 알 수 있다. 진실한 믿음을 가지고 살려는 사람과 외형적인 믿음을 가지고 사는 사람 간의 갈등에서 비롯된 것이다.

이 다툼이 있기 전만 해도 다윗은 기쁨을 감출 수 없는 흥분된 상태에 있었다. 그의 일생에 그렇게 감격적인 날은 없었다.

왜 그런가?

법궤가 예루살렘으로 들어가는 역사적인 순간을 경험했기 때문이다. 그가 평소에 하나님의 법궤를 얼마나 사모했는지 법궤를 찾기 전에는 잠을 자지 않겠다고 선언할 정도였다(시 132:3-5).

법궤란 무엇인가?

법궤는 작은 제의 기구에 지나지 않지만 하나님의 특별한 임재를 표시하는 기구이며, 하나님의 통치와 왕권을 상징한다. 하나님의 보좌는 하늘에 있고, 법궤는 발등상으로서 하늘과 온 땅의 통치자인 것을 나타낸다. 이스라엘 백성들은 법궤를 중심으로 하나님의 통치를 받고 살았다. 뿐만 아니라 가나안 전역에 흩어져 사는 각 지파의 백성이 법궤에 임하시는 하나님의 능력으로 살았다.

법궤 안에 있는 만나가 든 항아리는 교회에 대한 하나님의 은혜로운 보살핌을 증거하는 것이다(히 9:4).³ 그 백성은 광야에서 나온 이후 해마다 그런 권세있는 자들의 떡을 배불리 먹을 수 있다(시 78:25). 아론의 지팡이는 여호와께서 아론과 그의 자손에게 제사장 직무를 주심으로써 친히 화목케 하시는 여호와께서 예수 그리스도의 직분적 봉사를 따른 삶과 구원과 복받는 길을 보여주는 것이다.

율법, 증거의 두 돌판(출 31:18; 32:15; 34:29)은 언약을 통해서 하나님과 교제할 수 있음을 보여준다. 하나님은 거기서 종들을 만나시고, 율법을 주신다(출 25:22 등). 그러므로 법궤는 이스라엘에게 생명과 같은 것이다. 이스라엘 역사는 법궤와 함께했다. 법궤의 운명은 이스라엘의 운명이요, 이스라엘의 운명은 곧 법궤의 운명이었다.

이 하나님의 법궤가 이스라엘의 새로운 수도, 예루살렘으로 들어오는 것은 역사적으로도 대단한 의미가 있는 일이었다. 예루살렘은 그때부터 정치적 중심이 될 뿐만 아니라 종교적 중심지가 되었다.⁴ 다윗이 이스라엘의 왕이긴 하지만 실제로는 하나님께서 이스라엘 중심에서 그 백성을 다스리신다는 의미가 있다. 다윗은 이 거국적인 사업을 통해서 이스라

---

3 법궤 안에 무엇이 들었는가에 대해서 많은 논란이 있지만 신약의 증거를 무시한 채 해결할 수는 없을 것이다. 십계명 두 돌판(출 25:21; 신 10:5), 만나가 든 항아리(출 16:33-34), 아론의 지팡이(민 17:10, 히브리 성경 25절)가 법궤에 들었음을 암시한다. 그러나 왕상 8:9은 십계명 두 돌판만 있다고 했다. 신약의 증거를 고려할 때 처음에 세 가지가 들어 있었지만 계시역사의 전진에 따라 두 가지의 의미는 광야생활과 관련된 것으로서 그 기능을 다 했으므로 제거한 것으로 보인다.

4 여러 학자들은 다윗의 정치적인 계산을 너무 부각시킨다. Bright, *History of Israel*, 200-201; H. Jagersma, *Geschiedenis van Isral in het oudtestamentische tijdvak* (Kampen: Kok, 1979), 150; S. Herrmann, *Geschichte Israels in alttestamentlicher Zeit* (München: Chr. Kaiser, 1980), 200; W. Brueggemann, *First and Second Samuel*, Interpretation (Louisville: John Knox Press, 1990), 24.

엘에 새로운 역사의 장을 열었다. 이때부터 시온은 이스라엘의 중심이 될 뿐만 아니라 세계의 중심이 되었다(겔 38:12). 왜냐하면 하나님께서 시온에서 우주를 통치하시기 때문이다.

이렇게 중요한 하나님의 법궤를 이스라엘은 70년이 넘도록 기럇여아림에 방치해 놓았다. 이제 다윗은 수도를 예루살렘으로 정하고 첫 사업으로 이 일을 시작했다.[5] 하나님의 임재의 상징이요, 이스라엘의 삶의 근본이 되는 하나님의 법궤를 예루살렘으로 옮기는 일은 정말 기쁘고, 너무나 감격스런 일이었다.

그런데 그 기쁨을 방해하는 요소가 있었다. 그것은 그의 아내 미갈의 반응이었다. 그녀는 다윗이 춤을[6] 추며 법궤를 인도하는 모습을 창으로 내다보고 조소했다. 그리고 기쁨으로 집으로 들어오는 다윗에게 쏘아붙였다. 이 사건을 말다툼으로 인한 단순한 부부 싸움으로 보기에는 너무나 엄청난 일이다. 오늘 본문을 세 부분으로 나누어서 생각하겠다.

5　이 기간은 사무엘, 사울의 활동기간과 다윗이 헤브론에 머물렀던 기간을 합산한 것이다 (삼상 7:2).

6　Stolz는 다윗이 춘 춤은 가나안의 종교의식과 관계가 있을 것이라고 추정한다. Fritz Stolz, D*as erste und zweite Buch Samuel*, ZB (Zürich: TVZ, 1981), 217. 이와 관련하여 Porter가 생각하듯이 그 춤이 '미갈과의 거룩한 혼인을 위한 서곡'으로 볼 필요도 없다. J. R. Porter, "2 Samuel VI and Psalm CXXXII," *JTS* V (1954): 166. 최근의 많은 학자들이 이 견해를 따르지만 그의 춤은 그런 의식을 위한 정교한 춤이 아니라 그냥 주체할 수 없는 기쁨을 표현하는 열광적인 행동으로 봐도 무방할 것이다.

2. 미갈의 조소(20절)

다윗은 법궤를 옮기면서 백성들과 함께 나누었던 기쁨을 계속 집으로 연결시켜서 그 기쁨을 나누고 싶었다. 그러나 다윗이 집에서 축복을 하기 전에 미갈은 창가에서[7] 다윗의 행동을 못마땅하게 여기고는 그동안 참았던 말을 쏟아내었다(삼하 6:16). 그녀는 마음으로 그를 경멸했지만 아무에게도 드러내지는 않았다. 이제 기다리던 기회가 왔다. 미갈의 말은 다윗의 격앙된 기쁨에 찬물을 끼얹는 것이었다. 본문을 보면 그 분위기가 어떠했을지 짐작이 가고도 남는다.

미갈이 뭐라고 말했는가?

20절을 보라.

> 이스라엘 왕이 오늘날 어떻게 영화로우신지(kbd) 방탕한 자가 염치없이 자기의 몸을 드러내는 것처럼 오늘날 그 신복의 계집종의 눈앞에서 몸을 드러내셨도다(삼하 6:20).

우리가 이 말을 그냥 들어볼 때 이 말이 그리 잘못된 것이 없는 것 같아 보인다. 만일 미갈의 말이 사실이라면 다윗의 행위는 이스라엘의 율법을 위반한 것이다(출 20:26). 그렇다면 미갈의 비판은 상당히 일리가

---

[7] 고대 근동 문학에서 불길하고, 부정적인 일을 예시하는 '창가의 여인'이란 주제가 이 본문에서 얼마나 타당성있게 적용될 수 있는지는 의문이다. Bodi는 창가의 미갈도 다윗과의 관계의 죽음을 예시하는 반사적 기능을 가졌다고 한다. Daniel Bodi, *The Michal Affair from Zimri-Lim to the Rabbis* (Sheffield: Phoenix Press, 2005), 44. 그러나 성경은 창문과 관련해서 부정적인 의미(삿 5:28; 왕하 9:30)와 긍정적인 암시(수 2:21?; 잠 7:6)를 다 표현하고 있다.

있는 말이다. 사실 이스라엘의 왕이, 방탕한 자가 염치없이 자기 몸을 드러내는 것처럼 행동해서는 안 될 것이다. 미갈이 다윗이 왕으로서 좀 더 품위있고, 위엄있는 태도로 백성들을 인도할 것을 요구했다면 그것은 그리 잘못된 것이 없을 것이다.

그렇지만 미갈의 말을 잘 분석해 보면, 그녀가 그렇게 자상한 아내로서 왕인 남편에게 조언하는 것으로 보기는 어렵다. 그녀는 은연 중에 다윗의 왕위에 복종과 존경을 표하지 않는다는 것을 드러내었다.[8] 겉으로 드러나는 말과 그 말의 속뜻이 달랐던 것이다.

본문은 미갈을 다윗의 아내라고 하지 않고 계속해서 '사울의 딸'이라고 소개한다. 이것은 미갈의 신분을 다윗과의 관계보다는 사울과의 관계를 더 강조하려는 의도를 갖는다.[9] 그것은 불순종한 왕, 버림받은 왕의 딸이라는 점을 부각시킨다. 미갈은 다윗을 '이스라엘의 왕'이라고 했는데 이것은 조롱하는 의미가 있다. 정말 다윗의 왕위를 인정하고 있는지 의문이 생긴다. 오히려 그녀는 아버지 사울집안에서 왕을 계승하기를 바랐을 지도 모른다.

---

8 Alter는 미갈이 다윗에 대해서 '이스라엘 왕'이라는 3인칭을 사용함으로써 다윗의 행동에 대해서 무례한 분노를 드러냈다고 했다. 그러나 미갈이 계집종의 시각적 호기심을 충족시킨 점을 강조하면서 다윗을 성적으로 노출했다고 하고, 미갈의 말이 성적인 질투심을 강조한다고 하는 것은 본문의 문맥상 불필요한 상상인 것 같다. Robert Alter, *The Art of Biblical Narrative* (New York: Basic Books, INC, Publishers, 1981), 124. 사실 성기를 노출시키는 춤은 풍산과 왕가의 능력을 구현하는 지중해 연안 국가의 종교의식이었다. Rosenstock은 다윗의 춤의 성격을 자신을 노출시키며 낮추면서 자신을 여호와의 생식능력과 일치시키는 풍산과 축복의 의미로 보았다. Bruce Rosenstock, "David's Play: Fertility Rituals and the Glory of God in 2 Samuel 6," *JSOT* 31. 1 (2006): 63-80.
9 삼상 19:11에서는 다윗의 아내라고 했는데 Seeman은 이름에 대한 술어의 변화가 다윗에 대한 미갈의 관점과 두 가문의 정치적인 운명의 변화를 표시한다고 했다. Don Seeman, "Cultural Poetics of a Biblical Motif," *Prooftexts* vol. 24, No. 1 (Wint. 2004): 22.

'어떻게 당신이 왕이 될 수 있느냐고 …'

그녀가 정말 다윗을 이스라엘의 왕으로 인정했다면 어떻게 감히 완전히 통일된 신정 국가의 왕 앞에서 왕의 직분을 고려하지 않은, 이런 식의 발언을 할 수 있겠는가?

미갈이 다윗을 정당한 이스라엘의 왕으로 인정했다면 이런 식으로 다윗을 대할 수 없을 것이다. 열왕기상 1장에서 밧세바가 어떻게 만년의 다윗 앞에 나아갔는가를 생각해 보면 알 수 있다.

그리고 미갈은 다윗이 계집종들 앞에서 추태를 부렸다고 신랄하게 비난했다. 물론 이것은 과장으로 보인다. 다윗의 열광적인 행동이 왕의 신분에 어울리지 않은 것은 사실이다. 그렇지만 우리는 다윗의 행위에서 덕망의 한계를 넘어서는 행동을 지적하기가 쉽지 않다.

분명한 것은 그녀는 다윗이 평범한 사람들과 함께 행동하는 것이 싫었던 것이다. 그녀는 상당한 특권 의식에 사로잡혀 있었던 것이다. 미갈은 백성들로부터 추앙과 영광을 한 몸에 받아 누리는 영웅적인 다윗의 모습을 기대했을 것이다. 그것은 남편으로부터 세속적인 영광을 누려보려는 생각이다. 그래서 백성과 함께 에봇[10]을 입고 하나님을 섬기는 행위가 못마땅했던 것이다.

---

10 이 에봇을 제사장 의복으로 보려는 주석가들은 다윗의 제사장적 기능에 대한 증거로 생각한다. 즉 다윗의 제사장적 기능이 나중에 레위인이나 제사장의 몫이 되었다는 것이다. A. A. Anderson, *2 Samuel*, WBC 11 (Dallas, Texas: Word Books, Publisher, 1989), 105. Bergen은 다윗을 멜기세덱의 제사장과 연결시키면서 이 에봇이 제사장 자격을 부여하는 것이라고 한다. Robert D. Bergen *1&2 Samuel*, NAC (Nashville, Tennessee: Broadman Press, 1996), 331. 그렇지만 이것은 명확하지 않다. 오히려 다윗의 세마포 에봇은 제사장 의복과 상관없이 간단한 의복일 수 있을 것이다. Cf. A. Phillips, "David's linen Ephod," *VT* 19, (1969), 485-487.

이 점에 있어서 미갈은 자기 아버지와 닮았다고 할 수 있다. 아버지 사울과 같이 백성들로부터 받는 칭송에 관심이 많았다. 사울이 몰락하는 계기는 젊은 다윗의 인기였다. 그는 그것을 견딜 수가 없었다.

> 사울은 천천이요, 다윗은 만만이라(삼상 18:7).

미갈은 세속적인 것에 관심이 있었다. 그래서 정작 관심을 쏟아야 할 곳에 관심을 두지 못했다. 미갈은 여호와의 언약궤에 대해서 전혀 관심이 없었다. 그 법궤의 언약적 의미와 역사적 의미를 몰랐던 것이다. 사울이 그랬던 것처럼(대상 13:3)[11] 그의 딸 미갈도 하나님의 법궤에 전혀 관심이 없었다. 문제의 발단은 바로 여기에 있다. 그녀는 가장 중요한 것을 보지 못했다.

하나님의 임재와 하나님의 통치에 관심이 없으니 다윗의 행동을 어떻게 이해할 수 있겠는가?

하나님의 거룩한 뜻을 헤아리지 못하니 여호와의 눈은 의식하지 못하

---

11 삼상 14:18의 마소라 본문은 "사울이 아히야에게 '법궤를 가져오라'고 명령했다. 그 때에 하나님의 법궤가 이스라엘사람들과 함께 있었다"고 한다. 이 구절은 사울의 명령이 같은 장의 3절의 "아히야가 에봇을 가져왔다"는 말과 조화가 되지 않기 때문에 문제가 된다. 사무엘의 나머지 부분에서도 사울은 법궤에 특별한 관심이 없었고, 더욱이 법궤는 다윗의 통치 때까지 기럇여아림에 있었다. 이 문제를 극복하기 위해서 Anold는 사울이 명령한 법궤는 다른 법궤라고 주장했다. W. R. Arnold, *Ephod and Ark: A Study in the Records and Religion of the Ancient Hebrews*, Harvard Theological Studies 3 (Cambridge, Mass: Harvard, 1917), 26-27. 그렇지만 여러 개의 법궤에 대한 그의 가설은 성경적인 지지를 받기가 어렵다. 기드온이 만든 다른 에봇이 부정적으로 평가받는 것을 고려할 때 더욱 그렇다(삿 8:27). 그 대신 히브리어 본문의 법궤는 칠십인역 바티칸 사본과 루키안 사본을 따라 에봇으로 수정될 수 있다. 칠십인역의 본문은 대부분의 주석가들이 받아들이는데 이것이 더 타당해 보인다.

고 계집종의 눈을 의식하는 것밖에 더 의식하겠나?

미갈은 하나님의 관점이 아니라 믿음 없는 백성의 관점에서 그 일을 바라보았던 것이다. 그녀의 염려와 불만은 이렇게 낮은 차원의 신앙에서 비롯된 것이다. 때로는 이렇게 믿음이 없는 자는 진실한 성도의 신앙적인 행위를 이해하지 못하고 수용할 수 없다. 이것은 아무리 세월이 흘러도 만고불변의 진리다. 믿음 없는 외견상의 신자는 참된 믿음을 소유한 진실한 신자의 헌신에 걸림돌이 되는 법이다.

미갈의 조소가 바로 그런 것이 아닌가?

3. 다윗의 답변(21-22절)

다윗은 즉각 미갈의 말을 되받아서 그녀의 교만을 꺾어 놓았다. 그가 백성 가운데서 한 행동은 바로 여호와 앞에서 한 것이라고 했다. 다윗은 계집종의 눈을 의식한 것이 아니라 하나님을 의식했다. 그래서 그 행위에 부끄러움이나 수치를 느낄 하등의 이유가 없었다. 다윗은 오실 그리스도의 사역을 바라보며 하나님과 화목을 이룬 것이 대단한 즐거움이었다. 그리고 하나님과 동행하는 것이 너무나 큰 기쁨이었다.

여기에 비하면 오늘 우리의 기쁨은 더욱 큰 것이다. 왜냐하면 이미 오신 그리스도와 동행하기 때문이다. 그림자로서 바라보고 기뻐한 것에 비하면 오늘 우리는 하나님과 동행하면서 큰 기쁨과 평안을 누릴 수 있다.

다윗이 기뻐한 또 한 가지 이유는 하나님께서 자신을 왕('나기드,'

nāgīd)¹²으로 세우셨다는 것이다. 미갈이 듣기에는 부담이 되었겠지만 그는 단도직입적으로 자신이 선택받은 왕임을 말했다.¹³ "저가 네 아비와 그 온 집을 버리시고 나를 택하사 나로 여호와의 백성 이스라엘의 주권자로 삼으셨다"고 한다. '버리고 택했다'는 말은 구원론에서 말하는 유기와 선택이 아니다.

그 기준은 왕위다. 왕위에서 제거하시고 왕으로 선택하셨다는 말이다. 전쟁을 위한 이방 나라의 왕과는 달리 하나님의 백성을 다스리는 직분을 맡은 것은 특별히 의미있는 기쁨이 될 것이다. 그래서 그는 왕으로서 품위를 떨어뜨렸다기보다는 백성 앞에서 신앙의 본을 보인 셈

---

12 Cf. H. M. Ohmann, "Een top bereikt: David wordt koning," in *Een verzamelde levendige opstellen voorstelling* (Kampen: Uitgeverij van den Berg, 1993), 134. "The theocratic character that had this naming as a title for the king of Israel especially continues to appear: *nāgīd* over my people Israel. Just in this connection, it puts the special place of Israelite monarch under King Jahweh"

13 Brueggemann은 야웨 기자의 주장이 두 사람의 대화에 중심을 두고 있다고 구조적으로 주장했다. 여기서 대칭 구조의 중심은 다윗이 왕으로 선택된 것이다. '내재된 화자'는 Murray가 덧붙였다. Brueggemann, op.cit., 253; D. F. Murray, *Divine Prerogative and Royal Pretension*: Pragmatic, Poetic and Polemics in a Narrative Sequence about David(2 Samuel 5.17-7.29, Sheffield: Sheffield Academic Press, 1998), 155.

```
Implied narratator: Michal's looking down
Michal:     honor
                maids
            shamelessly
David:        before Yahweh
                 chose me above … above
                    prince over
              before Yahweh
              contemptible
                 maids
               honor
Implied narrator: Michal's childlessness
```

이다. 왕으로서 사람들의 생각에 좌우되지 않고 하나님을 섬기는 일에 열심을 내었기 때문이다.

다윗은 하나님의 백성의 왕으로서 가장 중요한 일을 했다. 새로운 하나님의 통치 체제를 구축하여 옛 언약에 속한 백성들이 하나님 나라를 맛보는 놀라운 역사의 장을 열었다. 백성들은 여호와의 법궤를 사모했음에도 불구하고(삼상 7:2) 사울이 전혀 관심을 갖지 않았던 법궤를 예루살렘으로 운반함으로써 다윗은 나라의 왕이지만 진정한 통치자는 하나님이신 것을 인정했다.

이 사실은 오늘 우리에게도 중요하다. 내가 가장이지만 하나님이 우리 가정의 가장이시다. 내가 아이들을 양육하지만 사실은 하나님께서 우리 아이를 양육하신다. 내가 목사로서 목회를 하지만 "참 목자는 주님이십니다"라고 인정하는 것이 중요하다. 다윗의 왕은 여호와 하나님이었다. 다윗은 이 법궤가 들어오는 순간 이 시편으로 왕되신 여호와를 찬양했을 것이다.

> 문들아 너희 머리를 들찌어다. 영원한 문들아 들릴찌어다. 영광의 왕이 들어가시리로다 … (시 24:7-10).

하나님의 임재, 하나님의 통치는 기쁨과 두려움으로 맞아야 했다. 미갈의 발언은 이 엄청난 의미를 완전히 도외시한 처사다. 다윗의 중심은 오직 왕이신 하나님께 있었기에 그가 아무리 낮아져서 천하게 보일지라도('칼랄,' qālal) 미갈이 말하는 계집종에게는 존경을 받을 게 분명했다. 그는 하나님의 영광을 위해서 필요하다면 얼마든지 낮아질 수 있다는 것이다. 사실 '계집종'의 믿음도 갖지 못한 미갈은 천하게 볼지 몰라도 지극히 작은 하나님의 백성이라도 그 행위를 높이 평가할 것이다. 하나님과 동행하는 것을 가볍게 여겨서는 안 된다. 하나님의 통치를 비웃으면 안 된다. 기쁨으로 하나님의 통치를 바라고 따르며, 그분의 명령에 순종하는 신실한 주의 백성이 되기를 바란다.

4. 하나님의 판단(23절)

이 구절은 대단히 중요하다. 하나님께서 평가해 주셨기 때문에 앞의 해석이 가능했다. 두 사람의 대화만을 볼 때 단순한 부부 싸움으로 밖에 보이지 않기 때문에 누가 옳은지 모른다. 하나님은 두 사람의 대화에 냉엄한 판결을 내리셨다. 좀 강하게 번역된(KJV) "그러므로"라는 접속사는 앞의 사건이 원인이 되어서 뒤의 결과가 초래하게 되었다는 말이다.[14] 미갈이 죽는 날까지 자식이 없었다.[15] 아마 다윗은 미갈에게서 자식을 기대했을 것이다. 왜냐하면 정치적인 이유도 있을 것이기 때문

---

14 대부분의 주석가들은 접속사 *waw*를 인과적인 것으로 본다. 그러나 White는 그의 최근 글에서 이 접속사를 인과 관계로 보기를 거부하면서 사울의 후손이 왕위에 오를 수 없다는 야웨의 약속이 성취되는 것을 보여주는 내레이터의 방법이라는 것이다. 이것은 내러티브의 더 큰 영역에 주어진, 병치로 말미암아 생긴 간격을 메우는 하나의 방식이라는 것이다. 그래서 미갈이 자식이 없는 것은 하나님의 심판이라기보다는 원래 자녀가 없는 상태를 알려준다고 본다. Ellen White, "Michal the Misinterpreted," *JSOT* vol. 31. 4 (2007): 460-461.

15 마소라 본문 삼하 21:8에서는 미갈에게 다섯 아들이 있었다고 한다. 그러나 "그녀가 아드리엘에게 낳아주었다"는 것은 사울의 큰 딸 메랍에게 해당되는 말이다. 그래서 이 본문은 서기관의 필사 오류로 볼 수밖에 없다. 그렇지만 마소라 본문에 집착하는 유대전통에서는 미갈이 메랍의 다섯 아이를 입양해서 양육했다고 한다(*b. Sanh.* 19b).

이다. 다윗의 통치 초창기에는 아직도 사울에 대한 미련이 백성들 사이에 많이 남아있었다. 그런데 미갈에게서 자식이 생기면 백성들에게 다윗이 사울의 적이 아님을 증명하는 셈이 된다. 다윗이 미갈을 다시 부른 이유도 아마도 여기에 있을 것이다.

사울의 아들 이스보셋의 군대장관 아브넬이 사울의 첩을 간통해서 이스보셋을 배반하고 다윗에게로 돌아올 때 다윗은 뭐라고 반응했는가?

조건부 승낙을 하였다. 그 조건은 미갈을 데려오라는 것이다. 그 당시 미갈은 이미 발디엘과 결혼해서 10년이 넘도록 가정을 이루고 있었다.

그런데 다윗이 왜 그 미갈을 요구했을까?

물론 그의 요구는 합법적으로 들린다.[16] 미갈은 그가 블레셋 군사 양피 100개로 정혼한 정실부인인 것은 분명하다. 그래도 다윗이 그것을 스스로 요구하지 않았던 것을 보면 스스로 그 일을 하기에는 떳떳하지 못한 부분이 있었던 것 같다. 여기에 어느 정도 정치적인 계산이 있었다고 한다면 다윗은 미갈을 통해서 아들을 얻기를 기대했을 것은 당연한 일이다. 아니 그냥 순수한 사랑에서 우러난 요구라고 한다면 그녀에게서 자식을 더욱 원했을 것이다.

그러나 안타깝게도 그 일은 이루어지지 않았다. 바로 이 사건 때문에 결정적으로 그녀는 죽는 날까지 아이를 가질 수 없었다. 이것은 부부 싸움이 있은 이후 다윗이 평생 미갈과 동침하지 않았다는 뜻으로 이해해야 하는지는 모를 일이다. 옛날 말로 성총이 없었다고 … 그렇지만 다윗은 미갈에게서 자녀를 얻고 싶은 열망이 있었다면 그렇지는 않았을 것

---

16 바벨론 탈무드 산헤드린은 애써 다윗의 정당성을 묘사하고 있다. 발디엘과 미갈의 관계는 그냥 사랑을 유지하는 연인과 같은 관계이지 더 이상은 아니라고 한다(b. Sanh. 19b).

이다. 그들이 정상적인 부부 관계를 가졌음에도 불구하고 불임 상태였는지는 알 수 없다.[17] 분명한 것은 하나님께서 미갈을 심판하셨다는 것이다. 심판의 결과로 아이가 없었다.

고대 사회에서 여인에게 자녀가 없는 것은 고통스런 일이다. 그것은 저주이자 하나님의 심판으로 주어졌다(레 20:20-21; 렘 22:30). 일시적이긴 하지만 아비멜렉에게 그런 심판이 내려졌다(창 20:17-18). 그래서 여자로서 수치스런 일이었다. 라헬이 무자한 상태보다 죽기를 바랐던 것도 이유가 있다(창 30:1). 유대 전통에서는 여자뿐만 아니라 남자까지도 불이익을 당했다. 자녀가 없는 학자는 산헤드린에 앉을 자격이 없었다(Sanh. 36b). 이렇게 자녀가 없는 것은 사회적으로도 불이익을 당했다.

그러나 미갈이 당하는 심판은 이보다 훨씬 더 쓰라린 데가 있다. 이것은 자녀가 없기 때문에 단순히 자연인이 사회에서 당하는 수모 이상의 아픔이 있다. 하나님은 이 심판으로 자신의 예언의 말씀을 성취하셨다. 하나님은 사울을 버리셨는데 그를 메시아 반열에서 버리셨다. 그렇지만 미갈이 자녀를 가지면 그는 다윗의 후손으로서 예수 그리스도의 조상이 될 수 있는 가능성이 있었을 것이다. 세상 끝날까지 메시아의 어머니로서 영광스러운 이름을 가질 수 있었을 것이다.

그러나 하나님은 미갈을 심판하셔서 그녀가 메시아의 어머니가 될 기회를 완전히 빼앗아 버렸다. 하나님은 메시아의 계보에서 믿음 없는 사울의 피를 깨끗하게 제외시키셨다. 이것은 참으로 영광스럽고, 복된 기회를 놓친 것이다. 너무 아까운 기회를 놓쳤다. 이것은 미갈에게는 정말

---

17 Bergen은 이것이 다윗의 행위가 아니라 하나님의 행위이기 때문에 다윗이 남편으로서 임무를 다하지 못한 것으로 볼 수 없다고 한다. Bergen, *1&2 Samuel*, 332.

가혹한 심판이 아닐 수 없다.

우리는 예수 그리스도의 보혈로 말미암아 죄사함을 받고 그분의 백성이 되었다. 우리는 그분을 주님과 왕으로 모시고 있다. 그의 명령에 순종하며, 그분과 함께 동행하는 것을 기대하고 즐거워한다. 하나님이 우리와 함께 하신다는 것은 신구약성경의 가장 큰 주제다. 성경이 우리에게 가르치는 복의 핵심이 바로 하나님이 우리와 함께하신다는 것이다. 기독교 신앙을 한마디로 말한다면 그것은 임마누엘이다. 이것이 없이는 우리의 노력과 봉사와 헌신은 껍질만 남은 종교인의 행위에 지나지 않을 것이다. 하나님의 임재에 대한 우리의 태도가 어떠해야 하는지 이 부부 싸움이 아주 분명하게 가르쳐주고 있다. 세상의 모든 종교는 인간의 일차원적인 욕구를 충족시키는 데 관심이 있지만 기독교는 하나님의 통치를 받고 순종하는 데서 행복이 보장된다고 믿는다. 말씀과 기도를 통해서 하나님의 임재를 즐거워하며, 그분의 통치를 따르는 것이 기독교 신앙이다.

미갈이 당한 심판은 근본적으로 하나님의 임재와 그분의 통치를 이해하지 못하고 비웃는 데서 비롯된 것이다.[18] 하나님의 임재를 예사롭게 생각하는 자, 하나님의 통치를 비웃는 자가 당하는 심판이 어떠한가를 보라. 그것은 희망과 소망을 잃어버릴 뿐만 아니라 최고로 영광스런 자리를 차지할 기회를 놓치는 것이다.

하나님의 임재는 성도에게 가장 큰 기쁨이요, 위로다. 매일의 삶 속에

---

18 Carlson은 명백하게 미갈이 자식이 없는 것은 법궤에 대한 그녀의 태도 때문에 야웨께서 내리신 심판이라고 생각한다. R. A. Carlson, *David: the chosen King* (Uppsala: Almqvist & Wiksells, 1964), 93.

하나님과 동행하는 것을 기뻐하고 즐거워하며 하나님의 통치에 순종할 때 우리의 행복이 보장되고, 하나님은 그리스도 안에서 우리를 영광스러운 길로 인도하실 것을 믿어야 할 것이다.

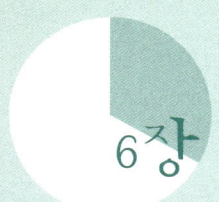

6장

솔로몬의 기도에 나타난 신학적 주제[1]

1. 서론

솔로몬의 기도는 자신과 백성을 위한 기도의 본을 제공하고 있지만 그 이상의 의미를 지닌다. 구약에서 가장 정교한 산문체 기도로 잘 알려진[2] 이 기도는 성전 봉헌의식의 한 부분이다. 성전 봉헌 때 한 솔로몬의 기도는 단순한 의식을 위한 것이 아니라 하나님과 약속과 성취 및 언약에 관한 많은 내용을 포함한다. 이 기도는 성전 건축과 함께 이스라엘 역사의 새로운 장을 열 뿐만 아니라 하나님의 계시역사의 중요한 국면을 보여주기 때문에 여기에 대한 신학적 고찰은 의미 있는 일이 될 것이다.

---

[1] 이 글은 「개혁교회와 신학」 28호 (2014)에 실린 논문이다.
[2] 탈스트라는 열왕기에 쓰인 솔로몬의 기도에 대한 자신의 박사학위 논문에서 "공시적인 분석이 본문을 모든 본문의 요소가 기여하는 의미있는 전체 단위로 여긴다. 통시적인 분석은 기존 본문이 받아들여지고 해석된 당시 상황과 본문의 성장을 재구성한다"고 했다. E. Talstra, *Solomon's Prayer: Synchrony and Diachrony in the Composition of I Kings 8, 14-61* (Kampen: Kok Pharos, 1993), 82.

솔로몬의 기도는 열왕기상 8:23-53과 역대하 6:14-42에 나타난다. 두 본문 간에 약간의 차이는 있기는 하지만 역대기가 대체로 열왕기 본문에 문자적으로 충실하게 따랐다. 그러나 열왕기 본문에 보충된 부분도 있고(41b, 42b절) 빠진 부분도 있다(39-40절; 왕상 8:50b-51; 52b-53). 보충된 부분으로 보이는 것은 열왕기 필사자가 빠뜨린 부분에 대한 원문을 제시하는 것으로 보이고 빠뜨린 부분은 열왕기 기자가 첨가한 것이라기보다는 역대기 기자의 의도가 반영된 것으로 보인다.[3] 물론 그 저자의 의도는 곧 당시 백성에게 주시려는 하나님의 계시의 말씀이 될 것이다. 특별히 마지막 부분에서 솔로몬이 다윗이 법궤를 예루살렘으로 옮기던 역사를 회상하는 내용을 담은 시편 132편을 인용함으로써 자신의 기도를 마무리한다. 이것은 자신의 왕조는 물론 이스라엘의 존재에 다윗 언약이 얼마나 중요한가를 보여준다.

2. 본론

1) 하나님의 속성

(1) 하나님의 유일성과 선

솔로몬의 기도는 "이스라엘의 하나님 여호와여"라고 하나님을 부르

---

[3] 오케네디(O'Kennedy)는 역대기 기자가 열왕기 본문을 빠뜨린 이유를 두 가지로 제시한다. 1). 의도적인 역사적, 신학적 이유 2). 더 분명하고 경제적인 언어사용을 위한 문체의 특징. O'Kennedy, "Twee Weergawes van die gebed van Salomo (1 Kon. 8 en 2 Kron. 6)": 'n vergelykende studie," *AT* 26, 2 (2006):160.

는 것으로 시작한다. 이것은 구약에 나타난 기도의 본이 된다. 예수께서 제자들에게 기도를 가르쳐주실 때 "우리 아버지여"라고 부르면서 기도를 시작하신 것과 같다(마 6:9). 솔로몬이 언급한 "이스라엘의 하나님 여호와여"란 표현은 하나님과 이스라엘의 언약 관계를 묘사하는 것이다.

기도의 근거는 바로 이 언약 관계에 있다. 또한 그는 "위로 하늘과 아래로 땅에(천지에) 주와 같은 신이 없나이다"(왕상 8:23a; 대하 6:14a)라는 말로써 이스라엘 하나님 여호와의 유일성을 고백하는 것 같다(신 3:24; 4:39).[4] 하나님의 유일성에 대한 솔로몬의 기도는 '천지에 신은 여호와밖에 없나이다'란 말과는 다르다. 그의 말은 단순히 하나님만이 유일하게 존재하는 신이라는 뜻은 아니다.

물론 솔로몬이 이 말로써 다신론(polytheism)이나 여러 신들 가운데 좀 더 우월한 신이 있다고 믿는 단일신론(henotheism) 또는 여러 신들 가운데 가장 우월한 신만이 경배의 대상이 된다고 생각하고 그 신을 섬기는 일신 사상(monolatry)을 인정하는 것은 아니다.[5] 솔로몬이 쓴 표현은 단지 다른 신의 존재를 인정하거나 부정하는 것이 아니라는 것이다.

그러나 유일신론에 대한 그의 신관은 후반부에서 분명하게 드러난다.

> 세상 만민에게 여호와께서만 하나님이시고 그 외에는 없는 줄을 알게 하시기를 원하노라(왕상 8:60).

---

4 열왕기 본문에는 "위로 하늘과 아래로 땅에"(*baššāmayim mimma'al wᵉ 'al-hā'āreṣ mittāḥat*)로 확대된 본문을 보여주는 반면에 역대기는 "천지에"(*baššāmayim wūbā'āreṣ*)라고 간단하다. 칠십인역도 각 본문을 그대로 유지하고 있다.

5 Cf. K. L. Noll, *Canaan and Israel in antiquity* (New York: Sheffield Academic Press, 2001), 132.

솔로몬에게 여호와 하나님은 이스라엘 주변의 이방인들이 자연을 신격화해서 섬기는 신과는 근본적으로 달랐다. 솔로몬의 기도의 속에도 이 점을 염두에 두었을 것이다. 그렇지만 여기서 솔로몬이 말하는 유일성이란 존재론적인 것이 아니고 하나님의 기능적인 속성과 관련된 것이다.

하나님이 창조주와 구속주가 되신다는 데서 여호와는 다른 어떤 신과도 비교할 수 없는 존재라는 것을 선명하게 선언한다. 무엇보다도 본문에는 하나님이 인자와 자비가 풍성하시고 언약에 신실하신 분이라는 점에서 유일하다는 의미가 된다. 이것은 솔로몬이 이어서 "주께서는 온 마음으로 주의 앞에서 행하는 주의 종들에게 언약을 지키시고 은혜를 베푸시나이다"라는 말에서 확인된다(왕상 8:23b; 대하 6:14b).

하나님의 은혜와 자비는 '하나님의 선'(goodness)이라는 큰 범주에 속한 것이다. 솔로몬이 사용한 용어인 '기도'('터필라,' *t̕fillā*)와 '간구'('터힌나,' *t̕ḥinnā*)와 '부르짖는 것'('린나,' *rinnā*)과 '비는 기도'('터필라,' *t̕fillā*)는 다 기도를 표현하는 말이지만 '간구'는 '자비를 구하는 것'이고 '부르짖는 것'은 '탄식의 부르짖음'이다.[6]

그의 기도에서 하나님의 자비와 선은 '용서'라는 말에 집약된다.[7] 솔로몬의 간구의 특징 중에 하나는 하나님의 용서를 구하는 것이다. 그의 기도는 막연한 응답을 요구한 것이 아니라 '사하다'('살라흐,' *sālaḥ*)는 말로써 죄를 용서해달라는 구체적인 응답을 간구했다. 이 용서에 대한 간

6　*HALOT*, 1247, 1718.

7　H. Bavinck, *Reformed Dogmatics*, vol.2 (Grand Rapids, MI: Baker Academic, 2004), 231.

구는 다섯 번이나 반복된다(왕상 8:30, 34, 36, 39, 50; 대하 6:21, 25, 27, 30, 39). 특별히 첫 번째 죄사함에 대한 간구는 특정한 범죄나 재난에 연루된 것이 아니고 일반적이고 서론적인 간구에 대한 응답으로서 '용서'를 구한 것이다.

> 주의 종과 주의 백성 이스라엘이 이 곳을 향하여 기도할 때에 주는 그 간구함을 들으시되 주께서 계신 곳 하늘에서 들으시고 들으시사 사하여 주옵소서(왕상 8:30; 대하 6:21).

솔로몬이 한 죄 사함에 대한 간구는 인생 문제의 근원이 되는 죄를 해결해달라는 것이다. 죄 문제가 해결되면 당장 불행이 사라지는 것은 아니지만 그 근본적인 원인이 제거되는 것이다. 실제로 이어서 나타나는 죄용서에 대한 간구는 죄로 인한 재난에 대한 원인을 제거해달라는 말로 이해된다. 백성의 범죄로 인한 적국에 대한 패배(왕상 8:34; 대하 6:25)와 백성의 죄로 말미암아 기근을 당하는 경우(왕상 8:36; 대하 6:27), 죄로 인한 질병이나 각종 재앙(왕상41; 대하 6:30), 그리고 백성의 죄에 대한 심판으로 적국에 포로로 잡혀가는 경우(왕상 8:50; 대하 6:39)가 모두 인간의 불행이 죄로 말미암았다는 것을 표현하고 있다.

용서를 구하는 솔로몬의 간구는 하나님이 선하신 분이라는 속성에 기초를 두고 있다. 죄를 용서하는 것은 여호와께서 "자비롭고 은혜롭고 노하기를 더디하고 인자와 진실이 많은 하나님"(출 34:6)이시기 때문에 가능하다. 용서를 베푸는 문제는 인간의 기준으로 결정되는 것이 아니고 전적으로 하나님의 자비에 근거한 것이다.[8] 용서는 심판을 받아서 멸망할 수밖에 없는 인간에 대한 하나님의 선을 가장 잘 표현한 것이다. 바로 그 선을 베푸시는 데서 여호와 하나님은 비교할 수 없는 유일한 분이시다.

(2) 하나님의 초월성과 내재성

솔로몬의 간구는 하나님의 초월성과 내재성을 동시에 보여준다. 그의 간구는 성전에 임재하시는 하나님께서 자신과 백성의 기도에 응답해달라는 내용으로 구성되었다. 그러나 그는 하나님의 초월성을 먼저 인정하고 있다.

> 하나님이 참으로 사람과 함께 땅에 계시리이까 보소서 하늘과 하늘들의 하늘이라도 주를 용납하지 못하겠거든 하물며 내가 건축한 이 성전이오리이까(왕상 8:27; 대하 6:18).[9]

사실 하나님은 편재하시는 분으로서 성전은 어디까지나 땅 위에 있는 하나님의 상징적인 거처일 뿐이다(사 66:1). "하늘의 하늘들"이란 표현은 그 실체가 존재하지 않지만 최상급의 표현으로서 가장 높고 넓은 피조

---

8 D. F. O'Kennedy, "The Prayer of Solomon(1 Ki 8:22-53): Paradigm for the Understanding of Forgiveness in the Old Testament," *OTE* 13 (2000): 79.

9 대하 6:18에서 탈굼은 전체적으로 확대해석한 본문을 제공한다. "왜냐하면 주께서 참으로 땅에 거하는 인자들 가운데 거하실 자신의 처소를 두도록 택하신다는 것을 누가 상상하고 누가 생각하겠는가? 왜냐하면 높은 하늘, 중간 하늘이 주님의 임재(Shekinah)의 영광을 품을 수가 없기 때문이다. 이는 주는 만물과 하늘과 땅과 깊음과 그 가운데 있는 모든 것을 관할하는 하나님이기 때문이다." 탈굼역의 해석적 특징과 신인동형론을 피하는 특징을 지니고 있다.

세계를 의미한다. 피조물은 하나님을 결코 용납할 수 없다. 하나님의 초월성에 대한 솔로몬의 표현은 사실이지만 이 구절은 자신의 성전은 하나님의 존재에 비하면 보잘 것 없다는 겸양을 나타낸다.

실제로 하나님은 성전에 갇혀있는 분이 아니고 성전건물 자체가 자동적으로 하나님의 임재를 보장해주는 것도 아니다(렘 7:4).[10] 초월하시는 하나님의 임재는 언약적 믿음이라는 조건에서만 보장받을 수 있다. 솔로몬은 거듭 "주께서 계신 곳 하늘"(왕상 8:30, 39, 43, 49; 대하 6:21, 30, 33, 39) 또는 "하늘에서 들으시고"(왕상 8:32, 34, 36, 45; 대하 6:23, 25, 27, 35)라는 표현을 쓰면서 하나님을 초월하시는 분으로 표현했다.

동시에 솔로몬은 하나님께서 "내 이름을 거기 두리라"고 하신 말씀을 언급하면서 성전이 하나님의 임재의 장소인 것을 밝혔다. "내 이름을 둘 곳"이란 표현은 "내 이름을 (두기)위하여"로 이해할 수 있다(신 12:5, 11, 21). 즉 성전은 하나님이 거하시는 곳으로 표현되지만(왕상 8:13) 많은 경우 하나님의 이름이 거하는 곳이다(왕상 8:16, 29; 왕하 23:27; 대하 6:5; 7:16; 20:9). 이스라엘에게 있어서 이름은 단순한 상품의 선택된 상표가 아니라 부르는 대상의 속성과 존재가 결부되어 있고 이스라엘의 신앙은 이 이름을 아는 데서 시작된다.[11]

이렇게 이름을 언급한 것은 특별히 하나님의 정체성과 다른 신과는 구분되는 자신에 대한 배타적인 주장을 위해서 쓴 것으로 보인다.[12] 또

---

10 실제로 성전에 대한 그릇된 개념이 거짓 평안을 가지도록 했다. "여호와께서 우리 중에 계시지 아니하냐 재앙이 우리에게 임하지 아니하리라"(미 3:11b).
11 Zimmerli, *Grundriss der alttestamentlich Theologie*, 12-14. 창세기는 여호와의 이름을 부르는 자체를 예배 행위로 여겼다(창 4:26; 12:8; 13:4; 21:33; 26:25).
12 Cf. J. G. McConville & J. G. Millar (ed.), *Time and Place in Deuteronomy*,

한 이것이 성전과 관련된 것은 "그 이름이 그 제의장소를 여호와께서 전에 자신의 계시를 주시고 또 새로운 계시를 주시는, 자신을 계시하는 장소로 보여준다."[13] 그것은 하나님의 실제적인 임재에 대한 확실한 보증이 된다. 그래서 솔로몬은 기도 가운데 하나님의 눈과 귀가 성전을 향하기를 구했던 것이다(왕상 8:29; 대하 6:20). 솔로몬이 하나님은 하늘에 계신다고 언급함으로써 그분의 보좌는 하늘에 있고(시 103:19), 성전은 예배자가 하나님께로 나아가는 길이 된다는 것을 의미한다. 하나님은 모든 것을 초월하시는 분이시지만 성전에 임재하셔서 자기 백성과 함께 하시기를 기뻐하시는 분이시다.

(3) 하나님의 공의

공의라는 말은 법적인 용어로서 재판에서 옳다고 확정되는 것을 의미한다. 이것이 하나님께 적용될 때 하나님의 섭리와 판단이 공정하다는 것을 뜻한다(출 9:27; 신 32:4).[14] 솔로몬의 일곱 개의 간구 가운데 첫 번째가 하나님의 공의에 호소하는 것이다.

> 만일 어떤 사람이[15] 그의 이웃에게 범죄하므로 맹세시킴을 받고 그
> 가 와서 이 성전에 있는 주의 제단 앞에서 맹세하거든 주는 하늘에

JSOTSS (Sheffield: Sheffield Academic Press, 1994), 113.

[13] Holwerda, *Bijzondere Canoniek*, 226.
[14] Bavinck, *Reformed Dogmatics*, 222.
[15] 대하 6:22에서 "만일 어떤 사람이 죄를 범하면"에서 조건문을 이끄는 접속사('*im*)를 열왕기 본문은 "~할 경우에"('*ēt* ' *ašer*)라고 다른 조건문을 사용했다. 역대기가 문법적 단순화를 선택했다고 하겠다.

> 서 들으시고 행하시되 주의 종들을 심판하사 악한 자의 죄를 정하
> 여 그의 행위대로 그의 머리에 돌리시고 공의로운 자를 의롭다 하
> 사 그 의로운 대로 갚으시옵소서(왕상 8:31-32; 대하 6:22-23).[16]

그것은 인간 관계에서 나타나는 부당한 문제를 해결하기 위한 것이다. 이 구절의 양식과 내용은 이웃에 해를 끼치고 고발하는 것에 증거를 통하여 정확한 판결을 내릴 것을 요구하는 함무라비 법전의 첫 부분과 유사하다(§ 1).[17] 이 본문의 전반부는 본문과 문법에 많은 문제가 있다.[18] 특히 한글 번역은 무슨 말인지 이해하기 어렵다. 여러 학설이 있지만 신뢰할 만한 번역은 이렇다.

---

16 대하 6:23에서 "악한 자의 죄를 정하다"(לְהַרְשִׁיעַ לְרָשָׁע)는 열왕기 본문(8:32)과 다르다 (רֶשַׁע לְהַרְשִׁיעַ). 열왕기는 '죄있다'('라샤' רָשַׁע)는 동사의 히필형을 썼고, 역대기는 '돌아가다'('슙' שׁוּב)란 동사의 히필형을 썼다. 역대기는 '악한 자'('라샤' רָשַׁע) 앞에 전치사 '러'(ל)를 덧붙였다. 내용은 같지만 역대기 기자가 단어를 바꾼 이유는 열왕기 רָשַׁע의 히필형이 역대기 시대에는 원래의 사역형의 의미가 없이 '악하다'를 의미했기 때문에 역대기 기자가 오해를 피하기 위해서 동사 שׁוּב의 히필형을 썼다고 한다. Sara Japhet, *2 Chronik*, HThKAT, (Freiburg: Herder, 2003), 86.

17 "만일 어떤 사람이 다른 사람을 고소하여 살인혐의를 지우고 그것을 증명하지 못한다면." Hammurabi, *Codex Hammurabi: Textus Primigenius*, E. Bergmann (ed.) (Roma: Pontificium Institutum Biblicum, 1953), 4.

18 이전의 여러 히브리어 사본은 '부담을 지우다'를 의미하는 '나샤'(נשא) 대신에 '들다'를 의미하는 '나사'(נשא)를 썼다. 문법적으로 '알라'가 두 번 쓰인 것은 기본 개념을 강조하기 위해서 같은 어원이 같은 동사와 목적어를 반복하는 용법(*figura etymologica*)이다. '들어오다'(בא)와 '맹세하다'(אלה)의 관계는 후자를 부사, 부정사 독립형 등으로 다양하게 이해할 수 있겠으나 가장 무난한 이해는 이 두 동사를 접속사가 없이 연결된 구조(asyndetic)로 이해하는 것이다. Cf. J. Mulder, *1 Kings Vol. 1: Kings 1-11 HCOT* (Leuven: Peeters, 1998), 419-424.

> 만일 어떤 사람이 그의 이웃에게 죄를 지어서 그(이웃)가 그에게 자신을 저주하도록 저주의 맹세를 하도록 하고 그가 이 성전에 있는 제단 앞으로 와서 맹세하거든(왕상 8:31; 대하 6:22).

솔로몬이 언급한 사건은 사람이 죄를 지었지만 증명할 수 없는 경우에 해당한다. 가해자는 다른 사람에게 피해를 입혔지만 증거가 없으면 두 사람 다 어려운 상황에 봉착하게 된다. 그래서 율법을 따라서 맹세함으로써 하나님 앞에서 문제를 해결하려고 하는 것이다(출 22:10-11). 피해자의 입장에서 가해자에게 자기 저주에 맹세를 하도록 하는 것이 어느 정도 가혹한지는 알 수 없다. 여기서 '자기 저주'라는 것은 결국 자신의 확실한 결백에 대한 맹세를 하는 것이다.[19]

솔로몬은 그 맹세를 하나님의 성전의 제단 앞에서 할 때 하나님께서 공정하게 판결해달라고 간구했다. "그 행위대로 그 머리에 돌리시고"라는 표현에서 '그의 머리에 돌리다'라는 말은 전체의 한 부분을 가리켜 '사람'을 나타내는 셈어의 용법이다.[20] 문자적으로 자신이 그 결과를 거두는 것을 말한다(겔 9:10; 11:21; 16:43; 17:19; 22:31). 성전에서 맹세하는 것은 인간법정에서 해결할 수 없는 것을 하나님의 공의를 따라 판단해달라는 것이다.

이와 비슷한 하나님의 판결을 통한 재판은 남편의 의심을 받는 아내

---

19 클라인은 '결백의 맹세'라고 했는데 '자기 저주의 맹세'를 하는 것은 '결백의 맹세' 보다 강한 의미가 있다. R. Klein, *2 Chronicles*: A Commentary, Hermeneia (Minneapolis, Minn.: Fortress Press, 2012), 93; *HALOT*, 728.
20 H. P. Müller, "ראשׁ," in *THAT* II, 705. 아카드어 '머리'(*rēšu*)는 환유법으로 신이나 사람 '자신'을 가리키기도 한다. *CAD* 14 R, 279.

의 문제를 해결하는 절차에서도 나타난다(민 5:11-31). 그의 간구는 이스라엘에 하나님의 공의가 적용되어 백성 가운데 억울하게 삶의 침해를 당하는 사람이 없이 그 조직을 건강한 신앙 공동체로 유지하기 위함이다. 이 기도는 하나님이 공의로운 재판관이시라는 전제에서 비롯된 것이다.

2) 하나님의 언약

솔로몬이 하나님께 기도하는 것 자체가 그가 하나님과 맺은 언약 관계를 기초로 하고 있다는 것을 알려준다. 즉 여호와는 이스라엘의 하나님이요, 이스라엘은 그의 백성이라는 언약적 구조 속에서만 의미 있는 기도가 가능한 것이다(왕상 8:23b; 대하 6:14b). 솔로몬의 기도에 나타난 언약적 내용은 크게 두 가지로 정리할 수 있다. 그것은 신명기적 언약과 다윗의 언약이다.

(1) 신명기 언약

솔로몬은 하나님이 언약의 하나님이신 것을 강조한다(신 7:9). 특별히 두 번째부터 다섯 번째 간구까지 그리고 일곱 번째 간구가 신명기에서 약속한 내용과 관계가 있다.

솔로몬의 두 번째 간구(왕상 8:33-34; 대하 6:24-25)는 일곱 번째 간구의 전주곡이나 그 내용을 축소시켜 놓은 것처럼 보인다. 이 간구는 전쟁으로 인한 국가적인 재난이 백성의 죄로 말미암았다는 것을 전제로 하고 있다.[21] 전쟁에서 패배하는 것은 불순종에 대한 증거가 된다(레 16:15-17; 신 28:15, 25).

이 기도는 만일 이스라엘이 적국에 패하여 포로로 잡혀가는 경우라도 백성이 회개하고 성전에서 기도할 때 회복시켜달라는 간구다. 이것은 신명기 율법의 약속에 기초를 둔 기도다(신 30:2-3). "주의 이름을 인정"한다는 말은 '주의 이름을 찬양한다'고 번역할 수도 있다.[22] 이것은 회개의 결과가 될 것이다.

그러나 본문의 문맥은 '회개하다'('슙' שׁוב)는 동사와 함께 '주의 이름을 고백한다'고 번역하는 것이 자연스럽다. 솔로몬은 그들이 하나님의 집에서 "기도하며 간구할 때" 그들이 하나님께서 "조상들에게 주신 땅으로 돌아오게" 해달라고 했다. 그 땅은 단순히 경작할 수 있는 토지가 아니라 약속의 땅을 가리킨다. 즉 하나님의 약속을 회복시켜주기를 바라는 것이다. 본문에서 성전은 '기도하는 집'으로, 하나님은 기도를 들으시고 용서하시고 회복시키시는 분으로 제시되었다. 그의 기도는 신명기에서 약속한 언약에 근거를 두고 있다.

솔로몬의 세 번째 간구(왕상 8:35-36; 대하 6:26-27)는 이스라엘과 그들의 전체 생활과 관련된 기근에 대한 것이다. 하나님은 신명기에서 약

---

21 대하 6:26의 마지막 단어를 한글 번역에서는 "주의 벌을 받을 (때)"라고 번역했다. 이것은 마소라 본문의 모음부호를 수정해서 번역한 것이다. 이것은 칠십인역 번역을 고려한 것으로 보인다(ταπεινώσεις αὐτούς, '그들을 낮추실 것이다'). 히브리어 본문은 '칼'형으로 읽을 때 "당신이 그들에게 응답할 것이다"('타아넴' תַעֲנֵם)로 되어있지만 의미전달이 안 되기 때문에 모음표기를 '피엘'형으로 바꾸어 '터안넴'(תְעַנֵּם)으로 읽어야 한다(당신이 그들을 징계할[때]). 물론 히브리어 본문을 '칼'형으로 보지 않고 '히필'형으로 보면 같은 의미가 된다.

22 본문의 히필형은 '찬양하다'로 번역된다. C. Westermann, "ידה," *THAT* I, 681.

속의 땅에서 풍요로운 결실을 약속하셨다(신 28:11b-12a). 그러나 그 땅에 기근이 든다는 것은 결과적으로 백성이 하나님의 명령에 불순종했다는 말이다. 솔로몬은 율법에 근거해서 비가 오지 않는 것을 자연현상으로 보지 않고 죄의 결과로 인한 하나님의 심판으로 보았다(신 28:23-24). "하늘이 닫히고"란 수동(니팔)으로 쓰였지만[23] 이 동사의 주어는 여호와시다. 이 표현은 그들의 세계관을 따라서 현상적으로 묘사한 것이다. 여기서 '닫다'는 기능을 멈추는 것을 의미한다. 즉 하나님께서 하늘이 비를 내리는 기능을 수행하지 못하도록 하신다는 뜻이다.[24]

농사가 주산업인 팔레스타인은 천수답에 의존하는데 거기에 비가 오지 않는 것은 산업과 경제를 마비시킨다. 솔로몬은 하나님의 심판으로 주어진 기근으로 말미암아 고통을 당할 때 백성이 성전을 향하여 기도하고, 주의 이름을 고백하고 회개하면 사죄의 은혜를 베풀어달라는 간구를 했다. 이것은 솔로몬이 약속에 근거한 간구를 드렸다는 것이다(신 30:9).

그러나 그는 단순히 비를 달라고 기도하지 않고 "그 마땅히 행할 선한 길을 가르쳐" 달라는 조건을 덧붙였다. 백성이 당하는 고통이 아픔으로 끝나지 않고 그 고통을 통해서 하나님의 교훈을 받도록 기도한 것이다. 이것은 하나님의 율법을 깨닫게 되는 것을 의미한다. 이 기도는 그 약속의 땅의 기근은 자연현상이 아니라 하나님과의 언약적 관계를 회복할

---

23 형태상 "만일 … 하늘이 닫히고"를 앞의 22절과 24절과 같이 조건 접속사 '임'(אִם)을 쓴 일반 조건문으로 보기 쉬운데 히브리어 구문(בְּהֵעָצֵר)은 "~할 때" 혹은 "~할 경우에"로 번역할 수 있는 전치사 '버'(בְּ) + 부정사 연계형(הֵעָצֵר)의 구조로 쓰였다. *HALOT*, 105.

24 C. Houtman, *Der Himmel im Alten Testament*: Israels Weltbild und Weltanschauung (Leiden: E. J. Brill, 1993), 185.

때 제거되고 하나님께서 약속하신 풍요를 누리게 된다고 가르친다.

솔로몬의 네 번째 간구(왕상 8:37-40; 대하 6:28-31)는 앞의 기근을 포함해서 전염병, 병충해와 적국의 침입을 당하는 재난을 다루고 있다.[25] 기근(신 28:23-34), 병충해(신 28:22; 암 4:9; 학 2:17) 그리고 전쟁의 재난은 하나님의 심판으로 기록되었다. 물론 그의 기도는 이 항목에만 국한되는 것이 아니고 "무슨 재앙이나 무슨 질병이 있거나를 막론하고" 이스라엘 백성의 삶의 근간을 뒤흔드는 모든 재앙을 포함한다.

이 재난 때문에 기도하는 사람이 개인이든지 온 백성이든지 그 고통을 깨닫고 성전을 향하여 기도하는 자의 간구를 들어달라는 내용이다. "자기의 마음에 재앙과 고통을 깨닫고"에서 "자기의 마음에"란 말은 역대기 본문에 없고 열왕기 본문에 있다(왕상 8:38). '재앙과 고통'은 중언법(hendiadys)으로서 '재앙으로 인한 고통'으로 이해할 수 있다.[26]

이 재난을 깨닫는 것은 그 재난의 의미를 깨닫는 것으로서 회개와 관련된다고 봐야 할 것이다. 또 그들이 성전을 향하여 손을 펴고 간구하는 것은 간절함을 반영하는 것으로 보인다. 솔로몬은 인간의[27] 마음을 하나님만 아신다는 점을 언급하면서 그의 모든 행위대로 갚아달라고 간구

---

25 대하 6:28의 '적국'에 해당하는 히브리어는 '그의 적들'('오여바우' אוֹיְבָיו)인데 열왕기 본문의 '그의 적'('오여보' אֹיְבוֹ)과 약간 차이가 있다. 또 후대 표기의 특징인 완전철자법이 나타난다. 칠십인역은 한글 번역과 같이 접미사 없이 단수명사로 번역했다(ὁ ἐχθρὸς). 역대기 기자는 과거의 역사를 아는 사람으로서 '적들'이라고 복수로 쓴 것 같다. 그러나 단수를 집합명사로 본다면 두 본문이 내용상 별 차이가 없다.

26 Klein, *2 Chronicles*, 95.

27 '사람'으로 번역된 히브리어 표현을 문자적으로 번역하면 '사람의 아들들'(בְּנֵי הָאָדָם)이다. 이런 식의 표현은 사람에 해당하는 '아담'을 복수로 쓰지 않고 '아들들'이란 말을 붙여서 집합적인 의미를 나타내는 방식이다. F. E. König, *Historisch-Kritisches Lehrgebäud-eder hebräischen Sprach* III, §254 g.

한다. "그의 모든 행위대로"란 일종의 보상처럼 들린다. 그러나 진정한 회개는 삶의 변화를 수반하게 마련이다. 그 간구를 판단하시고 용서를 구한 것이다. 죄용서의 결과로 그 백성이 약속의 땅에서 항상 여호와를 경외하며 하나님의 뜻을 따라 살게 된다.

> 사유하심이 주께 있음은 주를 경외하게 하심이니이다(시 130:4).

신명기 율법은 백성이 당하는 다양한 재난은 죄의 결과이고 그 언약으로 돌아올 때 회복될 수 있다는 것을 가르친다.

솔로몬의 마지막 간구인 일곱 번째 간구(왕상 8:46-49; 대하 6:36-39)는 이스라엘이 하나님의 심판을 받아서 적국의 포로로 잡혀가서 회개하고 기도할 때 들어달라는 내용으로 구성되었다.[28] 솔로몬이 전쟁의 승리를 간구한 후에 포로 귀환을 간구하는 것은 기도내용이 상충되는 것 같다. 포로가 되는 것은 전쟁에서 패배한 결과를 의미하기 때문이다.

그러나 이것은 전쟁에서 단순히 패하는 것이 아니라 하나님의 심판으로 인한 유배생활을 의미한다(36절). 하나님은 이스라엘에 승리도 주시고 패배를 안겨주시는 것은 언약의 양면성에 기초한 것이다. 솔로몬은 죄의 보편성을(전 7:20; 롬 3:23) 언급하면서 이스라엘의 범죄에 대한 심판을 전제로 한 유배생활을 말한다.[29] 죄의 보편적인 상황을 언급한 것은

---

28 한글 번역에 있는 '적국'이라는 말은 역대기에는 없고 열왕기 본문에 있다('하오옙' אוֹיֵב). 물론 열왕기에도 동사의 주어는 아니고 "대적의 땅"이란 속격 관계에서 독립형으로 쓰였다. 칠십인역도 열왕기 본문을 따라서 "대적의 땅"이라고 번역했다(γῆν ἐχθρῶν).

29 야펫은 이 단락의 언어는 일관성있게 '포로'(שׁבה)를 말하지 '유배'가 아니라고 한다. Japhet, *2 Chronik*, 90. 포로는 '억류되는 것'으로서 항상 부정적인 의미를 지니지만 유배

이스라엘도 죄를 지을 수밖에 없고 포로로 잡혀갈 가능성이 크다는 것을 암시한다. 이 짧은 내용에 '사로잡히는 것'과 '돌이키는 것'이 여러 번 반복되는 것은 내용적으로, 수사적으로 감추어진 감정과 더불어 사태의 긴박성을 나타낸다.[30]

포로생활에 대한 언급이 포로 이후에 삽입된 내용으로 볼 필요는 없다. 솔로몬은 지금 모세의 신명기 율법을 염두에 두고 이 기도를 하고 있기 때문이다(신 28:64-68; 30:1-5). 포로들이 어디로 잡혀가든지 그 곳에서 자신의 죄를 인정하고 진실한 회개를 하면서 예루살렘과 성전을 향해서 기도하면 하늘에 계신 하나님께서 그들을 판단하시고 그들의 죄를 용서해달라고 했다.[31] 본문이 회개에 대해서 장황하게 표현하는 것은 그들의 회개의 진정성을 묘사하는 것이다.

> 스스로 깨닫고 … 돌이켜 … 범죄하여 패역을 행하며 악을 행하였나이다 …. 온 마음과 온 뜻으로 주께 돌아와서 … 기도하거든 (왕상 8장에서).

는 '다른 지역에 이주해서 사는 것'이기 때문에 부정적인 면이 약하다는 면에서 언어적으로 엄연히 구분된다. 그러나 본문에서는 이 둘을 구분하기 어려울 뿐만 아니라 솔로몬이 '포로'라고 표현했다고 할지라도 문맥은 '유배'(גלה)를 포함한다(렘 30:10).

30　Japhet, *2 Chronik*, 89-90.
31　대하 6:38의 한글 번역 '적국의 (땅)'은 틀린 번역이다. 이 표현은 역대기 본문('쉬브얌' שבים)을 번역한 것이 아니라 열왕기 본문('오여베이헴' איביהם)을 번역한 것이다. 역대기 본문의 번역은 '그들이 포로 된'이다. 칠십인역은 열왕기의 본문을 따르지 않았다 (αἰχμαλωτευσάντων αὐτοὺς).

여기서 "그들의 온 마음과 온 뜻으로"('우버콜-나프샴 버콜-립밤,' *wūḇ ekŏl-nafšām beḵŏl-libbām*)란 말은 내적인 진정성을 묘사하는 표현인데 '그들의 마음을 다하고 목숨을 다해서'라는 뜻이다(신 4:29-30; 30:10; 왕하 23:25). 이런 기도는 유다가 바벨론에 유배되었을 때 다니엘이 기도하는 모습과 같은 것이다(단 6:10).

솔로몬은 기도의 응답으로 "주께 범죄한 주의 백성을 용서하옵소서"라고 간구했다. "그들과 그들의 조상들에게 주신 땅으로 돌아오게 하옵소서"라는 말은 없다(왕상 8:34; 대하 6:25). 그렇지만 사실 백성의 죄는 포로가 된 원인이기 때문에 그들이 죄를 용서받는다면 회복이 된다는 기대를 함축하고 있다고 볼 수 있다.

특별히 열왕기 본문은 백성의 죄를 사하시고 불쌍히 여김을 받는 근거를 그 백성이 하나님께서 출애굽하게 하신 "주의 백성, 주의 소유"라는 사실에 둔다. "주의 백성"('암머카,' *'ammeḵā*), "주의 소유"('나할라트카,' *naḥelāṯ ḵā*)란 하나님의 양도할 수 없는 소유 즉 언약 백성인 점을 강조하고 있다(신 9:26, 29; 왕상 8:51).

죄의 결과는 아니지만 하나님의 전쟁을 수행하는 경우 전쟁에 임하는 백성의 기도를 들어달라는 간구도 신명기 언약에 기초를 두고있다(왕상 8:44-45; 대하 6:34-35). "주께서 보내신 길"이란 표현은 그 전쟁이 하나님의 지시에 의해서 이루어지는 전쟁임을 의미한다(신 20장). 그때 백성이 선택된 성읍, 예루살렘과 성전을 향해서 기도할 때 그들의 기도와 간구를 들으시고 문제를 해결해 달라는 기도다.

이 기도는 합당한 간구로 볼 수 있다. 전쟁은 여호와께 속한 것이고(삼상 17:47) 그분이 진정한 '용사'되시기 때문이다. 기도응답으로 "그들의 일을 돌보시옵소서"라는 말은 문자적으로 '그들의 심리를 행하소서'('버 아시트 미쉬파탐,' $w^e\,'\bar{a}\dot{s}\bar{\imath}t\;mi\check{s}p\bar{a}t\bar{a}m$)란 말을 의역한 것이다. 이 말은 중언법으로 쓴 '판결하다'('샤파트 미쉬파트,' $\check{s}\bar{a}pat\;mi\check{s}p\bar{a}t$)와 동의어로 쓰였다(왕상 3:28).[32] 이 기도는 그 전쟁에서 이스라엘의 승리를 구하는 것으로 하나님께서 그들 가운데 행하시며 대적을 물리치시고 구원하신다는 신명기의 언약적 약속에 근거한 것이다(신 20:4).

(2) 다윗의 언약

솔로몬이 성전 봉헌의식에서 이 기도를 할 수 있었던 것은 하나님께서 다윗에게 하신 언약을 성취하셨기 때문이다(삼하 7:12-16). 솔로몬은 이 내용을 염두에 두고 그 언약의 견고성을 강조한다. 그것은 기도의 첫머리부터 전제된 것이다(왕상 8:23; 대하 6:14). "당신의 종들에게 언약을 지키시고"란 온 마음으로 주 앞에서 행하는 자에게 주께서 은혜를 베푸신다고 할 때 '주의 종들'은 온 백성을 가리키는 말로 들리지만 여기서는 특별히 역대하 6:42을 볼 때, 다윗과 솔로몬을 가리키는 것으로 생각할 수 있다.[33] 이 기도에서 반복되는 "주의 종 내 아버지 다윗"이란 표현이 그것을 말해준다(왕상 8:24-26; 대하 6:15-17).

여기서 "종"('에벳' עֶבֶד)이란 사회 계층을 지칭하는 것이 아니고 하나님과의 관계에서 누리는 직분을 가리키는 말로서 영광스러운 타이틀을 의미한다.[34] 솔로몬의 기도에서 나타난 대로 하나님의 언약과 그분의 은혜

---

32 G. Liedke, "שׁפט," *THAT* II, 1004.

33 K. Roubos, *II Kronieken*, POT (Nijkerk: G. F. Callenbach, 1972), 73.

34 "'æbœd이라는 말의 원래 개념은 종속이 아니라 주인의 소유이자 주인에 의한 보호다.

를 따라서 다윗의 소원이 성취되었다. 하나님의 언약의 말씀이 빈 말이 아닌 것은 그분의 신실성 때문이다. 그래서 그 내용을 "주께서 주의 종 내 아버지 다윗에게 허락하신 말씀을 지키시되 주의 입으로 말씀하신 것을 손으로 이루심이 오늘과 같으니이다"(왕상 8:24; 대하 6:15)라고 고백했다. 솔로몬은 하나님께서 그 아버지 다윗에게 하신 언약의 말씀을 인용하면서 그 약속에 근거를 두고 왕조의 지속성을 호소한다.

> 네 자손이 그들의 행위를 삼가서 네가 내 앞에서 행한 것 같이 내 앞에서 (내 율법대로) 행하기만 하면 네게로부터 나서 이스라엘 왕위에 앉을 사람이 내 앞에서 끊어지지 아니하리라 하셨사오니 이제 다윗을 위하여 그 허락하신 말씀을 지키시옵소서 (왕상 8:25b; 대하 6:16b).[35]

여기서 주목할 것은 역대기에서 "내 율법대로 행하기만 하면"이라고 그가 언약의 조건을 제시한 것이다. 그리고 그 약속을 '확실하게 지켜줄 것'('에아멘,' yē'āmēn)을 요구했다(17절).[36] 유다의 역대 왕들이 전체적으

사람들은 종교적인 용법이 세속적인 것에서 유래했다고 하지만 그렇게 말할 수 없다. 이 둘은 각각의 기원을 지닌다. 사람 사이의 종의 관계와 사람과 하나님 간의 관계의 유일한 본질적인 차이는, 인간의 종이 되는 것은 극심한 인간 존재의 제한을 의미할 수 있지만 하나님의 종이 되는 것은 항상 선한 주님을 모신다는 데 있다. 이것은 결코 부정적인 의미에서 예속을 의미하지 않는다." C. Westermann, "עֶבֶד," THAT II, 191.

35 역대기에는 "내 율법대로"(בְּתוֹרָתִי)는 열왕기 본문에는 "내 앞에서"(לְפָנַי)로 되어 있다. 역대기의 본문이 보다 더 구체적으로 표현한 것은 유대 공동체의 상황을 반영한 말씀으로 보인다. 칠십인역 바티칸 사본은 '내 이름으로'(ἐν τῷ ὀνόματί μου)라고 번역했는데 '이름'(ὄνομα)은 '율법'(τῷ νόμῳ)에 대한 잘못된 표기라고 봐야 할 것이다.

36 히브리어 동사 '아만'(אמן)을 니팔형으로 쓸 때, '확실한 것으로 증명하다'란 뜻이다. HALOT, 63.

로 하나님의 율법대로 행하지 않았지만 하나님은 그 약속을 지키셨다. 물론 이스라엘의 정치적인 왕위는 불순종과 우상숭배로 말미암아 제대로 보존되지 못했다. 아달랴의 집권은 다윗 왕조 계승에 일시적 단절을 가져왔고(왕하 11:3; 대하 22:12) 합법적인 다윗 왕조는 여호야긴으로 끝났다(왕하 24:12). 이스라엘 역사는 하나님의 은혜의 승리를 보여준다.

역대기에서 솔로몬은 다윗 언약에 기초해서 그의 기도를 마무리한다(대하 6:40-42). 이 부분은 또 다른 내용을 간구하기보다는 성전에서 구하는 자신의 전체 기도에 응답해달라는 마무리 기도이다. 여기서는 역대기 기자가 열왕기 본문뿐만 아니라 시편 132:8-10의 내용을 대본으로 본문을 개정한 것이 특이하다. 솔로몬의 기도의 마지막 부분은 출애굽 주제와 시내산 언약과 관련되어 보이는 부분이 빠지고 다윗의 언약이 강화되었다.[37] 학자들은 여기서 빠지거나 덧붙여진 부분은 역대기 기자의 신학적 확신 때문이라고 말한다.[38] 즉 그에게 중요한 신학적 주제는 성전과 다윗 왕조라는 것이다.

그러나 이것은 역대기 저자의 신학적 입장 이전에 하나님께서 그 당시 백성에게 주시려는 계시와 관련된다고 보아야 할 것이다. "이곳에서 하는 기도에 눈을 드시고 귀를 기울이소서"에서 "눈을 드시고"('이후유-나 에네카,' *yihyū-nā 'ēnêḵā*)는 문자적으로 '주의 눈이 있어야 할 것이라'고

---

37 시내산 언약의 용어로 볼 수 있는 '내 백성, 내 소유'(출 19:4-6)란 표현에서 '소유'란 말의 히브리어 표현은 출애굽기와는 다르다. 솔로몬 기도에서 사용된 용어는 개인 소유를 뜻하는 '서굴라'(סְגֻלָּה)가 아니라 양도할 수 없는 유산을 의미하는 '나할라'(נַחֲלָה)이다. 이 두 단어가 정확하게 일치하는 표현은 앞에서 언급했듯이 신명기에서 언급되었다 (신 9:26, 29).

38 O'Kennedy, "Twee Weergawes van die gebed van Salomo," 168.

번역할 수 있다.[39] 하나님께서 기도에 눈을 뜬다는 것은 20절에서 "이 성전을 향하여 주의 눈이 주야로 보시오며"라고 기도한대로 여호와의 눈이 기도하는 자를 향할 것을 말한다. 하나님의 눈과 귀에 대한 언급은 기도에 대한 여호와의 관심을 강조하는 것이다.[40]

솔로몬의 기도의 마지막 두 구절(대하 6:41-42)에서 역대기 본문은 시편 132:8-10의 내용을 포함하고 있다. 이 시편은 다윗이 법궤를 예루살렘으로 옮긴 역사를 회상하는 것이다. 41절 상반절은 "여호와 하나님이여, 주의 능력의 궤와 함께 주의 평안한 처소를 향하여 일어나소서"라고 번역할 수 있다.

이 기도는 하늘과 땅의 주가 되시고 상징적으로 법궤에 임하시는 여호와 하나님이 새로운 거처로 들어가시도록 초청하는 것이다. "주의 능력의 궤"라는 말은 여리고 정복과 같은 성전에서 법궤가 사용된 것을 회상하는 표현이다. 법궤 자체의 능력이 아니라 보이지 않게 법궤에 임하시는 하나님께서 백성을 능력으로 인도하시고 대적을 흩으신 사건을 염두에 둔 표현이다.[41] 법궤는 이미 지성소로 들어가서 거기에 안치되었지

---

39 '눈'(עַיִן)과 '있다'(היה)가 결합하여 '눈을 뜨다'란 의미를 지닌다. 여기서 '눈'은 여성인데 남성복수를 받은 것은 여성이지만 쌍수는 복수의 술어를 받기 때문이다. GK §145 n. 여기서 תִהְיֶינָה는 היה의 간접명령형 강세형이다.

40 대하 6:40의 "주의 귀를 기울이소서"('ŏznêkā qaššuḇōt)란 표현은 열왕기 본문에 없다. 출애굽 역사와 이스라엘의 선택을 언급한 열왕기의 내용은 빼버렸다(왕상 8:53). 이것은 역대기 기자는 솔로몬의 기도의 근거를 선택이 아니라 다윗의 약속에 두기 때문으로 보인다. R. B. Dillard, 2 Chronicles, WBC 15 (Dallas: Word, Incorporated, 1998), 51.

41 "주의 능력의 궤"라는 표현에 대해서 칼빈은 이렇게 주석한다. "그래서 그것을 그의 능력의 궤라고 부르는 것은 단지 방관하는 죽은 그림자가 아니라 자신의 교회에 하나님의 가까운 임재를 선언했기 때문이다." J. Calvin, Commentaries on the Book of Psalms, vol.4 (Grand Rapids: Eerdmans, 1993), 151. 그러나 크라우스가 이 표현을 법궤가 성전에서 전쟁마스코트(Palladium)로 쓰인 시대(삼상 4:3; 시 24:8)를 회상한다고 말하는

만 여호와의 영원한 처소로서 성전이 강조되었다. "주의 제사장들에게 의를(구원을) 입게 하시고"에서 '의를/구원을 입다'는 말은 '의로/구원으로 옷입는다'고 번역할 수 있다.[42] 이것은 시적인 표현으로서 기본적으로 '의로워지다' 또는 '구원받다'로 이해할 수 있지만 그들의 사역과 관련해서 '입는다'는 '위임'을 뜻하기 때문에 백성을 의와 구원으로 인도하는 사역을 하도록 한다는 뜻이다(민 20:28).[43]

"또 주의 성도들에게 은혜를 기뻐하게 하옵소서"라는 기도는 성전에서 제사를 지냄으로써 백성의 죄를 사하는 제사장의 사역으로 말미암아 이루어지는 것이다. 백성이 하나님께로 나아가려면 반드시 제사장을 거쳐야 한다는 말이다. '은혜를 기뻐하다'란 말은 '그 좋은 것으로 인하여 기뻐하다'란 말이다. '좋은 것' 또는 '선'으로 번역되는 '토브'(tōḇ)의 내용은 바로 앞에 있는 구원이 될 것이다. 그래서 '그 구원으로 인하여 기뻐하게 하옵소서'라고 기도한 것이다.

솔로몬의 기도는 "여호와 하나님이여 주의 기름 부음 받은 자에게서 얼굴을 돌리지 마시옵고 주의 종 다윗에게 베푸신 은총을 기억하옵소

것은 맞지 않다. 왜냐하면 법궤가 그렇게 사용되는 것은 허용되지 않았기 때문이다. H. J. Kraus, *Psalmen 60–150*, BKAT 15/2 (Neukirchen-Vluyn: Neukirchener Verlag, 1978), 1063.

42 역대기의 "구원을 입게 하시고"('터슈아 일브슈' תְּשׁוּעָה יִלְבָּשׁוּ)가 열왕기 본문에는 "의를 입게 하시고"('일브슈-체덱' יִלְבְּשׁוּ־צֶדֶק)로 되어 있다. 열왕기 본문은 시 132:9을 문자 그대로 따랐지만 역대기 본문은 그 시편의 간구의 내용이 아니라 시 132:16에 나타난 "내가 그 제사장들에게 구원을 옷 입히리니"라는 하나님의 응답에 맞추었기 때문에 역대기가 좀 더 구체적인 결과를 나타내고 있다.

43 H. M. Ohmann, *Kronieken van het koninkrijk* (Bedum, The Netherlands: Scholma, 1991), 40; E. Jenni, "לבשׁ," *THAT* I, 869.

서"(42절)라는 말로 맺는다.[44] "주의 기름 부음 받은 자"는 앞에서 지적했듯이 복수형이지만('머쉬헤카,' *m ešîḥêkā*) 여러 본문의 증거 때문에 단수로 보고 다윗을 가리키는 것으로 본다. "얼굴을 돌리지 마시고 … 기억하옵소서"는 반의적 병행법으로 같은 의미를 강조하고 있다. 이 문장에서 '얼굴을 돌리다'는 '간청을 거절하는 것'을 의미하는 관용어다.[45] 그리고 "기억하옵소서"('조크라,' *zŏkrā*)는 강세명령형으로서 '반드시 기억해 달라'는 의미로 쓰였다.

이 문장의 구조와 언어가 기도의 간절함을 더해준다. "다윗에게 베푸신 은혜"는 의역이 되었는데 문자적으로 '다윗의 은혜'('하스데 다비드,' *ḥasdē dāwīd*)로 번역된다. 이 속격 관계는 주격이 아니라 목적격으로 보고 '다윗을 위한 은혜'로 번역한다. 다윗은 먼저 은혜를 받은 자로서 하나님과 언약 관계에 있었을 뿐만 아니라 영원한 왕위를 약속받았다. 솔로몬은 그 관계에 호소하면서 영원한 왕조를 위한 총체적인 간구로 그의 기도를 끝냈다. 그렇지만 솔로몬의 간구 내용인 그 왕조의 영원한 통치는 다윗의 후손으로 오시는 예수 그리스도로 말미암아 이루어질 것이다(히 1:8; 계 22:16).[46]

---

[44] 대하 6:42의 한글 번역은 "주의 기름 부음 받은 자"라고 단수로 되어 있는데 열왕기 본문과 일치한다. 역대기 본문은 "주(당신)의 기름부음 받은 자들"('머쉬헤카')이라고 복수로 쓰였다. 원래 한글 표현은 복수를 꺼리기 때문에 자연스럽게 표기되지 않았는지 모르지만 여러 히브리어 본문이 단수로 표현하기 때문에 그것이 나아 보인다(시 132:10, 17). Throntveit는 복수를 선호한다. 그는 이 내용이 다윗과 솔로몬을 지칭한다고 보기 때문이다. M. A. Trontveit, "The Idealization of Solomon as the Glorification of God in the Chronicler's Royal Speeches and Prayers," in L. Handy (ed.), *The Age of Solomon*: Scholarship at the Turn of the Millennium (Leiden: Brill, 1997), 424.

[45] *HALOT*, 940.

[46] Cf. 신득일, "역사서의 종말, 어떻게 설교할 것인가?" 「본문과 설교」 5 (2013): 63-78.

3) 만민의 하나님

솔로몬의 기도 가운데 놀라운 것은 그가 이방인들을 위해서 기도하는 다섯 번째 간구다.

> 주의 백성 이스라엘에 속하지 않은 이방인이라도 … 기도하거든
> (왕상 8:41-43; 대하 6:32-33).[47]

여기서 "이방인"은 "이스라엘에 속하지 않은" 사람이다. 그래서 "이방인"은 십계명과 다른 곳에서 자주 언급되는 '객'과는 차이가 있다. '객'('게르,' נֵּר)은 다른 나라 사람으로서 이스라엘에 장기체류하는 사람이지만(창 15:13; 출 20:10; 신 5:14) "이방인"('노크리,' נָכְרִי)은 특별한 용무가 있어서 일시적으로 이스라엘에 머무는 외국인이다.[48]

요세푸스는 유대인의 법률이 유대인의 율법과 생활 양식을 받아들인 이방인과 유대인 가운데 일시적으로 머무는 외국인을 구분한다고 말했다.[49] "능한 손과 펴신 팔"은 특별히 출애굽과 같은 하나님의 큰 능력을 묘사하는 전형적인 표현이다(신 4:34; 5:15; 7:19; 11:2; 26:8; 시 136:12; 렘 21:5; 32:21; 겔 20:34-35).

---

47 대하 6:32에는 열왕기 본문에 있는 "주의 이름을 위하여 먼 지방에서 온"이란 말이 빠져 있다(왕상 8:41). 이것은 역대기가 빠뜨렸는지 열왕기가 첨가했는지는 모르지만 칠십인역은 열왕기 본문에서 그 부분을 빠뜨렸다.

48 출 2:22; 18:3; 신 14:21; 15:3; 17:15; 23:21; 29:21; 삿 19:12; 삼하 15:19; 왕상 8:41, 43; 11:1, 8; 사 2:6; 옵 11; 습 1:8; 룻 2:10; 애 5:2; 스 10:2, 10-11, 14, 17-18, 44; 느 13:26-27. R. Martin-Achard, "נָכַר," *THAT* II, 67-68.

49 Josephus, *Against Apion* 2, 29 (210).

멀리서 온 외국인들이[50] 하나님의 이름과 능력을 '인하여'[51] 성전을 향해서 기도하는 모든 것을 들어달라는 간구는 정말 놀라운 일이다. 그러나 그 기도응답의 목적을 보면 전혀 놀라운 일이 아니다.

> 땅의 만민이 주의 이름을 알고 주의 백성 이스라엘처럼 경외하게 하시오며 또 내가 건축한 이 성전을 주의 이름으로 일컫는 줄을 알게 하옵소서(왕상 8:43; 대하 6:33b).

"이 성전을 주의 이름으로 일컫다"는 말은 문자적으로 '당신의 이름이 이 성전에 대해서 선포되다'라고 번역된다. 이 표현은 법적인 의미를 지니며 재산의 경우에는 새로운 소유주를 공식적으로 선언하는 전문용어이다.[52] 이 말은 하나님이 성전의 합법적인 소유주가 되신다는 것이다. 여기서 성전은 "우리의 세상과 하나님 사이의 필수적인 연결점이 된다."[53] "땅의 만민이" 하나님을 알고 경외하여 그의 백성이 되도록 하는 간구를 드렸다.

솔로몬의 기도는 오순절에 일어날 일을 미리 예견한 것이었다. 이것은 이스라엘 국가의 종교에 이미 민족을 초월하는 특징이 있음을 말해

---

50 히브리어 본문은 '외국인'(*nŏkrî*)이라고 단수로 쓰였다. 이 단어는 집합 명사로 보아야 할 것이다.
51 한글 번역의 "위하여"는 의미 전달이 되지 않는다. 히브리어 '러마안'(*l emaʾan*)은 '~을 위하여' 혹은 '~때문에'로 번역된다. 여기서는 의미를 명확하게 하기 위해서 '~ 때문에' 혹은 '말미암아'로 번역하는 것이 낫다(시 25:11; 31:4; 109:21; 143:11). 칠십인역(διὰ)과 불가타(propter)도 후자로 번역했다.
52 C. J. Labuschagne, "קרא," *THAT* II, 671.
53 S. Tuell, *First and Second Chronicles*, Interpretation (Louisville, Ky.: John Knox Press, 2001), 136.

준다.⁵⁴ 이런 다민족적인 성격은 아브라함의 약속에서 시작된 것이다(창 12:2-3).⁵⁵ 이방인들이 하나님의 이름과 그분의 능력으로 인하여 이스라엘로 오는 것을 포로 후기에 삽입된 내용으로 볼 필요는 없다. 여기는 솔로몬 성전이 언급되었고 스바 여왕과 같은 사람이 이스라엘에 온 것이 실례가 된다(왕상 10:1-13). 솔로몬의 기도는 여호와 하나님을 만민의 하나님으로 제시하고 있다.

3. 결론

솔로몬의 기도는 단순한 기도의 본이 아니라 풍부한 신학적 주제를 제공한다. 그 기도는 먼저 하나님이 어떤 분인가를 분명하게 알려준다. 이스라엘은 하나님은 유일하신 분이지만 자비에 풍성하시며 죄를 용서하시는데 있어서 비교할 수 없는 분이다. 하나님은 초월하시는 분인 동시에 성전에 임재하시며 백성과 교제하기 원하시며 그들의 기도를 들으신다. 솔로몬의 기도는 하나님이 이스라엘 백성뿐만 아니라 이방인의 기도를 들으심으로써 열방의 하나님이 되신다는 것을 알려준다.

솔로몬의 기도는 전체적으로 언약 사상이 전제되고 또 강조되는 것을 알 수 있다. 그 언약은 구체적으로 신명기 언약과 다윗 언약이다. 백성이 죄를 지음으로써 하나님의 심판으로 전쟁과 재난을 겪는 것은 신명기 언약의 내용이다. 또한 그들이 여호와의 언약으로 돌이킬 때 회복되

---

54 Noordtzij, *II Kronieken*, 114.
55 본서 제2장 참조.

는 것도 언약적 약속이다. 솔로몬의 기도는 철저하게 신명기 율법에 나타난 언약에 근거를 둔 간구다. 다윗의 언약은 그의 영원한 보좌와 관련된 것이다. 그것은 신정 국가의 이상을 구현하는 것이다. 그렇지만 다윗의 보좌는 단순한 정치적인 통치권을 의미하는 것이 아니라 인류 구원을 위한 메시아의 도래와 관련된 것이다.

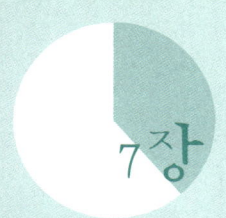

7장

열왕기와 역대기에 나타난 솔로몬 성전 구조의 주석적 문제[1]

1. 서언

솔로몬 성전 건축에 관한 내용은 열왕기상(6; 7:13-51)과 역대하(3-4장)에 소개되어 있다.[2] 그렇지만 현대 독자들이 이 두 본문을 읽고 솔로몬 성전의 구조를 구체적으로 이해하기가 쉽지 않다. 그 이유는 네 가지 정도로 들 수 있다.

첫째, 두 본문의 기록이 현대인이 성전을 재구성할 수 있을 정도로 충분히 상세하지 않은 점

둘째, 두 본문 간의 상이한 표현

셋째, 본문에 나타나는 수치와 관련된 오류

---

1 이 글은 「고신신학」 15호 (2013)에 실린 논문이다.
2 성전 건축을 묘사하는 역대기 본문은 열왕기 본문에 비해서 아주 간단하게 구성되었다. 열왕기의 자료가 있음에도 불구하고 이렇게 대략적인 설명으로 그치는 것은 역대기 기자가 솔로몬 성전의 모습과 규모를 상세하고 정확하게 알려주려고 하지 않았다는 것이다. 아마 그는 자기 시대에 상대적으로 초라한 성전 규모를 의식하고 기록한 것 같다 (스 3:12-13).

넷째, 성전 설계를 설명하는 용어가 현대인에게 친숙하지 않은 점 여기서 처음 두 가지 이유가 재구성을 위한 주된 난관이 된다.

최근의 두드러진 경향은 고고학적 발굴물에 기초하여 성경에서 언급되지 않은 것이나 불분명해 보이는 부분들이 새롭게 재구성되고 있다는 것이다. 그것은 지성소와 성소 사이에 높은 계단을 설치하는 것과 성소 앞의 두 기둥이 지붕을 떠받들고 있는 것으로 묘사된 것이다.[3] 특별히 터키 동남부 시리아 알렙포 인근 지역인 아인 다라에서 1980년대에 발굴된 '아인 다라 신전'은 그 구조가 솔로몬의 성전과 가장 유사하다. 단지 성소와 주랑 사이에 작은 방으로 '대기실'(antechamber) 같은 게 있는 것이 차이점이다.

그리고 신전 뜰에는 많은 그룹이 늘어서 있는데 얼굴은 사람 얼굴, 사자 몸에 날개가 달려있다. 이 신전에는 내소의 위치가 높기 때문에 성소에서 내소로 인도하는 계단 같은 경사로가 있다. 여기서 성소에서 지성소로 가는 층계에 대한 확신을 갖게 되었다. 또 그 신전의 터에는 기둥의 터가 벽으로 싸인 흔적이 있는 것으로 보아 솔로몬 성전 앞의 두 기둥이 지붕을 받치는 것으로 묘사하게 되었다.[4]

그렇지만 이방 종교의 신전 구조를 제공하는 고고학적 발굴물에 근거를 두고 솔로몬 성전의 구조를 재구성하는 것이 타당한지를 생각하고,

---

[3] 층계가 없는 것을 재구성한 그림. M. A. E. Smith, et al, *Holman Book of Biblical Charts, Maps, and Reconstructions* (Nashville, TN: Broadman & Holman Publishers, 1993), 142; A. E. Hill, *1 & 2 Chronicles*, The NIV Application Commentary (Grand Rapids, MI: Zondervan, 2003), 384.

[4] John Moson, "The New 'Ain Dara Temple: Closest Solomonic Parallel," *Biblical Archaeology Review* May/June (2000): 20–35; Hershel Shanks, *Jerusalem's Temple Mount: From Solomon to the Golden Dome* (New York: Continuum, 2007), 123–38.

본문의 주석적 연구를 통하여 그것을 검정해 봐야 할 것이다. 그래서 본 논문에서는 이 두 가지 구조물과 열왕기와 역대기 간의 상충되는 부분을 본문에 근거를 두고 살펴보고자 한다. 그러나 연구에서 세세한 문제까지 다 다룰 수는 없고 가장 두드러진 문제인 성소 안의 '층계'와 성소와 지성소를 구분하는 '휘장'과 성전 앞의 '두 기둥' 그리고 성전의 기구인 '바다'에 한정할 것이다.

2. 성전의 전체 구조와 그 의미

1) 주랑과 성소의 양식과 장식

성전 건축에 관한 본문은 크게 두 부분으로 구분된다. 전반부는 성전의 규격을 다루고(왕상 6:2-10, 16-17; 대하 3:2-5a) 후반부는 장식을 다룬다(왕상 6:15, 18, 21-23; 대하 3:5b-7).

첫째, 성전의 규격은 길이가 육십 규빗, 넓이가 이십 규빗 그리고 높이가 삼십 규빗이다(왕상 6:2). 역대기는 규빗의 길이에 대해서 "옛날에 쓰던 자 ~ 규빗"이란 말을 쓰는데(대하 3:3), 이것은 이스라엘이 쓰던 측정 기준이 시대별로 다르다는 뜻이다. 규빗('암마,' 'ammā)이란 문자적으로 '팔의 앞부분'을 의미한다. 즉 보통 신장을 가진 사람의 가운데 손가락 끝에서 팔꿈치까지를 가리킨다(신 3:11). 이 말은 규빗이란 단위가 정밀한 길이를 뜻하지 않다는 것이다. 카우프만(Kaufman)은 손바닥 폭의 수에 따라서 세 종류의 고대 히브리 규빗을 소개했다. 즉 다섯 폭, 여섯 폭, 일곱 폭이다. 그는 모세의 규빗은 두 번째 기준이라고 하면서 여섯 폭이나 24손가락 폭의 길이에 해당한다고 한다. 그리고 법궤와 회막에 쓰인 기준은 한 규빗이 42.8센티미터였다고 한다.[5]

이 계산이 맞다면 "옛날에 쓰던 자"로 성전 지대의 크기는 약 26미터 ×약 8.6미터였을 것이다. 이것은 성막의 두 배가 약간 넘는 크기이다(출 26:2). 이것은 단순히 성막의 터를 두 배로 확대한 것이 아니라 성전의 청사진이 바로 모세 시대의 성막이라는 것을 시사한다. 성전 건축과 기구의 제작 항목이 성막에 기초를 두고 있다는 것은 역사적인 연속성을 의미한다고 볼 수 있다.[6]

성전 앞에는 그 건물과 연결된 주랑(낭실)이 있었다. 이것은 현대 건물에서 현관과 같은 공간이다. 그것은 성전 건물에서 달아낸 것과 같기 때문에 그 폭은 이십 규빗으로 같고 길이는 십 규빗으로 직사각형으로 생겼다.[7] 그런데 역대기는 그 높이가 백 이십 규빗이라고 했지만(대하 3:4) 성전의 크기와 조화가 되지 않고 고대 사회의 건물로서는 찾아 볼 수 없

---

5 A. S. Kaufman, "Determining the Length of the Medium Cubit," *PEQ* 116 (1984): 120-32. Powell은 바벨론 역사에서 규빗을 다섯 개의 길이로 구분했다. 30 손가락(±50 cm), 30 손가락의 두 배의 규빗(±1m), 보폭 규빗(±75 cm), 24 손가락 규빗(±50 cm)과 아케메니드 왕실 규빗. M. Powell, "Masse und Gewicht," in Erich Ebeling et al (eds.), *Reallexikon der Assyriologie*, 7 (Berlin: Gruyter, 1928), 457-517.

6 Van Seters는 역대기의 연속성있는 주제는 아주 중요한 것으로 보고 역대기 기자가 성전에 대한 묘사를 할 때 세 가지 '자료'를 가졌다고 한다. 그것은 솔로몬 성전 건축에 대한 열왕기의 본문과 성막제작에 대한 제사장 문서의 묘사(출 25-31장)와 자기 시대의 성전이라고 한다. John van Seters, "The Chronicler's Account of Solomon's Temple-Building: A Continuity Theme," in M. P. Graham, et. al (eds.), *The Chronicler as Historian*, JSOTSS 238 (Sheffield: Sheffield Academic Press, 1997), 285.

7 주랑의 모양이 정사각형이 될 여지도 있다. 열왕기의 기록은 직사각형으로 볼 수 있으나 역대기의 묘사는 정사각형으로 보도록 한다. 왜냐하면 '그 집의 너비'에서 히브리어 *habbayit* 가 지시하는 것이 무엇인지 애매하기 때문이다.

는 것이다. 그래서 낭실의 높이는 정확하게 알 수 없지만 성소와 연결된 것으로 보아서 같은 높이로 간주할 수 있을 것이다. 즉 그 높이가 삼십 규빗일 것이다.

둘째, 주랑과 대전은 주로 금으로 장식되었다. 물론 성전의 입구에 해당하는 낭실 내부 전체를 금으로 입혔다는 인상을 받지만 부분적으로 덧대었을 수도 있다(대하 3:4). 왜냐하면 역대하 3:6에서 보석을 박아서 장식하는 것도 같은 동사 '입히다'(ṣāfa)를 쓰고 있기 때문이다. 성전 내부장식에 가장 많이 쓰이는 것이 금이다. 금은 귀하고 유연하며 변하지 않기 때문에 금속 가운데 가장 귀한 것이었다. 금은 종종 하나님과 관련해서 그분의 거룩성과 위엄과 불변성을 상징한다.[8] 그 가운데 순금이나 정금은 순도가 가장 높고 모든 불순물이 제거될 때까지 정제된 것이다. 성경은 그런 물질에 신적인 의미를 부여하지 않지만[9] 금은 은유적으로 하나님의 전능성(욥 22:25-26), 메시아적인 복(사 60:17) 그리고 그리스도에 대한 믿음(벧전 1:7)을 상징한다. 이런 상징성이 성전을 금으로 장식하는 것과 관련이 있다면 그것은 하나님의 거룩성을 나타낼 것이다.

"대전"은 문자적으로 그냥 '큰 집'을 의미하는데,[10] 여기서는 성막에

---

[8] L. Ryken, *Dictionary of Biblical Imagery* (Leicester: IVP, 1998), 557.

[9] Cf. M. Lurker, *Wörterbuch biblischer Bilder und Symbol* (Munich: Kösel Verlag, 1973), 119; 애굽 사람들에게는 금이 특별한 의미를 지닌다. "금은 경제적으로 뿐만 아니라 종교적인 역할을 하기 때문에 그것은 신들, 특히 태양신 '레'의 금속으로 여겨지고 그 불변성은 사후세계의 지속성에 대한 형상으로 간주된다." O. Heinemann, "Die 'Lade' aus Akazienholz: ägyptische Wurzeln eines israelitischen Kultobjekts?," *BN* 80 (1995): 35.

[10] 히브리어로 '성전'을 뜻하는 '헤이칼'(hēḵāl)이란 말은 아카드어 '에칼루'(ekallu)에서 왔다. 그것은 '큰 집'이란 뜻으로 원래 왕궁을 뜻하는 것이었으나 나중에 신전에도 적용되었다. *CAD*, 52-55.

서 성소에 해당하는 부분이다. 그 대전의 천장을 잣나무로 만들었다고 한다(대하 3:5). 이 잣나무가 레바논에서 수입한 길리기아 전나무(Cilician Fir)일 것이다. 그 나무가 지붕 전체의 재료가 아니고 지붕의 서까래를 만드는데 백향목도 쓰였다(왕상 6:9). 그 천장을 순금으로 입히고 거기에 종려나무와 사슬형상을 새겼다.

왜 종려나무를 성소의 천장에 새겼는지는 알 수 없지만 시편의 용례를 보면 쇠하지 않는 굳건한 생명력을 상징하는 것으로 볼 수 있다(시 92:12).[11] 그래서 그 나무는 하나님이 생명의 시여자이신 것을 상징적으로 보여준다. 그것은 성전이 한 때 낙원을 잃어버렸지만 낙원에 대한 새로운 기억을 갖게 하고 그 장소가 생명의 장소인 것을 증거한다.[12] "사슬 형상"이라는 것은 열왕기에는 놋기둥의 장식에만 해당되는데(왕상 7:7), 역대기는 천장에도 사슬 모양의 장식이 있다고 좀 더 상세하게 보고하면서 그 아름다움을 강조한다. 또 보석으로 성전을 꾸며서 화려하게 장식했다.[13]

그런데 그때 사용한 금이 바르와임 금이라고 한다(대하 3:6). 이 장소는 잘 알려지지 않은 이름이다. 아마도 금이 발견된 아라비아에 있는 지역일 것이다.[14] 성소의 내장에 관해서 마지막으로 언급한 것은 금으로 성

---

11 H. J. Kraus, *Psalms 60–150*, CC (Minneapolis, MN: Fortress Press, 1993), 229.
12 Ohmann, *Kronieken van het koninkrijk*, 26.
13 라틴어역은 "그가 값진 대리석으로 성전의 바닥을 깔았다"고 번역했다.
14 *DCH* 6, 759; *HALOT*, 964. 쿰란 제1동굴에서 발견된 아람어로 기록된 '창세기 묵시록'(2.23)에 '파르바인의 땅'이란 말이 나오지만 거기가 어딘지 알 수 없다. '파르바인'은 '파르바임'의 아람어 형태다. 이 이야기는 단지 므두셀라가 성경의 전승에서 금이 있는 곳으로 유명한 이국적인 장소로 멀리 여행했다는 것을 말하기 위한 것으로 보인다. Cf. Joseph A. Fitzmyer, *The Genesis Apocryphon of Qumran Cave I*: A Commentary

전을 입히고 들보와 문지방과 벽과 문짝에도 입혔다는 것과 그룹들을 아로새겼다는 것이다(대하 3:7). 금으로 내부 장식을 한 것만으로도 화려할 텐데 거기에 그룹들을 새겼다는 것은 그 찬란한 영광을 더하는 의미가 있다. 그룹의 형상은 법궤 위에 있는 것으로 잘 알려져 있다(출 25:18-20).

그렇지만 성전의 벽에 있는 것은 그룹의 모양을 새긴 것이다. 구약은 그룹의 형상에 대해서 정확하게 묘사해주지 않는다. 두 날개를 펼치고 있는 모습 외에는 별로 알려진 것이 없다. 이것은 고대 사회에서는 그룹이 잘 알려져 있기 때문에 이스라엘 사람들에게 더 이상 설명할 필요가 없었기 때문일 것이다.

일반적인 그룹의 모습은 고대 근동에서 잘 알려진 것이다. 그룹은 신과 사람 사이를 중재하는 상상의 동물과 연결되어 있다. 그 모습은 사람의 얼굴에 날개를 가진 황소의 얼굴이나 또 사람, 황소, 사자나 독수리의 몸의 요소와 결합된 혼합체로 묘사되었다.[15] 그렇지만 성경에서 말하는 그룹과 그런 혼합체와 일치하는 것은 없다. 성경에서 말하는 그룹에 대한 묘사와 기능은 다양하다.

① 생명나무를 지키는 그룹(창 3:24)
② 성막의 열 개의 휘장에 있는 수놓인 그룹(출 26:31; 36:35)
③ 하나님의 동작과 관련된 그룹(삼하 22:11; 시 18:11; 겔 1, 10)
④ 하나님의 산에 있는 그룹(겔 28:14, 16)

(Biblica et Orientalia; Rome, 1966), 44, 83-84.
15 D. N. Freedman and P. O'Conner, "kerub," in *TWAT* IV, 331-32.

⑤ 에스겔의 환상 속에서 본 내소의 벽과 현관문에 새겨진 그룹
(겔 41:18, 25)

⑥ 본문에 나오는 솔로몬의 성전 벽면에 새겨진 그룹(왕상 8; 대하 3:7)

이 가운데 공통적으로 적용되는 그룹의 기능은 '영광'이라고 할 수 있다(히 9:5). 그래서 성전이 하나님의 영광이 가득한 곳임을 나타낸다. 또 한 가지 고려해야 할 사항은 그룹이 날개를 펴고 있다는 것은 그것이 날아다니는 기능이 있다는 것을 보여준다. 그것은 하나님이 초월적인 존재임을 나타내는 것이다. 특히 고대 사람들에게는 형이상학적인 개념을 적절하게 표현할 수 있는 언어가 없었기 때문에 그런 혼합체 형상을 통해서 초월적인 존재를 나타내었던 것이다.[16] 성소의 내부에 이렇게 그룹 형상을 아로새김으로써 성소에서 하나님을 섬기는 제사장들이 하나님의 영광과 초월성이란 속성을 인식하도록 했을 것이다.

2) 지성소의 양식과 장식

지성소 건축을 언급하는 부분에서도 두 가지 내용이 뚜렷하게 구분된다. 전반부는 지성소의 규격을 알려주고(왕상 6:20; 대하 3:8) 나머지 부분은 지성소의 내장과 장식에 관한 설명으로 구성되었다(왕상 6:21-28; 대하 3:9-14).

첫째, 지성소의 넓이는 가로 세로 이십 규빗으로 정사각형 모양을 하고 있다. 본문에는 언급되지 않았지만 열왕기 본문은 그 높이가 이십 규

---

16 Elie Borowski, "Cherubim: God's Throne?," *BAR* 21:4 (1995): 36-41.

빗이라고 알려준다(왕상 6:20). 그래서 지성소의 크기는 한 면이 이십 규빗의 정육면체다. 지성소란 '코데쉬 핫코다쉼'인데 문자적으로 '거룩들의 거룩'이란 뜻이다. 이 말은 히브리어 최상급을 의미한다.[17] 그래서 가장 거룩한 곳(the Most Holy Place)이란 말이다(RSV, NEB, NIV, NKJV, NRSV, ESV).

열왕기 본문은 "언약궤를 두기 위하여"라고 이 공간의 목적을 밝히면서 그곳을 "내소"('데비르,' *d ebīr*)라고 했다(왕상 6:19-20). 이말은 일반적으로 건물의 안쪽 구조물을 의미하는데 성전의 내실은 지성소를 말한다.[18] 언약궤가 사라진 시대에 살았던 역대기 기자는 언약궤에 대한 언급은 하지 않고 그 대신 '지성소'라는 말을 쓰면서 성전의 거룩성을 강조했을 것이다.

둘째, 내부 장식에 대해서 언급하면서 본문은 열왕기에는 없지만 지성소는 순금 육백 달란트로 입혔다고 한다(대하 3:8). 한 달란트가 삼천 세겔이고 무게로 약 삼십 킬로그램인 것을 감안하면[19] 육백 달란트의 금은 약 십팔 톤에 해당하는 무게로서 상상하기 힘든 엄청난 양의 금을 말한다.[20] 이것은 솔로몬이 모든 지파에서 거두는 일 년 세금 총량과 맞먹

---

17 히브리어 최상급을 나타내는 다섯 가지 방법 가운데 하나로 같은 단어를 반복해서 속격 관계를 만들어 최상급을 표시한다. 이것은 '노래 중의 노래'를 '아가서'라고 말하는 것과 같다. 신득일, 『구약히브리어』 (서울: CLC, 2012), §57 c.

18 쿰란 제4동굴에서 발견된 "안식일 제사의 노래"(4QShirShab)에는 이 내실이 "왕의 내소," "제사장의 내소," "집의 내소" 등 다양하게 표현되었다. *DCH* 2, 384.

19 달란트에는 '경' 달란트와 바벨론에서 쓰는 '중' 달란트가 있다. 전자는 약 30 킬로그램, 후자는 약 60킬로그램에 해당한다. D. J. Wiseman, "Weights and Measures," *NBD*, 1235.

20 여러 학자들이 이 문제를 해결하기 위해서 다양한 의견을 제시한다. Rudolph는 이 숫자를 열두 지파의 상징(12×50)이거나 금으로 솔로몬에게 내는 일 년 세금으로 본다. Wil-

는 양이다(대하 9:13). 그러나 이것은 다윗이 제공한 십만 달란트의 금에 비하면 소량에 불과하다(대상 22:14). 그 많은 양의 금으로 어떻게 지성소 전체를 입혔는지는 알 수 없지만 그 금으로 지성소를 아름답게 치장함으로써 그것은 법궤와 함께 하나님의 거룩한 임재를 표현하는데 쓰였다.

역대하 3:9에서는 열왕기 본문에서는 언급하지 않는 재료인 못에 대해서 묘사하고 있다. "못 무게가 금 오십 세겔이요"라고 하는데 이것은 그렇게 많은 못이 아닐 것이다. 한 세겔을 약 10그램으로 계산하면 금 못의 무게는 500그램에 지나지 않는다.[21] 그리고 그 금은 순금이 아니라 보통 금으로서 합금일 것이다. 그래서 귀한 금속을 쓰면서도 좀 더 강도가 높은 금속을 못으로 사용했던 것 같다.

이 못은 지성소의 금을 입혀서 고정시키는데 드는 못으로 보인다. 그리고 다락에 대한 언급은 열왕기에 비해서 너무나 간단하다. 그 위치, 모양, 크기나 개수에 대해서 아무런 언급이 없다. 열왕기 본문은 그 것들이 지성소의 벽을 연접해서 돌아가면서 지은 다락이자 골방이다(왕상 6:5). 그것들도 금으로 입혀서 성전의 찬란함을 드러냈다.

남은 지성소의 장식은 그룹을 만들어 세우는 것이다. 이 부분에서 역

---

helm Rudolph, *Chronikbücher*, HAT (Tübingen: J. C. B. Mohr, 1955), 203; Mosis는 육백이란 숫자는 열두 지파의 배수에서 나왔고 제2성전의 지성소에는 금이 없고 또 열왕기에도 없는 것으로 보아 그 숫자는 역대기 기자에 의해서 그려진 성소의 탁월한 완전성을 표현한다고 한다. Rudolf Mosis, *Untersuchungen zur Theologie des chronistischen Geschichtswerkes, Freiburger theologische Studien* (Freiburg: Herder, 1973), 142; Japhet는 본문 비평을 통해서 육백 달란트의 금이 지성소에만 쓰인 것이 아니고 성전 전체에 쓰였다고 한다. Japhet, *2 Chronik*, 51-2.

21 세겔에 대한 다양한 무게를 제시할 수 있지만 성전의 세겔은 평균 10그램 정도로 본다. Wiseman, "Weights and Measures," 1235.

대기 본문은 그룹의 높이를 제외하고는 열왕기와 같이 그룹을 상세하게 묘사하고 있다. 그 펼친 날개의 전체 길이를 두 번씩이나 반복하여 강조하고 있다(대하 3:11, 13). 그룹의 형상은 어떻게 생겼는지 알 수 없지만 한 쪽 날개의 길이가 다섯 규빗이고 높이가 십 규빗이라면 상당히 큰 그룹으로서 사람이 위압을 느낄 정도일 것이다. 그 모양을 '얼굴'이라고 표현하니까 사람의 얼굴 모양일 가능성이 크다.

이것은 앞에서 소개한 고대 시리아의 신전의 그룹도 사람 얼굴 모양을 하고 있는 것으로 봐서 짐작할 수 있다. 그룹은 '감람나무'로 형상을 만들어서 그 위에 금으로 입혔다(왕상 6:23, 28).[22] 두 그룹의 날개가 모두 이십 규빗으로 지성소의 양쪽 벽에 닿았다. 그리고 두 그룹 사이에 그리고 그룹의 날개 아래 하나님의 언약궤가 놓일 것이다.

이 두 그룹은 언약궤 위의 속죄소와 연결된 그룹이 서로 마주 대하면서 속죄소를 바라보는 것과는 달리(출 25:20) 그들의 얼굴이 내전을 향하도록 했다. 날개가 펴진 그룹은 제의와 상관없는 장식용이지만[23] 하나님의 초월성을 드러내고 그들이 내전을 향해서 보고 있다는 것은 경계하고 보호하는 의미가 있어 보인다. 그 그룹은 하나님의 영광을 시각적으로 강조하는 동시에 하나님의 거룩함을 보호하는 역할을 한다. 역대하

---

22 '감람나무'의 히브리어 단어는 문자적으로 '기름의 나무'(' $a\d{s}\bar{e}$-$\d{s}eme\d{n}$)라는 말인데 이 것은 올리브나무가 아니다. 이것은 '올리브나무' 혹은 '야생 올리브'라고 번역되기도 하지만(RSV) '알레포 소나무'를 말한다. 지중해 연안에 자연 숲을 이루고 있는 나무로서 높이가 20미터에 이르고 수령은 100-150 정도 된다. M. Zohary, *Plants of the Bible: A Complete Handbook to all the Plants with 200 Full-color Plates Taken in the Natural Habitat* (Cambridge: Cambridge University Press, 1982), 114.

23 D. I. Shin, *The Ark of Yahweh in Redemptive History* (Eugene, Or: Wipf & Stock, 2012), 35.

3:14의 휘장의 그룹도 같은 의미를 지닌다.

3. 성전 구조의 주석적 문제점

1) 지성소와 성소 사이의 계단

성경에는 언급되지 않은 지성소와 성소 간의 바닥 높이에 대해서는 의견이 분분하다. 서언에서 언급했듯이 비교적 최근 알렙포 인근 아인 다라에서 발견된 기원전 2천년기와 1천년기 사이의 고고학적 증거는 이방인의 신전의 내소가 몇 단계의 층계로 연결되어 높은 곳에 있다는 것을 보여준다.[24]

이 신전의 구조가 솔로몬의 성전과 가장 유사하다고 판단한 몇몇 학자들은 그 관점에서 예루살렘 성전을 재구성해서 지성소의 지대가 층계를 통해 올라가는 것으로 묘사한다.[25] 그렇지만 고고학적 발굴의 결과로 그 양식을 솔로몬 성전에 바로 적용하는 것은 신중을 기해야 할 일이다. 왜냐하면 여기에는 몇 가지 문제가 있기 때문이다.

첫째, 그 신전 구조물과 성전의 구조는 유사성은 있지만 일치하지는 않는다.

둘째, 페니키아 사람들이 자기들의 신들을 섬기기 위해서 건립한 신전의 구조를 이스라엘의 성전과 단순 비교하는 것은 그 기원에 대한 의

---

24 John Moson, "The New 'Ain Dara Temple: Closest Solomonic Parallel," 20–35.
25 Hershel Shanks, *Jerusalem's Temple Mount*, 123–38; Victor Hurowitz, "Solomon's temple in context," *BAR* 37 no 2 Mr–Ap (2011): 46–57.

심을 갖게 하는 것이다. 성전의 기본구조는 페니키아 신전이 아니라 모세 시대의 성막이라는 말이다.

셋째, 그 층계는 본문의 지지를 받지 못한다.

성경 본문은 성전의 규격과 양식에 대해서 골방의 층계까지도 상세하게 묘사한다(왕상 6:8). 그러나 지성소와 성소 사이의 거대한 층계에 대해서는 침묵하고 있다.

물론 지성소가 성소보다 높은 데 위치할 가능성에 대한 성경적인 암시가 없는 것은 아니다. 성소의 높이와 지성소의 높이가 다르다는 데서 계단에 대한 가능성을 발견할 수 있다. 다시 말하면 성소의 높이는 삼십 규빗인데 지성소의 높이가 이십 규빗이라는 것은 지성소의 지붕 높이가 십 규빗 낮다는 것이다. 그렇지만 외관상 높이가 같은 한 건물이 되려면 지성소의 바닥을 높여야 하는데 그때 계단이 필요할 것이다.[26] 그러면 십 규빗 높이의 계단이 필요했다는 것이다.

만일 경사가 45도 정도의 계단이라고 한다면 밑변의 길이도 십 규빗 즉 4.28미터일 것이고 그 층계의 길이가 6미터에 달할 것이다. 성전 안에 아파트 이층 만큼이나 높고 약 6미터에 달하는 큰 규모의 구조물을 성경이 언급하지 않는 것은 납득하기 어렵다. 물론 지성소 앞에 계단이 있을 가능성은 있지만 본문은 지성소 앞을 설명하면서 층계의 존재에 대한 여지를 두지 않는다.

> 내소 앞에 좌우로 다섯씩 둘 정금등대(왕상 7:49).

---

26 성전 전체 지붕의 높이는 삼십 규빗으로 같지만 그 지붕 아래 지성소의 높이를 이십 규빗으로 따로 천장을 만든 것으로 재구성한 것도 있다. Hill, *1 & 2 Chronicles*, 384.

만일 지성소가 그렇게 높은 곳에 있었다면 '내소 앞에'라는 말은 이해할 수 없을 것이다. 오히려 '내소 아래에' 혹은 '계단 아래에'라고 표현했어야 할 것이다. 또한 만일 그렇게 높은 층계가 있었다면 내소인 지성소에 들어가는 것(왕상 6:31)을 '들어가다'와 함께 '올라가다'는 말이나 그런 암시를 주는 표현도 사용했어야 했다. 성전 앞에 있는 층계가 그렇게 감동을 주는 것이었다면(왕상 10:5) 지성소를 향한 성소에 큰 층계가 존재했다면 언급하지 않을 이유가 없을 것이다.

2) 성소와 지성소 사이의 휘장과 문

성경의 독자는 성막과 헤롯 성전을 생각하면서 솔로몬 성전에도 지성소와 성소 사이에 휘장이 있을 것이라는 전제를 갖고 있을 것이다.[27] 그러나 솔로몬 성전에 대해서는 본문이 거기에 대해서 각각 다르게 묘사하고 있다. 역대기는 휘장에 대해서 언급하고 있다. 한글 번역은 "휘장문"이라고 했지만(대하 3:14) 문은 아니고 그냥 휘장($pārōket$)으로 가려놓은 상태를 말한다. 이 휘장의 역할도 광야의 성막 구조와 마찬가지로 지성소와 성소를 구분하는 것으로 생각할 수 있다.

그러나 열왕기 본문은 역대기와는 달리 '감람나무'로 내소의 문을 만들어서 그룹과 종려나무와 핀 꽃을 아로새기고 그룹들과 종려에 금으로 입혔다고 한다(왕상 6:31-32).

---

27 성소와 지성소 사이의 휘장은 에스겔의 환상 속의 성전에는 언급이 안 되었고, 제2성전에도 거기에 대한 언급이 없다. 그러나 마카비상 1:22에는 제2성전에 몇 개의 휘장이 있는 것으로 묘사되었다. 헤롯 성전은 성소와 지성소 사이가 성막과 같이 휘장과 구분되었다(마 27:51). Cf. Josephus, *The War of Jews*, V, 5, 5, 219.

여기에 대해서 몇몇 학자들은 역대기 기자가 광야 시대의 성막의 전통을 계승하려는 자신의 의도 때문에 시대착오적인 묘사를 했다고 주장한다.[28] 또는 역대기 기자가 열왕기 본문 '사슬'을 의미하는 '랏티코트'(rattiqōt)와 '휘장'을 의미하는 '파로케트'(pārōkęt)의 자음이 비슷해서 혼동을 했다고 생각한다.[29]

학자들의 이런 견해는 열왕기의 묘사를 역대기보다 더 신뢰하는 경향을 반영해준다. 그렇지만 먼저 기록된 문헌이 역사적으로 더 정확한 기록이라고 판단할 근거는 없다. 두 권의 책이 영감된 하나님의 말씀이라는 것을 고려하면 더욱 그렇다.

아마도 역대기 본문에 언급된 휘장은 열왕기에서 건너질렀다는 그 금사슬(golden chain)이나 그 쪽에 걸렸을 것으로 생각된다. 그리고 역대기에도 지성소에 문이 있다는 것을 언급하고 있다.

지성소의 문(대하 4:22).

이 히브리어 표현을 정확하게 번역하면 좀 이상하기는 하지만 "지성소 내부의 문들"이라고 번역해야 한다. 그래서 솔로몬 성전은 성소와 지성소 사이에 문과 휘장이 둘 다 있는 것으로 보아야 할 것이다. 아마도 그 휘장은 문 앞에 있을 것이다. 왜냐하면 '내소 앞'에 금사슬이 있기 때문이다. 물론 이 관점은 성소에서 지성소를 바라보는 것이다. 그 휘장의 색깔은 성막의 휘장과 같은 색상이다(출 26:31). "고운 베로 휘장을 짓

---

28   Japhet, *2 Chronik*, 53.
29   Cf. Rudolph, *Chronikbücher*, 204-5.

고"라는 표현에서도 정성을 들여서 재료를 만들고 휘장을 제작한 것이 드러난다.

이 휘장에 장식된 그룹에 대해서 한글 번역은 그룹의 형상을 "수놓았더라"고 했는데 그 동사는 성막을 제작할 때 '수놓았다'는 의미로 쓴 '라캄'(*rāqam*)(출 26:36; 27:16; 28:39; 35:35; 36:37; 38:18, 23; 39:29)과 다른 '알라'('*ālā*, 올라가다)의 히필형이다. 그 의미는 문자적으로 '올려놓다'인데 여기서는 '덧붙이다'로 번역할 수 있다. 그래서 천으로 만든 그룹의 모양을 휘장에 꿰매어서 부착한 것으로 이해할 수 있다. 지성소로 통하는 그 휘장과 문은 대제사장만 대속죄일에 일 년에 한 번 통과할 수 있는 곳이다.

3) 두 기둥: 장식과 이름

성전 건축에 관한 마지막 부분으로 두 개의 큰 기둥을 만들어 세운 것을 소개하고 있다. 이 단락은 기둥의 장소와 규격 그리고 장식과 두 기둥의 이름에 관한 정보를 준다. 열왕기 본문은 히람이 놋기둥을 만들었다는 정보를 주는데(왕상 7:15), 역대기는 제작자와 소재를 언급하지 않았다.

두 기둥의 장소를 고려할 때 엄격히 말해서 이 기둥은 성전 건물을 떠받들고 있는 기둥이 아니기 때문에 성전 건물과 연계된 구조물이라고 말하기 어려울 것이다. 그것은 성전 앞, 즉 낭실 앞에 세워진 것이다(왕상 7:21; 대하 3:15). 그리고 열왕기에서는 기둥을 만들었다는 것을 언급하기 전에 건축완공 연도에 대해서 알려준다(왕상 6:38).[30] 이것은 앞에서 언급한 아인 다라에서 발견된 페니키아 신전을 따라 성전을 재구성하기가 어렵다는 것을 보여준다.

그런데 본문에 근거해서 이 기둥들이 낭실을 떠받들고 있는 것으로 여겨질 수 있는 근거는 열왕기상 6:19이다. 이 구절을 한글성경은 "주랑 기둥 꼭대기에 있는 머리의 네 규빗은 백합화 모양으로 만들었으며"라고 번역했는데(NIV, ESV) 이 '주랑'은 '낭실'과 같은 곳이다. 그래서 그렇게 보면 그 기둥이 성전의 구조물로 여겨질 수 있다.

그러나 그 주랑이 수식하는 것은 기둥이 아니라 '백합화 모양'이다. 즉 '주랑에 있는 백합화의 모양'이다. 그래서 이 구절은 "기둥 꼭대기에 있는 머리는 주랑에 있는 백합화 모양인데 네 규빗이다"로 번역해야 한다(KJV).[31] 그러므로 이 구절에 근거해서 두 기둥이 지붕을 받치는 건물의 일부라고 말하기는 어렵다.

각 기둥의 높이는 성전의 지붕보다 낮은 십팔 규빗이라고 한다(왕상 7:15). 그런데 역대기에서는 그 높이가 삼십오 규빗이고 각 기둥 꼭대기의 상단부가 다섯 규빗이라고 한다(대하 3:15). 그러나 이 높이는 성

---

30 시리아 북쪽 기원전 팔 세기의 '타이낫 신전'(Ta'yinat Temple)과 연대나 양식에 있어서 솔로몬의 성전과 가장 가깝다는 '아인 다라 신전'은 두 기둥이 낭실을 떠받들고 있는 구조를 보여준다. Hurowitz, "Solomon's Temple in Context", 50; Shanks, *Jerusalem's Temple Mount*, 133-8. 그 신전의 페니키아 양식의 영향을 감안하더라도 성경 본문은 너무나 명백하게 두 기둥이 성전의 구조물과 분리된 것으로 설명한다.

31 Cf. J. Mulder, *1 Kings Vol. 1: Kings 1-11 HCOT* (Leuven: Peeters, 1998), 312-14; Mordechai Cogan, *1 Kings: A New Translation with Introduction and Commentary* Anchor Bible (New York: Doubleday, 2001), 263.

전이 파괴되는 상황을 보도하는 데서도 십팔 규빗이라고 일관성을 유지한다(왕하 25:17; 렘 52:21).

그래서 역대기의 본문은 필사상의 오류로 보아야 할 것이다. 아마도 이 수치는 성전의 높이에 기둥의 상단부 길이인 다섯 규빗이 더해진 것에서 생긴 오류로 보인다. 그러나 그것이 큰 문제가 되지는 않는다. 상단부가 다섯 규빗이라는 말은 높이를 말하는 것 같다. 그래서 전체 높이는 이십삼 규빗이 될 것이다. 그리고 기둥머리인 상단부는 공같이 둥글게 생겼다(대하 4:12). 기둥의 규격을 미터법으로 환산하면 높이는 약 10미터, 둘레가 약 5.2미터, 지름이 약 1.7미터가 된다.[32]

열왕기는 기둥의 장식에 대해서 매우 상세하게 묘사하고 있지만 역대기 본문은 그 특징만 간결하게 묘사한다(왕상 7:17-20). 물론 둥근 머리와 그물 모양에 대해서는 다음 장에서 설명한다(대하 4:12). 그 기둥 머리는 석류 백 개가 달린 사슬로 장식되었다. 열왕기 본문은 기둥의 화려한 장식을 더 상세하게 묘사하고 있다. 화려하게 장식된 기둥은 성전으로 들어가는 예배자의 마음을 하나님의 영광스러운 임재와 연결시켜 줄 것이다.

특이한 것은 그 두 기둥에 이름이 붙었다는 것이다. 오른쪽에 있는 것

---

32 두 기둥의 둘레가 너무 크게 느껴지기 때문에 학자들은 그것을 수정한다. Abright는 십이 규빗은 서기관의 유사한 첫 글자 때문에 난 필사오류(*homoioarkton*)로 보고 이 규빗으로 생각한다. 그러면 한 기둥의 직경이 31센티미터가 된다. William Foxwell Albright, *Archaeology and the Religion of Israel* OTL (Louisville: Westminster John Knox Press, 2006), 147. Busink는 십이 규빗을 두 기둥의 둘레라고 한다. Th. A. Busink, *Der Tempel von Jerusalem von Salomo bis Herodes: eine archäologisch-historische Studie unter Berücksichtigung des westsemitischen Tempelbaus* (Leiden: Brill, 1980), 302-3.

은 야긴이라고 부르고 왼쪽에 있는 것은 보아스라고 불렀다(대하 3:17). "야긴"이란 말은 '그가 세울 것이다'란 뜻이고 "보아스"란 '그 안에 힘이 있다'(in him is force) 혹은 '능력으로써'(with power)를 의미한다.[33]

그런데 왜 이 이름을 붙였는지 알 수 없다.[34] 그리고 그 이름이 기둥의 상징적인 의미와 어떤 관련이 있는지를 파악하는 것조차 쉽지 않다. 이 두 기둥의 의미에 대한 견해도 아주 다양하다.

사람들은 그 기둥을 우주적인 기둥, 신성한 오벨리스크, 신화적인 산, 낙원의 나무, 광야의 구름기둥과 불기둥 등을 상징하는 것으로 이해했다.[35] 또한 그 기둥은 성전의 깃발을 의미하는 것으로서 성전이 야웨의 집이지 바알이나 몰렉의 집이 아니라는 의미를 지닌다고 한다.[36] 게다가 정치적인 것과 관련하여 이 두 기둥이 야웨의 예루살렘 거주에 대한 역사적 내력을 상징하고 왕궁과 성전을 통해서 통치하는 왕조국가의 합법

---

33 Mulder, *1 Kings*, 319; Frank Michaeli, *Les Livres des Chroniques, d'Esdras et de Néhémie* (Paris; Neuchâtel, 1967), 151. 보아스의 의미에 대한 주장은 다양하다. "바알은 강하다"(ba'al'az)의 약자: Cf. H. Gressmann, *Die Lade Jahwes und das Allerheiligste der Salomonischen Tempels* (Berlin: Kohlhammer, 1920), 62; "예리한 정신의": Martin Noth, *Die Israelitischen Personennamen im Rahmen der Gemeinsemitischen Nemengebung* (Stuttgart: Kohlhammer, 1966), 228; Médebielle는 야긴과 보아스를 합해서 한 문장으로 만들었다. 즉 "그가(야웨) 능력으로 (성전을) 세우셨다." Walter Kornfeld, Der Symbolismus der Tempelsäulen, *ZAW* 74 (1962): 52 재인용.
34 Dillard는 이름에 대해서 7가지를 제시한다. ① 기증자나 건축가 이름 ② 다른 신들에 대한 언급 ③ 다윗 시대 이전에 그 자리에 서 있던 '맛체보트'(*maṣṣebōt*)의 이름 ④ 신격에 대한 서술(그는 세우시는 분이시다; 그 안에 힘이 있다) ⑤ 동사문으로 "그는 능력으로 세우신다" ⑥ 어느 정도 왕조신탁과 관련된 두 긴 명문의 서언 ⑦ 솔로몬 왕의 조상 이름들. R. B. Dillard, *2 Chronicles*, WBC 15 (Dallas: Word, Incorporated, 1998), 30.
35 Kornfeld, "Der Symbolismus der Tempelsäulen," 53; W. Albright, *Archaeology and the Religion of Israel*, 144-48.
36 Busink, *Der Tempel von Jerusalem von Salomo bis Herodes*, 317.

성을 가시적으로 확정하는 것으로 보는 견해도 있다.[37]

정치와 관련하여 이 기둥을 솔로몬 왕권의 상징이나 야웨의 통치권을 가리키는 것으로 이해하는 것은[38] 회복과 화목을 이루는 장소인 성전의 기능과 잘 어울리지 않는 부분이 있다. 일단 그 두 기둥이 성전 입구에 세워져 있고 제사장들이 그 사이로 통과하기 때문에 그 기둥이 문기둥 역할을 한다. 그 통과지점은 성전 뜰에서 성전으로 들어가는 출입구가 된다.

그것은 세속의 땅에서 하나님의 처소인 거룩한 장소로 들어가는 상징적인 관문의 기능을 지닌다.[39] 거기다가 두 기둥의 위치 그리고 그 규모와 장식이 보여주는 위용과 그것들에 붙여진 이름의 의미('그가 능력으로 굳게 세울 것이다')를 고려한다면 두 기둥은 전체 성전을 자기 백성 가운데 마련된 하나님의 처소로서 인정하고 하나님의 능력으로 그 처소가 유지되며 땅위의 어떤 권세도 그것을 허물지 못할 것이라는 상징적인 의미가 있다. 신약적 관점에서 성전은 사람 곧 교회이기 때문에 이것의 신약적인 성취는 예수님의 말씀에서 나타난다(마 16:18).[40]

---

37 C. L. Meyers, "Jachin and Boaz in religious and political perspective," *CBQ* 45 no 2 Ap (1983): 167–178.

38 Roubos, *II Kronieken*, 43–44.

39 Cogan, *1 Kings*, 271.

40 M. B. van 't Veer, I. *II Koningen*, De Bijbel, Toegelicht voor het Nederlandse volk (Kampen: H. J. Kok, 1948), 49.

4) 성전 뜰에 있는 바다

바다는 성전 구조에 속한 것이 아니고 성전 기구 중 하나이다. 전체적으로 성전의 기구는 새로운 것이 아니고 성막의 기구를 확대해서 규모가 커진 것이다. 그런데 바다라고 하는 큰 물 저장소가 솔로몬의 성전에 인상적으로 첨가되었다.

바다와 관련된 주석상의 문제점은 그 규격에 관한 본문의 진술이 상충되는 것이다. 열왕기 본문에는 바다의 용량이 '이천 밧'으로 되어있고(왕상 7:26) 역대기 본문에는 "삼천 밧"이라고 했다(대하 4:5). 양 본문의 전승에 문제가 없다면[41] 도량형에 따라서 설명하는 방법도 있을 것이다.

물론 이천 밧에 대해서 문제를 제기하는 학자도 있지만[42] 최근에도 몇몇 학자들이 삼천 밧의 문제를 해결하려고 노력했다. 호그네시우스(Hognesius)는 역대기 기자가 모든 것을 크게 묘사하려는 성향을 따라서 "한 규빗과 한 손바닥 넓이"에 해당하는 큰 규빗을 전제했다고 한다.[43]

그러나 이 이론의 문제점은 역대기는 성전 구조를 처음 설명할 때부터 "옛날에 쓰던 자"를 적용했기 때문에 그것은 맞지 않다(대하 3:3). 천문학자였던 와일리(Wylie)는 바다의 형태에 대한 개념의 차이 때문에 용

---

41 BHS의 비평자료는 본문의 '천'의 복수형에 해당하는 ' alāfim을 쌍수 형태인 'alpayim으로 고치고 '삼'을 의미하는 šelōšet을 빼고 '이천'을 제안한다.

42 Hollenback은 놋바다를 원통형으로 보고 바빌로니아 계산법을 따라서 한 제곱 규빗은 5와 1/3 밧이지만 히브리 규빗으로는 한 제곱 규빗이 4밧이기 때문에 바다의 용량은 천오백 밧이 되어야 한다고 주장한다. 그래서 이 문제를 해결하려면 고대 바빌로니아 도량형을 적용해야 한다고 한다. George M. Hollenback, "The Dimensions and Capacity of the 'Molten Sea' in 1 Kgs 7,23.26," *Biblica* 81 (2000): 391-92.

43 Kjell Hognesius, "The capacity of the molten sea in 2 Chronicles iv 5 : a suggestion,"', *VT* 44 no 3 (1994): 349-358.

량의 차이가 생겼다고 한다. 즉 열왕기 기자는 반구(半球)형태의 바다로 보고 양을 계산했고, 역대기 기자는 원통형의 바다를 생각하고 계산했다는 것이다.[44] 그러나 열왕기의 다른 본문은 바다가 반구형이 아니라 평면에 둘 수 있도록 바닥이 평면인 것을 암시한다(왕하 16:17).

그렇다고 해서 역대기 기자가 솔로몬 성전의 위용을 나타내기 위해서 임의로 과장해서 기록했다고 말할 수도 없다.[45] 꼭 양으로서 삼천 밧과 이천 밧을 일치시키려면 고체와 액체 차이로 보면된다. 곡물같은 경우는 위로 수북히 담을 수 있기 때문에 곡물 삼천 밧은 물 이천 밧과 일치한다.[46]

또 다른 해결책은 열왕기 기자는 놋바다에 적정량을 담았을 때를 표현하고 역대기 기자는 가득 찬 물의 양을 기록했다는 것이다.[47] 이것도 가능한 추측이다. 베일(Byl)은 한 밧을 9리터로 계산할 수 있는 가능성을 찾아서 22리터를 두 밧으로 계산했다. 그래서 한 밧을 대략 10리터로 볼 때 삼천 밧의 반구형의 바다에 대한 최선의 계산이 나온다고 한다.[48] 이런 시도는 본문을 수정하지 않고도 두 본문을 조화시킬 수 있는 가능성을 보여준다.

---

44 C. C. Wylie, "On king Solomon's Molten Sea," *BA* XII (1949): 86-90.
45 Roubos는 역대기 기자가 그런 의도를 갖고 열왕기 본문을 수정했다고 한다. Roubos, *II Kronieken*, 48.
46 D. Beattie, *The Targum of Ruth and Chronicles* (Edinburgh: T & T Clark, 1994), 149.
47 두 본문을 다 알고 있는 요세푸스는 놋바다의 용량이 삼천 밧이었다고 한다. Josephus, *The Antiquities of the Jews*, 8.3.5 (80).
48 Byl은 호멜이 나귀 한 마리가 싣는 무게 90킬로인 것을 감안하여 밧을 그 1/10로 계산했다. 그리고 1킬로그램은 1리터이기 때문에 밧을 대략 10리터로 보았다. John Byl, "On the Capacity of Solomon's Molten Sea," *VT* 48 no 3 (1998): 309-314.

이 놋바다는 "제사장들이 씻기 위한 것"이었다. 문자적으로 "제사장의 씻기"란 말은 제사장 자신의 결례와 관련되었을 것이다. 이것은 성막의 물두멍 기능과 관련된 사항이다(출 30:19; 40:31). 제사장들이 제물로 드려지는 수많은 짐승의 피로 인하여 늘 수족을 씻어야 했다(대하 29:22).

4. 결어

솔로몬 성전을 재구성하는데 따르는 어려움을 본문수정이나 고고학적 발굴물에 의존해서 극복하려는 시도는 바람직한 태도가 아니다. 본문의 필사상의 오류로 여겨지는 것은 그 내용이 터무니없다거나 그 오류에 어느 정도 합당한 이유가 있어야 할 것이다. 본문의 상이점을 다른 방법으로 해결할 수 있다면 그것을 선택해야 할 것이다. 또한 고고학적 발굴물에 근거한 성전의 재구성은 흥미로운 것이다. 일단 그것이 솔로몬 시대에 실제로 그런 성전 건축이 가능하다는 것을 역사적으로 증명해준다. 그러나 그 고고학적 증거가 본문을 능가할 수는 없다.

성경 본문의 증거에 의하면 솔로몬 성전의 지성소와 성소 사이에 층계의 존재에 대한 여지는 없다. 또한 지성소와 성소를 구분하는 휘장은 나무문과 함께 있었다. 두 기둥은 성전의 주랑(낭실) 앞에 독립된 구조물로 세워졌다. 그리고 바다의 용량에 대한 두 본문의 차이는 도량형의 기준에 따라 다르기 때문에 문제가 되지 않는다.

이 구조물의 신학적 의미는 하나님의 속성과 그분의 구속 사역과 관련되었다. 지성소와 성소를 구분하는 나무문과 함께 쳐진 휘장에 수놓은 그룹은 하나님의 초월성을 드러내고 하나님의 영광을 시각적으로 강조하는 동시에 하나님의 거룩함을 보호하는 역할을 한다. 그 휘장은 단순히 구분하는 것뿐만 아니라 성소에 새겨진 식물과 함께 그것이 낙원의 회복을 기대하도록 한다.

또한 두 기둥은 전체 성전을 자기 백성 가운데 마련된 하나님의 처소로서 인정하고 하나님의 능력으로 그 처소가 유지되며 땅 위의 어떤 권세도 그것을 허물지 못할 것이라는 상징적인 의미가 있다. 신약적 관점에서 성전은 사람 곧 교회이기 때문에 이것의 신약적인 성취는 예수님의 말씀에서 나타난다(마 16:18).[49]

---

[49] M. B. van 't Veer, *I, II Koningen*, De Bijbel, Toegelicht voor het Nederlandse volk (Kampen: H. J. Kok, 1948), 49.

8장

여리고성 재건에 나타난 저주(왕상 16:34)[1]

1. 서언

본문은 여리고성 함락 이후 여호수아가 여리고성의 재건과 관련해서 저주를 발한 예언에 대한 성취를 보여준다(수 6:26). 내용적으로 하나님의 약속에 대한 성취가 신약이 아니라 구약에서 이루어진 의미가 있지만 이 본문에 관련된 많은 문제가 단순하지 않다. 이 내용에 대한 본문 문제와 역사적, 제의적 문제가 있지만 이 장에서는 이 문제들을 고려한 상태에서 계시역사적 주석을 통해서 본문의 의미를 살펴볼 것이다.

---

[1] 이 글은 2007년 10월 20일 대학교회 제2회 신학포럼에서 발표한 것을 보완해서 「고신신학」 10 (2008)에 실었다.

2. 정경과 본문

1) 정경의 상태

역사 문헌 비평 관점에서 벨하우젠은 사무엘과 열왕기 전체를 바벨론 포로기에 편집되었다고 보고 열왕기는 사사기, 사무엘서와 함께 '신명기적' 개정에 의해서 결정되었다고 주장한다.[2] 그는 이 책에 나타난 왕국에 대한 이상은 신명기의 이상과 관련되었다고 보는 것이다. 노트는 좀 더 구체적으로 역사서의 편집을 설명하는데, 그는 '신명기 기자' 한 사람이 신명기에서 열왕기에 이르는 수집물의 편집에 대한 책임을 맡았고, 열왕기 기자는 팔레스타인 남북 지역의 이야기를 수집하고, 공식 연대기를 자료로 삼아 기원전 550년경 그의 작품을 완성했다고 한다.[3]

그는 이 본문의 성격에 대해서 말하면서 이것이 예언의 성취가 아니라 이 이야기 때문에 여호수아의 저주에 관한 예언이 생겼다고 거꾸로 말한다.[4] 이것은 여호수아 6:26의 예언은 원인론적인 민담(saga)으로서 예언이 저주 이야기보다 뒤에 생긴 것으로 보는 견해다. 그리고 '신명기 기자'와 관련된 주장은 드 베테(De Wette)에서 로이스(Reuss)와 그라프(Graf)에 이르는 당시의 새로운 주장인 신명기가 7세기의 산물이라는

---

[2] J. Wellhausen, *Die Composition des Hexateuchs und der historischen Bcher des Alten Testaments* (Berlin: Georg Reimer, 1899), 169-70.

[3] M. Noth, *Überlieferungsgeschichtliche Studien* (Tübingen: Max Niemeyer, 1957), 66-67.

[4] M. Noth, *König* I, BKAT 9/1, (Neukirchen-Vluyn: Neukirenerer Verlag, 1968), 356.

전제하에서 이루어진 것으로 볼 수 있다.[5] 그렇지만 신명기는, 많은 논쟁이 되기는 하지만, 오경의 나머지 부분과 마찬가지로 요시야 시대와는 비교가 안 될 정도로 오래 전에 기록된 것임을 성경의 내적, 외적 증거를 통해서도 알 수 있다.[6] 열왕기에 나타나는 국가의 우상숭배가 신명기 정신을 따라 평가받는 것은 사실이지만 열왕기 전체를 신명기 저작이나 편집으로 돌리는 것은 무리가 있어 보인다.

성경 자체가 알려주는 열왕기의 자료 중 '이스라엘 왕 역대지략'(왕상 14-왕하 15:31)에 아합 왕의 남은 행적과 건축사업이 기록되었다고 언급되어 있다(왕상 22:40). 열왕기상 16:34의 본문이 아합의 행적과 배교와 관련이 있다고 한다면 이 부분의 자료도 사건이 일어난 시점에서 멀지 않은 시기에 기록되었을 것으로 보인다.

---

5 Cf. Holwerda, *Bijzondere Canoniek*, 18-19.
6 고고학적 증거는 신명기가 기원전 2천년기에 쓰여졌을 가능성을 보여주었다. 히타이트의 수도 보가츠케이에서 발견된 히타이트의 종주권 언약은 어느 정도 신명기의 구조와 관련이 있다. 물론 종주권 언약이 신명기에 영향을 주었는지 또 그 시기가 언제인지에 대해서는 여전히 논란이 되지만 분명한 것은 신명기를 기원전 7세기 산물로 볼 이유가 없다는 것이다(Hoffner는 구약의 언약형식의 구조와 가장 유사한 히타이트 조약 문서의 구조는 기원전 1344-1271년 정도로 본다. Harry A. Hoffner Jr., Hittites, in A.J. Hoerth, G.L Mattingly and W. M. Yamauchi (eds.), *Peoples of the Old Testament World* (Grand Rapids, Michigan: Baker Book House, 1994), 146. 신명기와 종주권 언약과 비교 연구한 클라인은 "신명기의 고대성과 진정성에 관한 질문에 대해서 새로운 증거가 주는 암시를 숨겨서는 안 된다"고 했다. M. G. Kline, *Treaty of the Great King* (Grand Rapids, Michigan: W. B. Eerdmans, 1963), 42.

2) 본문 번역[a]

그의 시대에 벧엘 사람 히엘[b]이 여리고를 건축하였다. [c]야웨께서 눈의 아들 여호수아를 통해서[d] 하신 말씀대로 그의 장자 아비람을 희생하여 그 성의 기초를 놓았다. 그리고 그의 계자 스굽[e]을 희생하여 그 성의 양쪽 문을 세웠다.

3) 본문의 상태

(1) 칠십인역(루키안역)에는 34절 전체가 없다. 토브(Tov) 교수는 이 절은 문맥의 흐름에 맞지 않는 것으로 판단한다. 왜냐하면 아합의 죄를 설명하는 33절과 그 죄의 결과인 기근에 대한 이야기가 그의 죄에 대한 심판으로 이어서 나타나기 때문이다(왕상 17:1). 그래서 토브 교수에 의하면 34절은 여기서 나타나는 여호수아의 저주가 예언으로 성취되었다는 것을 강조하기 바라는 신명기 편집자가 첨부한 것 같다고 한다.[7]

콘로이(Conroy)는 늦은 신명기 혹은 신명기 이후의 편집자가 삽입했을 것이라고 하지만 그가 최종 본문을 바탕으로 해서 내러티브의 기능을 강조하는 것을 기억할 만하다. 그는 이 배치가 자연스럽고 아합과 히엘이 뒤에 나올 엘리야와 엘리사 간에 서사적 유비(narrative analogy)를 이룬다고 한다.[8] 독자에게는 본문의 최종형태 혹은 현재형태가 중요하다.

---

[7] Emmanuel Tov, *Textual Criticism of the Hebrew Bible* (Assen/Maastricht: Van Gorcum, 1992), 346-47.

[8] Charles Conroy, "Hiel between Ahab and Elijah-Elisha: 1Kgs 16,34 in Its Immediate Literary Context," *Biblica* 77 (1996): 21-218.

(2) 칠십인역(LXX^B)이 '히엘'을 Αχειηλ로 번역했는데, 이것은 전통적으로 하나님의 이름을 따른 양식으로, 히브리어 '아히엘'(*'ahiel*, 하나님의 형제)과 같다. '히엘'은 *BDB* 사전에서 추측하듯이 '아히엘'의 단축형일지도 모른다.

(3) 본문은 인칭 대명사가 삽입된 것을 제외하고는 여호수아가 선포한 내용(수 6:26)이 문자 그대로 기록되었다(동사: *bānā, yāsad, nātsab*; 명사: b^{e}kōr, tsā'īr, deleth; 전치사: b^e).

(4) '버야드'(*b eyad*)는 전치사 '버'(b^e, in)와 '야드'(hand)가 결합한 연계형이다. 이것은 수단을 나타내는 것으로써 '다바르'(*dābar*)의 피엘형과 함께 쓰여 그 뜻은 "~을 통하여 말하다"란 의미가 있다(출 9:35; 레 10:11).[9]

(5) '스굽': 커티브 *s^{e}gyyb*, 커레이 *s^{e}gūb*(대상 2:21-22).

4) 본문의 위치와 문맥

이 본문은 아합의 등장과 엘리야의 등장 사이에 배치되었다. 본문의 "그의 시대"[10]란 것은 앞에 언급된 아합의 개략적인 경력과 밀접한 관련이 있다는 것을 암시하는 듯하다. 이것은 아합의 잘못된 믿음이 그릇된 정책을 낳으므로 극에 달한 죄의 단면을 보여준다고 하겠다.

아합은 당대까지 가장 긴 통치를 한 오므리 왕조(44년)에 속한 왕으로

---

9 Cf. *HALOT*, 371.
10 Long은 시간을 나타내는 이 표현이 메소포타미아의 공문서 양식을 본뜬 것일지도 모른다고 한다. Burke O. Long, *1Kings with an Intrroduction to Historical Literature*, IX (Grand Rapids, Michigan: Eerdmans, 1984).

서 22년을 다스렸다. 그의 통치 기간 동안 경제적으로, 군사적으로 이스라엘을 막강한 위치에 올려놓았다.[11] 그렇지만 종교적으로는 대조적인 양상을 드러내었다. 아합의 통치 기간은 이스라엘 역사에서 가장 타락한 시대였고, 배교의 역사였다.

문맥에서는 아합의 죄가 상상을 초월한 것임을 드러내려고, 그가 "느밧의 아들 여로보암의 죄를 따라 행하는 것을 오히려 가볍게 여겼다"고 한다(31절). "여로보암의 길"은 이스라엘 왕의 죄의 표준이다(왕상 15:26, 34; 22:52; 왕하 15:9, 18, 24, 28). 그러나 아합이 여로보암의 죄악된 발자취를 따른 것은 그의 범죄에 있어서 가장 경미한 것이었다. 그는 이전의 어떤 왕보다 지나쳤고 여로보암의 죄악은 그의 다른 범죄들과 비교해 볼 때 별것이 아니란 말이다.

본문의 배경이 되는 문맥에서는 그의 죄목을 구체적으로 네 가지로 열거하고 있다.

첫째, 그가 이세벨과 결혼한 것이다(31절). 외국 사람과 결혼한 자체가 그렇게 문제되지는 않을 것이다. 솔로몬도 바로의 딸과 결혼했다. 또 페니키아 사람들과 좋은 관계를 맺는 것도 별 문제될 것이 없다. 왜냐하면 다윗, 솔로몬 시대에 이스라엘은 페니키아와 조약을 맺었기 때문이다(삼하 5:11; 왕상 5:12). 그렇지만 아합의 결혼과 관련된 조약은 다른 점이 있었다. 이세벨[12]은 바알에게 충성을 맹세한 자였다. 그녀의 아버지 이름

---

11 Cf. Bright, *A History of Israel*, 243-44.
12 원래의 모음은 'ī-z ebūl로서 '군주는 없다'란 말로 이제 왕후가 나타났다는 것을 암시하는 것 같다. 그래서 마소라 학자들은 이것을 의도적으로 'ī-zẹbẹl로 모음을 붙여서 '똥섬'을 의미하는 말로 모음을 붙였을 것으로 본다. H. A. Brongers, *I Koningen*, POT (Nijkerk: Callenbach N.V., 1967), 162; cf. *HALOT*, 37.

'엣바알'에서도 그 종교성을 읽을 수 있다. 이 '에트바알'(*etba'al*)은 '잇토바알'(*ittōba'al*)과 같은 말로서 '바알이 그와 함께 한다'는 뜻이다. 요세푸스는 그를 이토발루스(Ithobalus)라고 하면서 그가 아스다롯의 제사장 경력을 가졌다고 했다.[13] 이 모든 것이 그 가정 전체가 바알에게 헌신된 자임을 보여준다. 만일 이세벨이 이 이스라엘 왕과 결혼함으로써 이스라엘 사람이 되어 야웨를 섬겼다면 문제가 달라졌을 것이다.

둘째, 아합이 직접 바알을 섬김으로써 배교 행위를 했다. 이세벨이 이스라엘의 왕후가 되어서 야웨 신앙으로 개종한 것이 아니라 아합이 개종했다.[14] 그가 신정국가의 왕으로서 바알을 위한 봉헌의 행위인 음행을 일삼았다는 말이다.

셋째, 사마리아에 바알의 신전을 건축하고 거기서 바알을 위해서 단을 쌓았다. 이것은 개인적인 배교가 아니라 국가의 공적인 종교행사를 거행한 것이다. 이렇게 이스라엘에 바알 숭배를 도입함으로써 이스라엘의 땅과 삶은 사마리아에 세워진 바알의 제단에 바쳐지게 되었다.

넷째, 아세라 상을 세웠다. 구약에서는 아세라가 여신으로서 바알과 나란히 언급되고 있다(삿 3:7; 6:25; 왕상 18:19; 23:4). 사사기와 사무엘서에서 바알과 아스다롯이 나란히 언급되고 있는 것은 구약에서는 같은 여신으로 취급하려는 의도가 있는 것 같다. 그러나 아스다롯을 아세라

---

13 Flavius Josephus, *Contra Apionem* I, 18, in: *The Works of Josephus*, trans. by William Whiston (Peabody, Ma: Hendrickson Publishers, 1987).
14 아합은 바알의 신봉자였지만 형식적으로는 야웨를 섬기는 자인 것처럼 보인다. 왜냐하면 그의 아들들의 이름에 야웨의 약자가 들어가 있는 것을 보면 그렇게 보이기 때문이다. 아하시야, 여호람(요람).

의 복수형을 수정하기 전에는 일치시키기가 어려워 보인다.[15] 아세라는 바알 다음 가는 지위에 있으며, 태양신에 버금가는 달의 여신이다. 아세라 상은 제단이 아니라 사람이 만든 목상으로서 경배의 대상이 되었다 (왕상 14:15; 16:33; 왕하 17:16; 21:3,7 대하 33:3).[16] 본문의 배열은 아합의 이러한 종교적 죄가 그릇된 정책으로 이어진다는 것을 보여주고 있다.

3. 주석적 설명

1) 여리고의 중요성

여리고는 사해의 서북쪽 그리고 요단 강 서편에 있는 고대도시로서 구약의 여리고 위치는 현재 텔 에스-술탄 언덕에 있었다. 이 위치는 '엘-리하(er-Riha)로 알려진 현대 오아시스에 북서쪽으로 2km정도 떨어진 곳이다. 여리고는 해발 270m로(예루살렘보다 1,067m 아래) 요단 계곡의 서쪽, 한 부분으로서 성벽을 둘러쌌던 돌을 보아서 전체 면적이

---

15 Cf. J. Day, "Asherah," in *ABD* I, 485.
16 고고학적 발굴을 통해서 확인된 더욱 충격적인 사실은 이스라엘 사람들이 아세라를 마치 야웨의 여신처럼 혼돈해서 섬겼다는 것이다. 시나이 반도 동북쪽의 교차로에 위치한 Kuntillet 'Ajrud에서 발견된 기원전 9세기 말의 비문에는 "내가 사마리아의 야웨와 그의 아세라에 의해서 너를 축복한다"고 했고, 다른 비문에는 "데만의 야웨와 그의 아세라에게"라고 적혀있다. William W. Hallo (ed.), *The Context of Scripture* II, (Leiden: Brill, 2000), 171-72. Cf. M. Dijkstra, "I have blessed you by Yahweh of Samaria and his Asherah," in B. Becking, M. Dijkstra, M. C. A. Korpel and K. J. H. Vriezen, *Only One God?* (Sheffield: Sheffield Academic Press, 2001), 23.

4헥타르쯤 된 것으로 본다.[17] 이 도시의 이름은 가나안의 월신(Yarikh)과 관계가 있는 것 같다. 이 도시의 별칭은 '종려나무의 도시'이다(신 34:3; 삿 3:13; 대하 28:15).

성경에는 가나안 정복 시에 대하는 도시로 나타나지만 사실 이 도시는 세계에서 가장 오래된 도시에 속한다. 기원전 8,000년 전, 신석기 시대 이전의 유적이 발견된 곳이다. 이곳에 고대로부터 인구가 정착한 이유는 세 가지 정도로 추측해 볼 수 있다.[18]

첫째, 물이 풍부한 샘이 있는 곳이다(왕하 2:18-22).

둘째, 이 도시는 수단 데카노 기후에 속하는 곳으로 겨울에도 따뜻하기 때문이다.[19]

셋째, 요단 나루턱과 내륙으로 진출하는 여러 통로의 입구에 위치한 이 도시의 전략적 위치 때문이다. 특별히 아합 시대에 이 도시가 중요한 이유는 가나안의 관문이자 국경도시이면서 예루살렘과 사마리아로 통하는 교통의 요충지가 되기 때문이다.

그 이전의 가나안 지도자들은 여리고를 요새도시로 만들고, 그들의 영토에 있는 국경선에다 강력한 요새를 만들어서 그곳의 지리적 장점을 이용했을 것이다.

---

17 학자들의 견해는 다양하다. Holland는 청동기 후기의 여리고는 상대적으로 보잘 것 없는 도시였다고 한다. T. A. Holland, "Jericho," in *ABD* III, 736.

18 K. L. Noll, *Canaa and Israel in Antiquity* (Sheffield: Sheffield Academy Press, 2001), 88.

19 John D. Currid, "Climate and Plants," in O. Palmer Robertson, *Understanding the Land of the Bible* (Phillipsburg, NJ: P&R Publishing, 1996), 56-57.

2) 아합의 정책

본문은 아합이 통치할 때 벧엘의 건축가 히엘이 여리고를 건축했다고 말하지만 이것은 히엘의 사적인 계획이 아니라 통치자의 프로젝트로 보아야 할 것이다.[20] 이전에 다윗(삼하 5:9), 솔로몬(왕상 9:15-19), 르호보암(대하 11:5-10), 여로보암(왕상 12:25)과 같은 왕들이 성읍을 요새화한 점을 고려해 볼 때, 여리고도 아합의 의도에 따라서 건축되는 것으로 볼 수밖에 없을 것이다.

아합은 오므리가 사마리아로 수도를 옮기고 새롭게 요새화한 성에 거주했다(왕상 16:24). 강력한 요새에 거하는 아합에게는 재건되지 않은 여리고가 항구적인 위협이 되었을 것이다. 히엘의 프로젝트는 폐허의 잔재를 말끔히 씻어버리고 주거 환경을 정비하는 사업이 아니다. 왜냐하면 그 전에도 사람들이 살고 있었기 때문이다(삿 3:13; cf. 왕하 2:18-19). 이것은 폐허로 남아있는 성벽을 다시 세워 크고 강한 성벽을 만들고자 한 것이었다.

아합은 열려있는 국경도시를 그냥 둘 수가 없어서 그 성읍을 재건하라는 명령을 내렸을 것이다. 즉 히엘의 재건 활동은 나라의 안전과 관련된 것이었다.

아합의 건축은 모압 왕 메사(Mesha)의 군사작전과 관련이 있을 것이다. 모압 왕 메사의 석비에 의하면 메사가 아합 시대에 여리고 동편 땅 메데바(Medeba)의 전 영토를 차지했는데 이것은 아합에게 위협이 되

---

20 Cf. Noth, *König* I, 355.

없음에 틀림없다.²¹ 또한 과거에 모압 왕 에글론이 암몬 족속 및 아말렉 족속과 동맹을 맺어 여리고(종려나무 성읍)를 점령한 일이 있었다(삿 3:13). 에글론은 여리고에 그의 궁전을 지어서 머물렀다.²² 이 역사를 알고 있는 아합에게는 여리고성의 재건이 충분한 명분이 있는 사업이었다.

3) 여리고에 임한 저주

한글성경은 마치 히엘이 건축하는 도중에 아들들이 죽임을 당한 것처럼 번역되었다.²³ 그러나 이 저주는 자기도 모르는 사이에 내려진 하나님의 심판이라기보다는 자녀를 희생시켜서 건축한 것(foundation sacrifice)으로 보인다.²⁴ 이렇게 아들을 불 가운데로 지나게 함으로써 몰렉에게 제

21　"그러나 오므리는 메하다바 땅을 점령하여 거기서 그의 통치 동안과 그의 아들의 통치 기간 반, 사십 년간 머물렀다. 그러나 그모스가 그 땅을 내 시대에 돌려주었다. 그래서 내가 바알 마온을 건설하고 거기에 저수지를 만들었다." A. F. Rainey & R.S. Notley, *The Sacred Bridge* (Jerusalem: Carta, 2006), 211.

22　Cf. D. I. Block, *Judges, Ruth*, NAC (Nashville, Tennessee: Broadman Press, 1999), 162. 블록은 여기서 여리고에 있던 에글론의 궁전 전개도를 제공한다.

23　Fritz는 한글 번역과 같이 히엘의 아들들이 건축하는 동안에 죽임을 당했다고 하면서 건축을 위해서 아이를 바치는 제사로 볼 필요가 없다고 한다. 그렇지만 히브리어 전치사 *be*를 해결할 방법이 없다. Volkmar Fritz, *Das erste Buch der Könige* (Zürich: Theologischer Verlag, 1996), 161.

24　현대 주석가들은 'foundation sacrifice'를 카르타고에서 발견된 항아리에 든 채 제물로 바쳐진 아이들의 유물과 이 사건을 연결시키는 경향이 있다. DeVries, *1Kings*, WBC, 205; Paul R. House, *1, 2 Kings*, NAC 8 (Nashville, Tennessee: Broadman Press, 1995), 204. 그러나 그 대상과 실제적인 이유가 다르다. 카르타고의 경우는 아이들을 제물로 바침으로써 출산을 통제하고 인구수를 조정했던 것이다. 그래서 종교의 이름으로 산아제한을 한 것이다. 그러나 히엘의 장자와 계자를 유아로 보아야 할 특별한 이유가 없다. 또 이들이 둘 다 유아라는 것도 이해하기 어렵다. 이들이 장자와 계자라는 것은 연령 차이가 있음을 뜻한다. 그리고 적어도 히엘은 국책을 맡을 정도로 경력이 있는 건축가일 텐데 장자를 유아로 둘 정도로 젊지는 않을 것이다.

사를 드리는 사례가 나오는데 그 목적은 명확하지 않다. 아이를 제물로 바치는 것은 팔레스타인에서는 페니키아에서 가장 빈번하게 행해졌다고 한다.[25] 이런 의식은 특별한 위기 상황이나 건축의 의식으로 행해졌다 (왕하 3:27).

히엘이 건축할 때 어린 아이들을 희생시키는 것이 어디서부터 시작되었는지는 알 수 없으나 가나안 땅에는 왕국 시대 이전부터 이런 관행이 있어왔고 또 아합 시대에 페니키아의 종교적 영향을 받은 상황에서[26] 이 타락한 종교 행위가 나왔을 것이라고 쉽게 이해할 수 있을 것이다. 실제로 팔레스타인의 여러 성읍에서 건축을 위한 희생에 대한 고고학적 증거가 있다.[27] 그들은 땅의 신을 달래고 악귀를 쫓아내며 행운을 불러들이기 위해서 기초를 놓을 때 장자를 희생시키고, 문을 세울 때 계자를 제물로 바쳤을 것이다. 그들이 거행한 '건축을 위한 제사'인 저주스런 제의의식 자체가 하나님의 저주로 나타났다.

이렇게 여호수아가 발한 저주의 내용이 문자 그대로 성취됨으로써 이 사건은 저주에 대한 하나님의 약속이 반드시 성취된다는 사실을 증거해준다.

---

25 Martin J. Selman, "Sacrifice in the Ancient Near East," in Roger T. Beckwith (ed.), *Sacrifice in the Bible* (Grand Rapids, Michigan: Baker Book House, 1995), 99–100.

26 De Vaux, *Ancient Israel*, 442.

27 게셀에서는 나이든 여인의 해골이 집모퉁이 아래 묻힌 것이 발견되고, 다아낙에서는 열 살쯤 된 아이의 해골이 망대기단 아래에서 발견되고, 므깃도에서는 열다섯 살 가량 되는 소녀의 해골이 큰 탑의 기단 아래에서 발견되었다. '건축을 위한 희생'은 가나안에 일반화된 이교적 관행이었다. D. D. Luckenbill, "The Early Religion of Palestine," *The Biblical World* XXXV 6 (1910): 369.

4) 여리고성 재건에 대한 금지 이유

오래 전부터 다윗과 솔로몬, 르호보암, 여로보암과 같은 역대 왕들은 많은 성을 요새화시켰다. 그런데 유독 여리고성을 재건하는 자에게 내리는 저주의 이유가 궁금해진다. 그 이유에 대해서 본문이 침묵하고 있기 때문에 단정적으로 말하기는 쉽지 않다.

여기에 대해서는 여리고성 정복 전에 일어난 사건에서 유추할 수 있을 것이다. 즉 이스라엘 백성이 요단강을 하나님의 기적적인 도움으로 마른 땅과 같이 건넌 후, 그 일을 기념하는 돌을 세웠던 것과 같은 의미가 있을 것이다. 그것은 하나의 표징이 되어 하나님께서 행하신 놀라운 행적을 모든 사람에게 또 대대로 알리는 것이다(수 4:6-7). 이 연장선에서 여리고성 재건 금지에 대한 이유를 생각할 수 있을 것이다.

그래서 하나님께서 여리고성이 개방된 상태에 있기를 원하신 이유는 여리고가 하나님께서 행하신 놀라운 일을 외치도록 하는 것이 주님의 의도였기 때문이라는 것이다.[28] 이 도시는 과거에 하나님께서 행하신 크신 행적의 한 장면을 보여준다. 주께서 친히 그 성벽을 허물으신 것이다. 이스라엘 백성이 이 성을 함락시키는데 한 일은 아무 것도 없다.[29] 오직 믿음과 순종이 필요했을 뿐이다. 그들이 성 주위를 칠 일간 매일

---

28 M. B. Van't Veer, *Mijn God is Jahwe* (Franeker: T. Wever N.V. 1939), 16-18.
29 수 24:11은 6장의 보도와는 달리 여리고의 귀족들이 이스라엘과 전쟁을 했다고 말한다. 그래서 Soggin은 좀 더 명확한 칠십인역 2:18의 표현과 연결시켜서 여리고 정복은 전쟁을 통한 정복이라고 주장한다. J. A. Soggin, "The Conquest of Jericho through Battle," *Eretz-Israel* 16 (1982): 215-217. 그렇지만 수 6장에서 상세하게 언급하지 않았지만 성벽이 무너지는 것은 하나님의 기적적인 간섭에 의한 것이고 그 뒤에 전투가 있었을 것으로 추측할 수 있을 것이다.

도는 것이 무슨 마술적인 효과가 있었던 것도 아니고 전술과도 아무런 상관이 없어 보인다.[30] 그 승리는 이스라엘의 능력이 아니라 오직 하나님의 능력에 의한 것이다. 한 때 강한 성벽이 있던 그곳이 허물어졌다는 사실은 하나님의 놀라운 권능과 은혜를 증거하고 있었다.[31]

여리고의 돌무더기의 메시지는 저주와 축복 그리고 심판과 은혜에 대한 메시지다. 또한 율법의 형벌과 복음의 풍요로움에 대해서 말해주는 메시지이다. 이것은 언약의 양면성을 보여준다(신 28). 하나님은 때가 되어서 여리고성을 무너뜨림으로써 가나안 사람을 심판하셨다. 그 무너진 성벽은 언약 백성들 가운데서 하나님의 의로우신 심판을 끊임없이 증언했다. 그 폐허의 현장이 선포한 메시지는 율법의 형벌과 죄에 대한 저주였다.

동시에 하나님은 그 폐허를 복음에 대한 선포로서 사용하셨다. 여리고를 지나가는 이스라엘 사람들은 이 돌무더기에 기록된 복음의 내용을 잘 이해할 수 있었다. 이 성은 믿음의 능력을 통하여 얻어진 은혜의 선

---

30 Spero는 이스라엘이 여리고성 주위를 도는 것은 하나님께서 주신 일종의 전략임을 강조한다. 그것은 적을 방심하게 만든 상태에서 기습을 하는 행위로서 전쟁을 치를 준비가 되지 않은 이스라엘 백성에게는 적절한 작전이라는 것이다. Shubert Spero, "Why the Walls of Jericho Came Tumbling Down," *JBQ* 34 (2006): 86–91.

31 전승사적 비평에 속하는 학자들은 여리고성 함락을 역사적 사실로 보지 않고 전통의 산물로 본다. Schmid는 이 보도를 "역사적 보도가 아니라 신학적 이야기"라고 주장하고, Coats도 이 본문의 역사성에 대해서 애매한 입장을 취한다. 여리고성벽이 실제로 무너졌느냐는 중요한 문제가 아니라는 것이다. 그렇지만 Long은 만일 여리고성이 무너지지 않았다면 결과적으로 성경을 신뢰할 수 없기 때문에 우리의 믿음도 헛되다는 입장을 취한다. H. H. Schmid, *Die Steine und Wort: Fug und Unfug biblische Archologie* (Zürich: TVZ, 1975), 161; George W. Coats, "The Ark of the Covenant in Joshua: A Probe into the History of a Tradition," *HAR* 9 (1985): 148; Long, *The Art of Biblical History*, 116–118.

물로 받았다는 것이다. 그 폐허는 이스라엘인들에게 그 도시가 하나님께서 은혜의 선물로 직접 주신 것임을 상기시켜 주었다. 뿐만 아니라, 주의 백성은 이 하나님의 선물을 믿음을 통해서만 받을 수 있었다. 여리고의 벽은 군사적인 힘이나 무력 또는 전략적인 모략이 아닌 오직 믿음을 통해서 붕괴되었다(히11:30). 약속의 땅에 새겨진 복음의 메시지가 지워지지 않게 하는 것이 하나님의 뜻이었다.[32] 그래서 하나님은 그 폐허된 도시를 재건하지 말라고 하셨다. 즉 여호와 하나님의 뜻은 복음의 메시지가 명확하게 전달되는 것이다.

5) 아합의 의도에 나타난 영적 교훈

여호수아가 선포한 이 저주로 인하여서 역대 왕들은 이 폐허가 외치는 복음의 메시지가 이스라엘에서 자유롭게 퍼지도록 놓아두었다. 그러나 아합은 이전의 모든 왕들보다 더 심하게 주의 분과 노를 일으킨 자로서 그 폐허에서 선포되는 복음을 듣지 못했다. 믿음 없는 왕의 입장에서 보면 성벽이 무너진 채 그대로 방치해 둔다는 것은 분명히 어리석은 일이다.

그러나 신실한 신정국가의 왕에게는 여리고의 폐허가 위험이 아니라 위로와 안전의 근거가 되어야 할 것이다. 그러나 아합은 이러한 하나님의 능력에 의지하여 살기를 원치 않고, 오히려 가나안으로 가는 입구에 기록된 복음을 지워버리고 자신의 기록으로 그것을 바꾸어 놓았다.

---

32 Van't Veer, *Mijn God is Jahwe*, 16.

"이스라엘은 오직 아합의 능력과 벧엘의 건축자 히엘의 건축기술을 통하여 방어되고, 보존될 것이다."[33]

아합은 하나님께서 은혜로 주신 터 위에서 자신의 왕국을 건설하려고 했다. 하나님께서 하시고자하는 은혜의 복음전파를 가로 막아버렸다. 하나님의 은혜로 된 것을 인간의 힘으로 이룩한 것으로 왜곡시켰다. 그는 폐허에 나타난 하나님의 찬란한 영광을 지워버리고 자신의 영광으로 장식하려했다. 결과적으로 아합은 하나님 나라의 대적자가 되었다. 새 언약적 관점에서 그의 행위는 그리스도의 통치를 거부한 것이다. 바로 이것이 여리고성 재건에 나타난 아합의 죄다.

4. 결어

아합의 종교적 죄와 엘리야의 출현 사이에 삽입된 것처럼 보이는 열왕기상 16:34은 두 기사를 연결시키는 교량역할을 한다. 그렇다고 이 본문을 역사성이 없는 후대 삽입으로 볼 필요는 없다. 본문의 내용은 아합의 배교의 결과로 나타난 정치적 문제다.

본문이 주는 메시지는 세 가지로 요약된다.

첫째, 하나님의 약속의 말씀은 살아있다는 것이다. 이 약속의 성취는 히엘의 자녀를 희생시킴으로써 나타나는데 여호수아가 예언한 것이 문자 그대로 성취되었다.

둘째, 어떤 군사력보다도 하나님의 능력을 의지하는 것이 가장 안전

---

33 Van't Veer, *Mijn God is Jahwe*, 19-20.

하다. 아합이 여리고를 요새화하려는 것은 하나님의 능력을 믿지 않았기 때문이다.

셋째, 하나님의 일차적인 관심은 심판과 은혜의 복음을 전하는 것이다. 여리고에 내린 저주는 언약적 양면성이 드러난다.

9장

엘리야 서신에 관한 소고[1]

1. 서언

'엘리야 서신'이란 표현이 생소하게 들릴지 모르지만 역대하 21:12에 "선지자 엘리야가 여호람에게 글을 보냈다"란 말이 있다. 이 사건은 공관 본문이 되는 열왕기에는 없고 역대기에만 기록되었다. 원문에 충실한 대부분의 영어성경은 "선지자 엘리야로부터 그에게 한 편지가 도착했다"(A letter came to him from Elijah the prophet)라고 번역한다(NASB, NKJV, NRSV, ESV). 이 말은 엘리야 선지자가 편지를 써서 보낸 것을 의미하기 때문에 '엘리야 서신'이라고 표현해도 이상할 것이 없다.

그렇지만 주의 깊게 성경을 읽는 독자는 그 부분을 읽을 때 매우 당황스러울 것이다. 왜냐하면 그 당시 성경 역사의 진행상 엘리야는 이미 승천하고 세상에 없는 것으로 알고 있기 때문이다. 더욱이 엘리야는 북이

---

[1] 이 글은 「고신신학」 제16호 (2014)에 실린 논문이다.

스라엘에서 사역한 선지자인데 그가 유다를 향한 예언을 담은 서신을 보냈다는 것은 아주 이례적인 일로 보인다. 또한 비문서 선지자로 알려져 있는 엘리야가 편지를 써서 보냈다는 것도 논란이 된다. 그래서 이 연구는 문제가 되는 '엘리야 서신'의 정체와 관련된 다양한 견해를 논의하고 그 내용과 그것이 전체 이스라엘 역사에 주는 계시사적인 교훈이 무엇인지 살펴볼 것이다.

2. 엘리야 서신의 정체

'엘리야 서신'이 무엇이냐를 두고 많은 학자들이 다양한 설명을 시도했다. 그렇지만 모든 설명을 소개할 수는 없고 중요한 주장을 정리해보면 아래와 같다.

1) 상상의 산물

커티스(Curtis)는 엘리야의 서신의 역사성을 인정하지 않는다.

> 순전히 상상의 산물이다. 왜냐하면 엘리야는 남 왕국과는 아무런 상관이 없고 그 시대에 분명히 살아 있지도 않았기 때문이다(왕하 3:11ff.). 비록 열왕기상 1:17로부터 그런 유추를 할 수 있을지는 모르지만 말이다.[2]

---

2 E. Curtis, and A. Madsen, *A Critical and Exegetical Commentary on the Books of*

그는 이 편지가 엘리야의 생각이 아니라 역대하 21장에서 여호람의 최후를 기록한 동일저자의 글일 가능성이 크다고 생각한다. 커티스의 견해를 따른다면 성경의 진의성이 크게 훼손될 것이다. 성경의 저자가 자신의 글을 어떤 의도로 엘리야 선지자의 글로 둔갑시켜서 소개를 하고 있는지 또 그렇게 논란이 될 이름을 왜 사용했는지 알 수 없다.

그 서신의 역사성에 대한 회의를 표현하는 또 다른 설명은 그 편지를 '전설'로 보는 것이다. 루돌프(Rudolph)는 "열왕기하 2장과 3:11에 의하면 엘리야는 그때 이미 죽었기 때문에 그 자체로 아무런 문제없이 전설이 되었다"고 한다.[3] 또한 마이어즈(Myers)는 그 서신을 '외경적'(apocryphal)이라고 한다.

> '신명기 기자'가 특별히 엘리야와 같은 선지자들에 대단한 관심을 가진다는 관점에서 보면 만약 그가 생존했다는 조그만 암시라도 있었다면 그가 가장 좋아하는 선지자를 다루는 이야기를 빠뜨린다는 것은 이해하기 어렵다. 오직 가능한 결론은 그것이 외경적이라는 것이다.[4]

이 말은 엘리야 서신의 출처가 분명하지 않고 의심스러우며 일종의 실수라는 것이다. 이와 관련하여 클라인(Klein)은 역대기 기자가 의도를

    Chronicles, ICC (Edinburgh: T. & T. Clark, 1910), 416.
3 Rudolph, *Chronikbücher*, 267.
4 J. Myers, *II Chronicles*, AB 13 (Garden City: Doubleday, 1965), 122.

가지고 가명을 사용하여 이 서신을 썼다고 한다.[5] 이들의 주장에 따르면 '엘리야 서신'은 역대기 기자의 신학적 의도에 의해서 고안된 것이다.

2) 엘리야의 계시

'엘리야 서신'의 출처 자체를 의심하는 것과는 달리 그 편지내용이 엘리야에게서 왔다고 인정하는 부류도 있다. 그렇지만 그것은 엘리야가 직접 쓴 것이 아니라 엘리야의 계시를 통하여 전달되었다고 보는 것이다. 중세 유대인 주석가 킴키(Kimḥi)가 일찍이 그런 주장을 했다.

> 이것은 (엘리야가) 승천한 이후에 있었다. 여기서 일어난 것은 엘리야가 예언적 영감을 통하여 선지자 가운데 한 사람에게 자신을 계시한 것이다. 그가 그의 입에 이 편지의 내용을 담았다. 그리고 그에게 그것을 편지형식으로 써서 여호람에게 갖다 주라고 지시했다. 그리고 엘리야가 그에게 이 편지를 보낸다고 그에게 말하라고 했다. 그래서 여호람은 그것이 하늘에서 그에게 왔다고 생각하고 자신이 행한 심각한 악행을 깨닫고 겸비해졌을 것이다.[6]

엘리야가 승천해서 땅위의 선지자들에게 자신의 계시를 전달한다는 것은 성경의 계시관에 맞지 않을 뿐만 아니라, 사후세계에 대한 교리적

---

5 Klein, *2 Chronicles*, 82.
6 Yitzhak Berger, *The Commentary of Rabbi David Kimḥi to Chronicles* (Providence, R.I.: Brown University, 2007), 241-2.

문제를 야기시키는 표현이다. 그렇지만 이 견해의 연장선에서 맥콘빌(McConville)은 "역대기 기자는 우리가 엘리야의 편지가 하늘에서 왔다고 이해하도록 의도했을 것이다"고 설명한다.[7] 어쨌든 엘리야의 계시가 주어졌다는 것이나 그 서신이 하늘에서 왔다고 이해하도록 고안되었다는 것은 본문이 전하는 상황과 맞지 않다.

3) 엘리야의 유서

'엘리야 서신'의 출처를 엘리야 자신으로 보고서 그가 승천하기 전에 그 편지를 미리 써 놓았다는 견해도 있다. 이 견해는 『네덜란드 흠정역』(Statenvertaling)의 난외주에서 암시하고 있는 것이다. 엘리야가 지상에 있을 때 미리 예언을 적었다는 것은 본문의 역사성에 매우 충실한 해석이지만 그것은 여러 가지 의문을 낳는다. 가장 큰 문제는 엘리야가 그 서신을 적을 당시는 여호람의 전체적인 악한 통치에 대해서 몰랐다는 것이다(왕하 1:17). 물론 그것까지도 미리 내다보고 심판을 예언했다고 할 수는 있겠지만 그것은 좀 무리한 주장이 될 것이다.

4) 엘리야의 정신을 따라 쓴 서신

'엘리야 서신'이라는 말은 엘리야가 썼다는 말이 아니고 엘리야의 정신을 따라서 그 서신을 작성했다는 것이다. 이 편지는 엘리야의 가르침

---

[7] J. G. McConville, *I & II Chronicles* (Louisville, KY: Westminster John Knox Press, 1984), 199.

을 따르는 그의 제자가 썼다고 한다.[8] 이 주장은 말라기에서 하나님께서 "내가 선지자 엘리야를 너희에게 보내리니"(말 4:5)라고 할 때 실제로 엘리야가 오는 것이 아니라 그의 정신을 가진 세례 요한이 오는 것과 같다는 것에 근거를 둔다. 이 주장의 논지는 그럴 듯하지만 그것을 주장하기는 어렵다. 왜냐하면 언약의 기소자인 엘리야와 같이 그의 정신을 가지고 사역한 선지자들이 많이 있었기 때문이다. 성경은 그들의 메시지를 '엘리야의 말'이라고 하지 않는다.

5) 엘리야의 친서

'엘리야 서신'을 문자 그대로 엘리야가 써서 보낸 편지로 보는 견해다. 엘리야는 그 당시 살아있었고, 그 편지는 그의 글이다.[9] 이 주장에 대해서 여러 가지 의문이 제기 되기는 하지만 역사적으로 여호람 시대에 엘리야가 땅 위에 존재했다고 볼 수 있는 여지가 있다.[10] "엘리야는 여호람이 섭정 왕으로 통치할 당시에도 선지자로서 활동을 했다(왕하 1:16-17). 그리고 엘리야의 승천에 관한 기사(왕하 2장)"는 북이스라엘 왕 여호람과 여호사밧과 동맹을 맺어서 모압을 침공한 사건보다 늦은 것으로 볼 수 있다. 본문은 엘리야의 이야기를 한데 묶어서 묘사하다 보니

---

8   Roubos, *II Kronieken*, 204.
9   C. F. Keil & F. Delitzsch, *Commentary on the Old Testament*, vol 3 (Peabody, MA: Hendrickson, 1996), 643.
10 이 주장이 엘리야가 승천한 것이 아니라 북이스라엘을 떠나서 유다의 한 지역에서 은둔생활을 하면서 써서 보낸 편지라는 견해도 있다. R. E. Knuteson, "Elijah's Little-Known Letter in 2 Chronicles 21:12-15," *BS* 162 (2005), 23-32. 이 견해는 구약의 진의성을 거부하는 것이다.

더 이른 역사적 사건보다 먼저 기록될 수도 있었다. 열왕기의 역사기록이 항상 연대순으로 기록되지는 않았다. 예를 들면 병든 히스기야의 치유사건(왕하 20장)은 앗수르 왕 산헤립의 유다 침공보다 먼저 일어난 사건이다(왕하 18:13-19:37). 또한 물이 없어서 동맹군이 곤경에 빠졌을 때 여호사밧의 물음에 답한 이스라엘 왕의 신하의 발언이 엘리야가 땅 위에 존재하지 않았다는 것을 의미하지는 않는다.

> 엘리야의 손에 물을 붓던 사밧의 아들 엘리사가 있나이다
> (왕하 3:11).[11]

아마도 그 당시 엘리야는 사역의 전면에 나서지는 않았던 것 같다. 아니면 거리상 엘리사가 가까운 곳에 있었을 수 있다. 더욱이 엘리사는 엘리야의 겉옷을 물려받기 전부터 중요한 역할을 한 것으로 보인다(왕상 2:3, 5). 엘리야의 사역이 북이스라엘에 한정되기는 했지만 유다와 관련짓는 것을 잘못된 것으로 말할 수 없다. 왜냐하면 북이스라엘 왕 바아사를 꾸짖은 하나니의 아들 선지자 예후가 유다 왕 여호사밧도 꾸짖었기 때문이다(대하 19:2). 아마도 그 시기에 엘리야는 생애의 마지막 기간을 보내면서 서신으로 하나님의 말씀을 전한 것 같다.[12]

---

11 Noordtzij, *II Kronieken*, 254-5.
12 선지자가 서신으로 자신의 예언을 보내는 관습은 기원전 18세기의 마리 문서에서도 발견된다. H. B. Huffmon, "Prophecy in the Mari Letters," *BA* 31 (1968): 107-8.

3. 엘리야 서신의 배경

이 서신의 문맥과 내용이 엘리야가 편지를 보낸 이유를 간단하게 언급한다.

> 여호람이 또 유다 여러 산에[13] 산당을 세워 예루살렘 주민으로 음행하게 하고 또 유다를 미혹하게 하였으므로 … 네가 네 아비 여호사밧의 길과 유다 왕 아사의 길로 행하지 아니하고 오직 이스라엘 왕들의 길로 행하여 유다와 예루살렘 주민들이 음행하게 하기를 아합의 집이 음행하듯 하며 또 네 아비 집에서 너보다 착한 아우들을 죽였으니(대하 21:11-13).

그가 산당을 세웠다는 것은 여호람은 다른 왕들이 하지 않은 죄를 지을 만큼 악했다는 것을 고발하는 의미가 있다. 이 문장은 그가 산당을 짓는 일까지 했다는 뜻으로 "또한"('감,' gam)이란 말을 쓰고 있다(대하 22:3).[14] 본문은 "예루살렘 주민으로 음행하게 했다"와 "유다를 미혹하게 하였다"는 동의적 병행법으로 산당건립의 결과가 심각한 것임을 알려준다.

"음행하다"('자나,' $zānā$)는 성적인 표현이지만 여기서는 영적인 의미로서 하나님과 맺은 언약을 파기하고 다른 신을 섬기는 우상숭배 행위

---

13 "여러 산에"($b\ ehārē$)를 칠십인역과 불가타는 이것을 בערי ($b\ e'ārē$)로 보고 '여러 성읍에'로 번역했다. 그러나 루돌프는 마소라 사본이 원본이라고 한다. Rudolph, *Chronikbücher*, 266.

14 Roubos, *II Kronieken*, 203.

를 가리킨다(출 34:16; 사 1:21; 호 4:10, 18; 5:3). 그리고 '미혹하다'('나다하,' *nādaḥ*)는 길을 잃도록 하는 것이다. 그래서 하나님께로 나아가는 길을 가지 못하도록 방해하는 것이다. 그의 종교정책은 백성을 여호와께 돌아오도록 하는 그의 아버지 여호사밧의 개혁적 종교정책과는 대조적이다(대하 19:4). 이스라엘과 유다 왕은 백성이 하나님을 섬기도록 그 길을 인도해야 할 책임이 있었지만 그런 직분적인 임무에 역행하여 아합의 집과 같이 행했다(대하 21:6).

그의 팔 년간의 통치에 대한 평가는 "이스라엘 왕들의 길로 행하여 아합의 집과 같이" 행한 것이다. 이 두 표현은 악한 왕들에 대한 평가를 나타내는 전형적인 표현이다. 여기서 '길'('데렉,' *derek*)이란 태도나 행동을 의미한다. 이스라엘 왕들의 길을 따른 것은 종교적이자 정치적인 면을 의미한다. 나답과 바아사가 왕이 될 때, 이전 왕의 가족을 전멸시키는 숙청사업이 비슷하다(왕상 15:29; 16:11 - 1).

'아합의 집과 같이'란 국가적 우상숭배를 단행하는 것을 의미한다. 여호람이 그렇게 사악한 왕이 된 이유는 그의 왕후가 아합의 딸이었기 때문이다.[15] 그가 아달랴와 결혼한 자체가 다윗 왕조에 위협이 되는 일이었다. 종교적으로 하나님 앞에서 악을 행할 때 멸망을 자초하게 되고 정치적으로도 아달랴는 다윗 왕조의 씨를 말리려고 했다(대하 22:10).

---

15 "딸"(*bat*)을 BHS는 시리아역와 아랍어역을 따라서 '누이'('*aḥōt*)로 읽으라고 한다. 그러나 아달랴는 아합의 딸로 보는 것이 타당하다(왕하 8:26). 아하시야가 스물두 살에 왕이 되는데 그때가 기원전 841/840년이 된다. 그러면 그의 아버지 여호람은 적어도 이십이 년 전에 아달랴와 결혼했다는 말이다. 그 시기가 기원전 863/862년이다. Edwin R. Thiele, *The Mysterious Numbers of the Hebrew Kings* 3rd rev. (Grand Rapids, Mi.: Zondervan, 1983), 64-5.

또한 "네 아비 집에서"[16] 자기보다 착한 아우들을 죽인 것은 여호람이 왕국을 다스리게 되자[17] 처음으로 한 일이 그의 동생들과 방백들을 숙청한 것임을 보여준다(대하 21:4).[18] 그는 정치적 기반을 확고히 하기 위해서 정치적으로 잠재적 적대세력이 될 수 있는 요인을 사전에 제거했다. 이 것은 솔로몬이 왕이 되어서 숙청을 한 것과는 사안이 다르다(왕상 3:23–46). 여기에는 반란사건이 없었기 때문이다. 그가 척결한 방백들은 아마도 다른 왕자들의 충성스런 신하로서 그에게는 정적으로 보였을 것이다.

사실 여호람이 그런 악한 관행에 연루된 상황에서도 하나님은 그의 집안에 대한 철저한 심판은 유보하셨다.

> 여호와께서 다윗의 집을 멸하기를 즐겨하지 아니하셨다
> (대하 22:7a).

역대기 본문은 "다윗의 집"이라고 했지만 열왕기 본문은 '유다'라고 한다(왕하 8:19). 역대기의 메시지는 다윗 왕조의 정통성을 강조하기 때문에 '유다'보다는 "다윗의 집"을 선호하는 것 같다. 그러나 이 문맥에

---

16 (네 아비) "집"(*bēt*)을 칠십인역과 시리아역은 '아들'이라고 번역했다.
17 개역개정판에서 "왕국"으로 번역된 히브리어는 '왕권'을 의미하는 *mamlākā*의 연계형이다. 그런데 이것은 전치사 *'al* 과 함께 반란을 의미하는 표현이 될 수 있기 때문에(개역판) BHS가 제시한 대로 '왕국'을 의미하는 *mamlęķęt*로 모음을 붙이는 것이 좋아보인다. 개역개정판도 이것을 따랐다.
18 야펫은 본문에 언급된 아들들은 모두 여호사밧의 다른 아내들의 장자일 가능성이 크다고 한다. S. Japhet, *I & II Chronicles* (Louisville, Ky.: Westminster/John Knox Press, 1993), 807. 그러나 그렇게 볼 근거는 없다.

서 하나님께 "왕의 조상 다윗의 하나님 여호와"라는 수식어를 붙인 것
은 그가 이미 여호사밧과 아사의 길을 거절했기 때문에 '다윗의 하나님'
이라고 한 것 같다. 무엇보다도 다윗 언약의 당사자를 언급함으로써 그
가 언약에서 떠나 있음을 강조하려는 의도가 있어 보인다. 그는 가야 할
길을 가지 않고 가지 말아야 할 길을 감으로써 하나님의 노를 자초했다.
하나님께서 여호람의 악에도 불구하고 그 왕조를 멸하기를 즐겨하지 않
으신 것은 다윗 자신 때문은 아니고 그와 맺은 언약 때문이다. 그 언약
은 다윗의 왕위가 영원할 것이라는 내용으로 구성되었다(삼하 7:12-16;
대상 17:11-14).

그 언약은 "다윗과 그의 자손에게 항상 등불을 주겠다"라는 말로써
재확인된다(왕상 11:36; 15:4).[19] '등불을 주겠다'는 말은 단순히 희망을 뜻
하지 않고 구체적으로 다윗 자손의 번성과 번영을 통하여 그 왕조가 망
하지 않는다는 것에 대한 은유적 표현이다.[20] 하나님은 다윗 왕조에서 탄

---

19 "그의 자손에게"(lᵉḇānāu)를 BHS는 왕상 11:36과 맞추어서 lᵉfānāu(그 앞에)로 수정할
  것을 제의했으나 왕하 8:19은 역대기의 표현과 일치한다. 다윗에게 등불을 주겠다는 상
  황은 아히야가 여로보암에게 열 지파의 통치를 맡기면서 솔로몬의 왕위가 계속 이어져
  갈 것이라고 전달한 것이다(왕상 11:34-39).

20 D. Kellermann, "רנ," in TWAT V, 624-5. 클라인은 '등불'을 탈굼의 번역(מלכו)을 따
  라서 '통치권'(dominion)이라고 번역했다. Klein, 2 Chronicles, 304. 최근에 스튜어
  트는 '등불'을 오역이라고 하면서 그것을 수정하지 않는 것은 전통적인 것에 대한 안일
  함 때문이라고 지적했다. Douglas K. Stuart, "David's "lamp"(1 Kings 11:36) and "a
  still small voice"(1 Kings 19:12)," BS 171 no 681 Ja-Mr (2014): 8-10. 이것은 탈
  굼의 특징인 해석이 반영된 것으로 보인다. 히브리어 nīr 혹은 그 변형인 nēr는 아카드어
  nawārum에서 온 것이다. 이것은 '빛나다' 또는 '밝다'를 의미한다. 히브리어 nīr는 '묵
  은 땅'을 의미하기도 하는데 이것도 같은 어근에서 나온 것이다. 즉 묵은 땅을 처음으로
  경작할 때 그 흙이 빛을 보기 때문이다. 그러나 아카드어 nīru와 아람어 nīrā는 일차적으
  로 '멍에'를 의미한다. 그것이 '신의 멍에' 또는 '나라의 멍에'가 될 때 통치권을 의미한
  다. 그러나 이 말에 대한 번역은 '등불' 또는 '빛'이고 해석은 '통치권'이라고 할 수 있다.
  왜냐하면 첫째, 구약은 '멍에'를 의미할 때 nīr가 아니라 항상 'ōl을 쓴다. 둘째, 아카드

생활 메시아를 통한 인류 구원에 대한 약속 때문에 여호람의 죄로 인하여 다윗의 집을 멸하는 것을 기뻐하지 않으셨다. 그럼에도 불구하고 그에 대한 하나님의 언약의 심판은 불가피한 것이었다.

4. 엘리야 서신의 내용

여호람의 죄에 대하여 하나님은 선지자의 글을 통하여 심판을 예고하셨다. "선지자 엘리야가 여호람에게 글을 보냈다"는 한글 번역은 당시 엘리야가 이스라엘의 선지자로 사역을 하면서 편지로 하나님의 메시지를 전달한 것 같은 인상을 준다. 아합의 우상숭배 정책과 맞서 싸운 엘리야는 아달랴의 영향을 받은 여호람을 향해서 심판을 예언하기에 가장 적합한 선지자였다. 열왕기에는 없는 내용이지만 역대기 기자가 구약에서 최초의 언약의 기소자인 엘리야를 언급하면서 여호람에 대한 하나님의 단호한 심판을 알리고자 한다.

엘리야의 편지 형식은 단순하지만 그 내용은 단호하다. "여호와께서 이렇게 말씀하셨다"는 표준 예언 양식이다(욥 1장; 나 1:12). 여기서 하나님께 "왕의 조상 다윗의 하나님 여호와"라는 수식어를 붙인 것은 그가

어 *nīru*도 '빛'이란 뜻이 있다(*CAD* N II, 263). 셋째, 히브리어 *nīr*는 *nēr*의 변형으로 볼 수 있다(삼상 21:17). 넷째, 탈굼의 번역은 아카드어 *nīru*에 대한 반영이라기보다는 히브리어 *nīr*를 '등불'로 이해하고 그것이 '왕권'이나 '나라'에 대한 은유적 표현으로 보고 실제적 의미로 해석한 것으로 볼 수 있다(대하 8:33a). 다섯째, 시리아역 페쉬타와 라틴어역 불가타는 '다윗의 빛/등불'이란 표현을 일관성 있게 각각 '빛'과 '등불'이라고 번역했기 때문이다. Cf. Deuk-il Shin, "The Translation of the Hebrew Term *Nīr*: 'David's Yoke'?," *Tyndale Bulletin* 67.1 (2016): 7–21.

이미 여호사밧과 아사의 길을 거절했기 때문에 '다윗의 하나님'이라고 한 것 같다.[21] 무엇보다도 다윗 언약의 당사자를 언급함으로써 그가 언약에서 떠나 있음을 강조하려는 의도가 있어 보인다.

여호람의 악행에 대한 심판의 메시지는 백성과 왕실에 대한 군사적인 재앙과 개인적으로 치명적인 질병으로 인한 사망이 따를 것이라고 한다.

> 여호와가 네 백성과 네 자녀들과 네 아내들과 네 모든 재물을 큰 재앙으로 치시리라[22] 또 너는 창자에 중병이 들고 그 병이 날로 중하여 창자가 빠져나오리라 하셨다(대하 21:14-15).

하나님께서 복으로 허락하신 가족에 재앙이 내리는 것은 복을 저주로 바꾸겠다는 하나님의 의지를 보여준다. 그 재앙의 내용이 무엇이든지 왕에게는 더 큰 고통이 될 것이다.

여호람이 당한 국가적인 재앙은 여호람의 통치 때 에돔이 유다의 지배에서 벗어나 자치권을 갖게 된 데서 이미 나타났다(대하 21:8). 에돔의 독립과정은 정치적 타협이 아니라 반란을 통한 독립으로서 여호람에 대한 심판의 성격이 있다. 에돔이 "자기 위에 왕을 세웠다"고 말하는 것은 완전한 독립을 의미한다. 열왕기 본문은 에돔에는 왕이 없고 섭정 왕이

---

21 마이어즈는 역대기에서 흔히 나타나는 실수 가운데 하나로서 이 구절을 들었다. 즉 엘리야가 이스라엘의 하나님 야웨의 이름으로 예언한 것이 아니라 '당신의 조상 다윗의 하나님 야웨의 이름으로 예언했다는 것이다. Myers, *II Chronicles*, 122.
22 칠십인역과 시리아어와 불가타는 *nōgēf*의 목적어 '너'를 첨가해서 의미를 분명하게 했다.

통치했다고 한다(왕상 22:47). '섭정 왕'은 정확한 직책이 아니고 '지역 장관'('니차브,' *niṣṣāb*)을 의미하는데 다윗 왕조의 봉신의 성격을 띤다(왕상 4:7).[23] 유다에 대한 에돔의 복속 관계는 북이스라엘의 여호람과 여호사밧과 함께 모압을 치러간 것에서도 확인된다(왕하 3:9). 여호람은 다시 에돔을 유다에 복속시키기 위해서 군사를 동원해서 출정했다. "여호람이 지휘관들과[24] 모든 병거를 거느리고 출정하였더니 밤에 일어나서 자기를 에워싼 에돔 사람과 그 병거의 지휘관들을[25] 쳤더라"(대하 21:9)는 말은 에돔 지역으로 출정한 여호람의 군대가 먼저 포위를 당했으나 여호람이 공격했다는 것을 의미한다.

그러나 그 '공격'('나카,' *nākā*)이란 전쟁의 승리나 정복을 의미하지 않는다. 그냥 포위망을 뚫고 성공적으로 탈출한 것으로 보아야 할 것이다.[26] 아마도 열왕기 본문의 "백성이 도망하여 각각 그 장막으로 돌아갔더라"는 말은 유다 군에 대한 묘사일 것이다(왕하 8:21).[27] 이 문맥에서 역대기 기자는 여호람의 승리를 언급하려는 것이 아니라 그가 하나님의 심판 아래 있다는 것을 말하고자 한다.

---

23 코건은 왕상 22:48(히)의 마지막 두 단어를 명사문으로 보고 '지방 장관이 왕이었다'라고 번역했다. Mordechai Cogan, *1 Kings: A New Translation with Introduction and Commentary* AB (New York: Doubleday, 2001), 500.

24 "지휘관들과"('*im-śārāu*)를 BHS는 열왕기 본문을 따라서 지명과 방위격인 '사일로'(*śā'īrā*)로 수정할 것을 제시하면서 *śē'īrā*(세일로)로 읽으라고 한다(왕하 8:21). 그렇지만 이것이 자위전환 등의 역대기 기자의 실수인지 아니면 이 구절의 뒷부분에 쓰인 *śārē*(~의 지휘관들)와 혼동한 것인지 알 수 없다.

25 칠십인역은 "그 병거의 지휘관" 다음에 '그리고 백성이 자기 장막으로 달아났더라'(καὶ ἔφυγεν ὁ λαὸς εἰς τὰ σκηνώματα αὐτῶν)는 말을 덧붙였다. 이것은 왕하 8:21의 내용을 번역한 것이다.

26 R. B. Dillard, *2 Chronicles*, WBC 15 (Dallas: Word, Incorporated, 1998), 163.

27 Klein, *2 Chronicles*, 305.

그때 에돔이 유다의 지배에서 벗어난 것이 역사적 현실이다. 그래서 "오늘까지"라는 말로써 그 사실을 확인시켜준다. 저작 시점을 나타내는 이 양식은 역대기 저자의 시대가 아니라 열왕기 저자의 시점이다 (왕하 8:22). 에돔이 유다에서 독립을 쟁취할 때 립나도 반란을 일으키고 유다에서 벗어났다. 립나는 유다의 쉐펠라에 있는 레위인 성읍이었다(수 21:13).[28] 이미 유다에 배정된 도시라고 할지라도(수 15:24) 유다의 지배에서 벗어났다. 주변국의 독립으로 유다의 국력이 약화되었다. 역대기 기자는 그 이유를 들고 있다.

> 그가 그의 조상들의 하나님 여호와를 버렸음이더라(대하 21:10b).

여호람이 조상들의 하나님 즉 언약의 하나님을 버릴 때 하나님도 여호람을 버리셨다(대하 24:20). '버리다'('아자브,' *'āzab*)는 언약 관계를 포기한다는 전형적인 표현이다.[29]

그의 배교 행위에 대한 심판으로 나타난 에돔과 립나의 독립은 엘리야 서신에 나타난 국가적인 재앙에 대한 경고가 되었지만, ─여호람은 자신의 길을 돌이키지 않았다. 이제 하나님의 심판이 자신의 가족과 자신의 신변에까지 미치게 되었다. 여호람 자신이 당하게 될 탈장 증세를 가진 병이 어떤 질병인지는 몰라도 그것은 죽음으로 인도하는 치명적인 병임에는 틀림없다.[30]

---

28 이 도시국가의 정확한 위치에 대해서는 유력한 세 장소가 거명되었다. 텔 에스-사피 (Tell es-Safi), 텔 보르낫(Tell Bornat)과 텔 주데이다(Tell Judeidah). Cf. John L. Peterson, "Libnah," in *ABD*, 322-3.

29 H. P. Stähli, "בוז," in *THAT*, 251.

30 "중병"으로 번역된 *ḥolāyīm rabbīm*은 문자적으로 '많은 질병들'을 의미한다. 이 복수는

5. 엘리야의 예언 성취

1) 국가적 심판

하나님의 심판의 도구는 "블레셋 사람들과 구스에서 가까운 아라비아 사람들"이었다.[31] 하나님은 그들의 마음을 자극해서 여호람을 치게 하셨다(16장).[32] 하나님은 어떤 민족이나 나라도 자신의 도구로 사용하실 수 있는 분이시다(사 10:5; 45:1). 블레셋 사람들과 아라비아 사람들은 여호사밧에게 조공을 바치던 민족들이었다(대하 17:11).

그러나 이제는 그들이 약탈자가 되었다. 하나님은 유다 왕실의 자존심을 여지없이 짓밟으셨다. 그들이 "왕궁의 모든 재물과 그의 아들들과 그의 아내들을 탈취했다"는 것은 나라의 존속이 어려운 지경에 이르렀다는 말이다.[33] "막내 아들 여호아하스 외에는 한 아들도 남지 아니하였더라"는 말은 그 약탈의 철저함을 표현한 것이다. 결국 여호아하스를

강도를 증가시키는 의미를 지니기 때문에 '심한 질병'이 된다. GK, § 124 e. 여기서 '심한'은 칠십인역과 불가타에서는 '악한'으로 번역되었다. 이것은 이 번역자들이 대본으로 삼은 히브리어 본문은 *r'ym*('라임')이었기 때문이다.

31 "(알트에 의하면) 여기서 아라비아 사람은 '유다 지방에 바로 이웃한 주민'이다. 즉 무엇보다도 그들은 에돔인이자 남유다로 들어와서 정착한 유목민 집단들이다 …. 그 후에 그리고 신약에서 그들은 나바티안들이다(마카비후서 5:8; 사도사 2:11 나바티안들 근처에 거하는 유대인들; 갈 1:17; 4:25 나바티아인의 지역)." H. P. Rüger, 'Araber, Arabien,' in B. Reicke and L. Rost, *Biblisch-historisches Handwörterbuch*: Landeskunde, Geschichte, Religion, Kultur, Literatur (Göttingen: Vandenhoeck & Ruprecht, 1979), 118.

32 "구스에서 가까운"(*'al-yad kūšīm*)을 탈굼은 '아프리카 국경에 있는'이라고 번역했다

33 "그의 아내들"(*nāšāu*)은 칠십인역에서 '그의 딸들'(τὰς θυγατέρας αὐτοῦ)이라고 번역되었다.

제외한 모든 아들들은 처형을 당했다(대하 22:1). 왕실의 과거 영광이 수치로 바뀌었다. 나라에 대한 엘리야의 예언이 성취되었다. 하나님께서 막내 아들 여호아하스(아하시야)를 남겨두신 것은 다윗의 보좌를 이어가도록 하기 위함이다(대하 21:7).[34] 한 왕의 실책으로 인하여 메시아에 대한 하나님의 약속이 철회되지는 않는다. 인간의 타락과 죄 가운데서도 하나님의 약속은 견고하다.

2) 개인적 심판

왕궁이 약탈된 후 설상가상으로 여호람은 그의 창자에 불치의 병이 들었다(대하 21:18). 그것은 여호람 자신에게 주어진 엘리야의 예언의 성취였다. 결국 그는 탈장으로 죽음을 맞았다. 한글 번역의 "여러 날 후 이 년 만에"는 앞에서 언급했듯이 옳은 번역이 아니다. '세월이 지나서 이틀 만에'라고 해야 한다.[35] 즉 그는 얼마간의 기간 동안 투병생활을 한 후 그의 죽음이 임박했을 때 이틀 동안 탈장으로 병이 악화되어 죽었다는 것이다. 그는 결코 평안한 죽음을 맞이하지 않았다. 그의 죽음은 불경건

---

34 "여호아하스"($y^eh\bar{o}'\bar{a}h\bar{a}z$)는 한 히브리어 사본은 '아하시야'($'hzyhw$)라고 했고, 칠십인역과 시리아역도 '아하시야'라고 번역했다. 이 두 이름은 히브리어 세 글자의 순서가 바뀌면서 다른 이름이 되었다. 그래서 그 이름의 의미는 같다. '여호와께서 붙드신다.'

35 "이 년 만에"에서 '연'은 '날들'을 의미하는 히브리어 '야밈'($y\bar{a}m\bar{\imath}m$)을 번역한 것이다. 그래서 문자적인 번역은 '이틀 만에'라고 해야 한다. 그러나 여호람의 만성적 고질병에 '이틀'은 조화가 되지 않는다. 그런데 '이틀'이라고 번역하지 않고 '이 년'이라고 번역하는 이유는 $y\bar{a}m\bar{\imath}m$을 '해'로 번역할 수도 있기 때문이다(삿 17:10; 삼상 27:7). 그러나 그것은 '이 년'으로 번역한 예는 없다. 여기서는 그것을 '이틀'이라고 번역하고 그것이 그의 배에서 창자가 나온 생의 마지막 날을 의미한다면 문제가 될 것이 없다. 탈굼은 (이틀 동안) '설사로 인한 심한 발작이 있었다'고 덧붙였다. 20절에서 열왕기 본문에는 '삼십이' 다음에 '해'($š\bar{a}n\bar{a}$)라는 말이 있다(왕하 8:17). 시리아역도 열왕기 본문을 따랐다.

한 자의 최후가 어떠한가를 보라는 메시지를 준다.

열왕기는 그가 죽었다는 기록만 남길 뿐 그의 죽음에 대한 백성의 반응은 기록하지 않았다. 역대기가 백성조차도 애도하지 않는 가운데 불행한 최후를 맞이했다고 기록한 것은 여호람의 사악한 통치와 하나님의 심판의 준엄함을 부각시키기 위함일 것이다.

그의 죽음에 대해서, 백성이 조상들에게 분향하듯이 그에게는 분향하지 않았다는 말은 아사와의 죽음을 애도하면서 엄청난 불을 피운 사건과는 대조되는 표현이다(대하 16:14).[36] 그 둘은 하나님의 심판으로 인한 질병으로 죽었으나 이들의 치적은 달랐다. 여호람이 삼십이 세에 즉위하고 예루살렘에서 팔 년 동안 다스리다가 죽었다. 그러나 아무도 그의 죽음을 애석하게 여기지 않았고 경모하지도 않았다.

그는 다윗성에 장사되기는 했지만 열왕의 묘실에 안치되지는 않았다(대하 21:20).[37] 그는 죽어서도 "그의 조상들과 함께 누운"이라는 표현으로 평안한 죽음을 맞이한 다른 왕들과 같이 존귀한 존재로 대접받지 못했다(대하 14:1; 16:13; 21:1). 하나님의 심판의 결과는 이 불경건한 왕이 죽은 후에도 백성을 통해서 나타났다.

---

[36] 한글 번역에는 "그를 위해서 많이 분향하였더라"고 했지만 히브리어 본문의 직역은 "그들이 그를 위하여 매우 큰 불을 태웠다"가 된다. 그렇지만 이것은 화장을 의미하는 것이 아니고 많은 불로써 그의 죽음을 영예롭게 하는 것이다(NIV, NRSV, ESV).

[37] 20절에서 "아끼는 자 없이"($b^e l\bar{o}\ hemd\bar{a}$)는 칠십인역에서 '영예롭지 않게'(ἐν οὐκ ἐπαίνῳ), 시리아역은 '그리워함 없이'($dl'\ bqbwrgt'$)로 번역되었다.

6. 결론

'엘리야 서신'을 선지자 엘리야가 쓴 편지라는 것은 충분히 가능성이 있는 말이다. 엘리야 서신의 내용과 사상 그리고 거기에 나타난 하나님의 메시지는 분명하다. 언약을 파기한 배교 행위는 하나님의 심판의 대상이 된다는 것이다. 백성이 율법을 지킴으로써 하나님과의 언약 관계를 유지하며 약속된 복을 누리면서 살도록 통치하는 것이 신정 왕국의 왕의 임무이지만 오히려 여호람은 신실한 백성이 우상숭배에 빠지도록 했다. 그 결과로 에돔과 립나가 독립하고 또 엘리야 서신에서 선포된 예언을 따라서 블레셋과 아라비아 사람들의 침략을 받았다.

한 지도자의 그릇된 통치는 전체 공동체에 고통을 안겨준다. 직분에 불충한 왕을 심판하시는 하나님은 신앙 공동체의 회복을 위해서 일하셨다. 왕실이 송두리 채 약탈당하는 재앙 가운데서도 여호아하스를 남겨두신 것은 진노 가운데서 긍휼을 잊지 않으시는 하나님의 자비로운 속성을 보여준다. 또한 다윗 왕조, 즉 메시아에 대한 하나님의 약속이 견고하다는 것을 확인시켜준다. 하나님의 심판은 살아서도 받지만 죽어서도 그 결과가 불명예스럽게도 남게 된다.

저주스런 질병으로 맞이하는 여호람의 죽음은 죄를 미워하시는 하나님을 보여준다. 유다 역사에서 가장 사악한 왕에 대한 심판을 선포하는 엘리야 서신은 모든 시대의 믿음의 공동체에 경고가 될 뿐만 아니라 구속의 일을 이루시기 위한 약속과 언약에 신실하신 하나님을 증거한다.

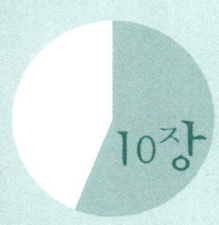

10장

야웨를 바라는 자: 이사야 40:27-31 주석[1]

1. 서론

1) 저자

이사야서의 저작에 관한 문제는 현대 신학자들이 폭넓게 논의해 온 주제다. 유대교와 기독교 전통은 이사야 40-66장 부분을 앞부분과 마찬가지로 이사야의 저작으로 본다. 그러나 되더라인(Döderlein, 1775), 로우스(Lowth, 1778) 그리고 코페(Koppe, 1780)와 같은 학자들이 등장한 이후 이 부분의 저자는 포로 시대의 사람이라는 주장이 폭넓게 받아들여졌다.

그 뒤 약 100년 후 바젤의 B. 둠 (1892)은 이 부분을 다시 둘로 나누어서 제2이사야(사 40-55장)와 제3이사야(사 56-66장)라고 했는데 제3이사야는 느헤미야 시대 사람으로 보았다. 이렇게 해서 이사야의 유명한 저

---

[1] 이 글은 「고신신학」 2권 (2000)에 실린 주석이다.

작은 '예언 문학의 작은 문고'가 되었다.[2] 특별히 이사야의 기원을 부정하는 이유는 내적인 특성과 관련된다. 즉 이사야의 이름이 언급되지 않았다는 것과 고레스의 이름이 나온 것, 언어와 문체, 그리고 이사야 시대와 후반부의 역사적인 상황 등을 고려할 때 이 부분을 이사야의 저작으로 보기 어렵다는 것이다.[3]

그러나 이사야란 이름이 후반부에 나오지 않는다고 이 부분의 저작을 그에게 돌릴 수 없다는 것은 근거가 없어 보인다. 사실 '야웨의 구원'을 뜻하는 그의 이름이 굳이 언급될 필요는 없어 보인다. 이 부분의 예언의 목적이 '은혜를 통한 구원'이라는 것을 사실을 고려하면 더욱 그렇다. 비평가들은 고레스의 이름이 미리 언급된 것을 인정할 수 없다고 한다.

그렇지만 성경의 예를 보면 그런 경우가 있다. 여로보암 I세 때 한 예언에 이미 요시야란 이름이 나온다(왕상 13:2). 언어와 문체의 경우는 저자의 나이와 환경 그리고 사역의 성격에 따라 변할 수 있다. 이 부분은 그의 나이가 아주 많았을 때 예언했을 수도 있다. 그렇다고 언어의 통일성이 없는 것도 아니다. 예를 들어 '커도쉬 이스라엘'($q^e dōš\ yiśrā'ēl$, 이스라엘의 거룩한 자)이란 표현은 전반부에 12번, 후반부에 14번 나오는데 이것은 이사야서 전체를 지배하는 사상으로 그가 예루살렘 성전에서(사 6장) 받은 하나님에 대한 깊은 인상을 반영한 것이다. 또한 최근의 언어학

---

[2] Cf. R. N. Whybray, *The Second Isaiah* (Sheffield: Sheffield Academic Press, 1995), 2; E. J. Young, *An Introduction to the Old Testament* (Grand Rapids, Michigan: Eerdmans, 1989), 204.

[3] Cf. M.A. Buitink-Heijblom, "Wie schreef het boek Jesaja?," in A. G. Knevel and M.J. Paul (eds.), *Verkenningen in Jesaja* (Kampen: Kok Voorhoeve, 1991), 16-23; Whybray, *The Second Isaiah*, 2-4.

적 연구 결과는 이사야서는 동시적 그리고 통시적 관점에서 전체적으로 하나의 통일성을 이루고 있다는 것을 보여준다.[4]

특히 이사야 40-66장의 연대에 대한 동시적인 분석이 보여주는 언어학적 증거는 포로 이전의 시기를 압도적으로 지지하고 있다는 것이다.[5] 역사적인 간격이 큰 것에 대해서 성경이 말하는 것은 '배나 받을 것'(사 40:2), '오랫동안 고요하며 잠잠하여 참았으나'(사 42:14)란 표현과 관계있는데 이 표현은 유배의 마지막 시기를 가리킨다. 여기서 우리는 이 글이 역사적 사건을 보고 서술한 것이 아니라 예언이라는 점을 감안해야 할 것이다. 이 본문이 다른 기원을 가진 것으로 이해할 만한 근거가 없기 때문에 이 부분도 이사야가 받은 계시를 기록했다고 볼 수밖에 없다.

이 점에 대해서는 더 이상 설명하기는 어렵다. 리데르보스는 "그가 예언의 영에 의해서 포로 시대에 있었다"고 하는데,[6] 이 설명은 불분명하고 '타임머신'을 연상시키는 것 같다. 이사야는 히스기야 후에도 공식 직분을 떠나서 오래 살았을 것으로 여겨진다. 이것은 왜 므낫세의 이름이 이 책의 초두에 빠져있는가를 설명해준다. '제2이사야'가 자신의 글

---

[4] Rolf Rendtorff, "The Book of Isaiah: A Complex Unity, Synchronic and Diachronic Reading," in Roy F. Melugin & M.A. Sweeney (eds.), *New Vision of Isaiah*, JSOT Suppl. 214 (Sheffield: Sheffield Academic Press, 1996), 32-49.

[5] M. F. Rooker, "Dating Isaiah 40-66: What Does the Linguistic Evidence Say?," *WTJ* 58 (1996): 303-312. 저자는 여기서 다윗(דוד)이란 고유명사가 포로 이전에는 불완전 철자법(דוד)으로 포로 후기에는 완전철자법(דויד)으로 기록하고, '일어나다'($q\bar{u}m$)를 타동사로 쓸 때 포로 이전에는 사역형인 히필형을 쓰고, 포로 이후에는 작위동사인 피엘형을 썼다는 문법적 차이를 지적했다. 용어선택에 있어서 '화'를 표현할 때 초기 히브리어에서는 $q\bar{a}ṣaf$나 $h\bar{a}r\bar{a}$ 'af를 썼는데 후기에는 $k\bar{a}'as$를 칼형으로 썼다고 한다. 그런데 사 40-66장에는 이 단어가 쓰이지 않았다. 이 모든 언어학적인 증거가 이 본문이 포로 이전 시기에 기록되었다는 것을 보여준다고 한다.

[6] J. Ridderbos, *De profeet Jesaja* II, KV (Kampen: Kok, 1953), 16.

을 이사야라는 이름으로 출판하도록 했다는 가정도 받아들이기 어렵다. 그것은 그렇게 큰 작품을 하나의 부록과 같이 보는 것은 성경의 정경론적 특징에 부합하지 않기 때문이다. 정말 익명의 저자 '제2이사야'가 있었다면 그 신분이 밝혀졌을 것이다. 그 메시지가 야웨의 인정받은 대변자의 권위 있는 선포로 받아들여지기 위해서는 선지자의 정체가 밝혀질 필요가 있기 때문이다.[7]

이사야가 두 번째 부분의 저자가 된다는 또 다른 증거는 신약과 쿰란 문서와 벤 시락과 스바냐, 나훔, 예레미야, 스가랴 선지지자들이 사용한 용어에 근거한다.[8] 이런 내용을 고려할 때 이 책의 처음부터 끝장까지 이사야가 썼다는 성경의 분명한 기록이 없어도 이사야가 이 본문의 저자라는 것을 거부할 하등의 이유가 없다.

2) 역사적 배경

이사야는 이 본문에서 유다백성들의 구체적인 역사를 제시하지 않지만 그 백성이 일정 기간 동안 억류된 것을 말하고 당시 세계사는 아니라 할지라도 고레스와 관련된 것을 언급하고 있다(사 44:28; 45:1). 세계사는 바벨론에 있었던 이스라엘의 역사에 대해서 말해주지 않지만 바벨론 포

---

[7] Young, *An Introduction to the Old Testament*, 209.
[8] 신약은 이사야서를 이사야의 이름으로 21번 인용했다. 그러나 이것이 이사야의 저작성을 증명하는 절대적 근거가 된다고 말할 수는 없다. 왜냐하면 예수께서 이사야서를 당시 통용되던 명칭으로 사용하셨을 가능성도 있기 때문이다. 해리슨은 쿰란 사본에서 사 39장 끝 부분과 40장 사이에 아무런 간격이 없다고 했고(p. 787), 참고로 시락은 "이사야가 사건의 종말이 도래하기 전에 종말의 도래를 보면서 시온에서 슬퍼하는 자들을 위로하고 있었다"고 했다. Cf. Harrison, *Introduction to the Old Testament*, 792.

로 생활이 있었다는 성경의 보도만이 주석의 출발점이 된다. "그 복역의 때가 끝났고 그 죄악의 사함을 입었느니라"(사 40:2)란 표현은 포로기의 끝을 가리킨다.

만일 고레스가 기원전 539년에 바벨론을 점령했다면, 이때는 연대기적으로 엘람의 안샨(Anshan)의 봉신이었던 고레스가 메소포타미아(Ecbatana: 550; Lydia: 546)와 동쪽 이란으로 세력을 확장했던 시기인 기원전 540년에서 멀지않다.[9] 느부갓네살에 의해서 다니엘과 그 친구들이 포로로 잡혀간 여호야김 재위 3년이(단 1:1) 틸레의 계산에 의하면 기원전 606년 내지 605년이 되는데 그렇다면 이것은 이스라엘 백성이 바벨론에서 약 70년 동안 머문 셈이 된다.[10]

포로로서 그들은 이교 문화에 속해서 오래 머무는 사이에 우상숭배에 노출될 수밖에 없었다. 아마도 이스라엘 사람들이 바벨론에서 이교도의 공식예배에 참석하지는 않았겠지만 가정별로 개인적으로 이방의 우상숭배에 연루되었을 것이다.[11] 어쨌든 이사야가 우상에 대한 신랄한 비판을 한 것을고려해볼 때(사 40-48) 그들이 받았던 유혹은 심했을 것이다. 그래도 유대인들은 이방인의 땅에서도 정기적으로 모여서 기도하고 금식했다(사 56:7; 에 4:16). 포기하지 않고 시온의 성전에 대해서 갈망했다(시 137:4). 그렇지만 예루살렘이 파괴되고, 성전이 불탐으로써 그 시대

---

9 Cf. Y. Kaufmann, *The Babylonian Captivity and Deutero-Isaiah: History of the Religion of Israel*, Vol. IV (New York: Union of American Hebrew Congregations, 1970), 62-63.

10 Edwin R. Thiele, *A Chronology of the Hebrew Kings* (Grand Rapids, Michigan: Zondervan, 1981), 75.

11 Thiele, *A Chronology of the Hebrew Kings*, 37-38.

의 다수의 사람들은 희망을 버렸을 것이다.

그들은 다윗의 보좌가 영원히 서리라는 약속을 받았지만 현실은 그 약속의 내용과는 완전히 달랐다. 그들은 약속과 현실 간의 긴장 속에서 이스라엘의 하나님 야웨께서 여전히 역사를 운행하고 계신지, 그렇다면 왜 심판으로 자신들을 포로되게 하셨는지에 대한 의문을 제기할 수 밖에 없는 상황이었다.

그 순간 바벨론 바깥에서는 고레스의 정복사업을 인하여 권력의 구조가 빠르게 변하고 있었다. 이 열강들이 충돌하는 가운데 이스라엘 사람들은 기반을 잃은 백성으로서 야웨의 보호를 기대할 수밖에 없었을 것이다.[12] 백성의 위치와 미래는 여전히 불안하고 불투명해 보인다. 백성이 처절할 정도로 좌절할 수밖에 없는 상황에서 이 시대를 위해 하나님께서 주신 이사야의 메시지는 희망과 위로의 메시지였다. 즉 야웨만이 살아계신 신이시요, 백성들 가운데서 활동하시는 분이시라는 것이다.

2. 본문

1) 형태와 구조

27-31절이 하나의 독립된 단위로 보는가 아니면 그 부분이 이사야 40장의 다른 부분과 구조적으로 관련이 있는가에 대한 문제는 다양하게 논의되었다. 스코르스(Schoors)는 12-26절 부분을 원인과 결과라는 관

---

[12] Cf. Bright, *A History of Israel*, 347-377.

점에서 완벽한 대칭 구조로 제시했다.[13] 왓츠(Watts)는 10-31절의 구조를 활모양으로 확대해서 설명했다.

       A(10-11절),
     B(12-14절),
       C(15절),
    D(16-17절),
  중심부(18-20절),
   D'(21-22절),
    C'(23-24절),
     B'(25-27절),
       A'(28-31절).[14]

이 구조는 대단히 정교하지만 본문을 자세히 살펴보면 구조가 그 내용과 잘 맞지 않는 것도 있다. 중심부(18-20절)라는 것은 순전히 구조에서 나온 것이지 내용상 중심이 되지 않을 수도 있다.

일반적으로 이사야 40:12-31은 형태상 하나의 단위를 이루고 있다고 본다. 이 부분은 의문문으로 시작하는 다섯 개의 문단으로 구성되었다. 즉 12-17절; 18-20절; 21-24절; 25-26절; 27-31절이다. 마지막 단락은 앞의 네 단락과 함께 수사적인 기법을 쓸 뿐만 아니라 대단히 논

---

13 A. Schoors, *I am God your Saviour: A From-Critical Study of the Main Genres in Isaiah* XL-LV, SVT 24 (Leiden: Brill, 1973), 259.

14 John D. W. Watts, *Isaiah 34-66*, WBC (Waco, Texas: Word Boods, 1987), 88-89.

증적이다. 이 수사법은 듣는 자들이 메시지를 분명하게 이해하도록 돕는다. 각 단락은 수사적 질문, 근거, 결론으로 구성된 병행적 구조를 이루고 있다.[15] 특히 이 단락들 가운데 처음 네 부분은 마지막 논쟁을 이끄는 역할을 하고 마지막 다섯째 부분(27-31절)은 12-31절의 절정을 이룬다고 볼 수 있다.

첫 네 단락은 하나님의 불가해성과 유일하심, 그리고 창조주 되심과 역사의 주관자임을 언급하는데 비해 다섯째 부분은 피곤하고 지친 자기 백성에게 새 힘을 주시는 은혜로운 하나님을 가리키고 있다.

27절에서 언어사용에 변화가 나타나는데 앞 단락에서(18, 21, 25, 26절) 대상을 이인칭 복수로 쓰던 것을 이 절에서는 동사가 이인칭 단수로 쓰였다(tōmar t^edabber). 스코르스와 그래피(Graffy)는 이 인칭동사의 변화 자체가 그 단락의 통일성을 인정하지 않는다고 한다.[16]

그러나 그런 문법상의 변화는 내용상 그 백성의 조상의 이름을 부르는 것과 관련된 것이지 단락의 통일성과는 무관하다는 것을 알 수 있다. '야곱'과 '이스라엘'의 결합된 형태는 자주 중요한 교훈을 주기 위해서 특별한 주의를 요하는 대목에서 쓰인다(사 41:8, 14; 43:1, 22; 44:1, 21; 48:12).

그래서 27절은 하나의 독립된 문단의 훌륭한 도입이 될 뿐만 아니라 27-31절도 전체 논쟁을 포함하는 하나의 단락을 이룬다. 사실 이 본문

---

15 B. D. Naidoff, "The Rhetoric of Encouragement in Isaiah 40:12-31," *ZAW* 93 (1981): 68.

16 Schoors, *I am God your Saviour*, 259; Adrian Graffy, "A Prophet Confronts his People," *analecta biblica* 104 (1984): 83.

에서 만족할 만한 문학적 구조를 찾기가 쉽지 않지만 내용에 근거해서 잠정적인 구조를 아래와 같이 만들어 볼 수 있겠다.

I. 논쟁을 위한 도입(27절)
    병행구조(a, b)
    대칭구조(c, d)
II. 반박(28-31절)
1. 반박의 근거: 야웨는 누구신가?(28-29절)
    병행구조(28절 a, b)
2. 절정: 야웨를 바라는 자(30-31절)
    대칭구조(31절 c, d)

이 구조는 번역에서 더 분명하게 나타날 것이다. 이 예언의 부분은 전체적으로 정교한 구조를 이루지는 않지만 비교적 단어와 문장의 병행법으로 배열된 수준 높은 문학적 차원을 보여준다고 하겠다. 그러나 모든 문장이 분명한 하나의 구조에 맞지는 않기 때문에 이 본문을 의도적으로 정교하게 편집한 결과로 형성된 것으로 보기는 어렵다.

2) 번역

27.   a. 야곱아, 어찌하여 말하고
      b. 이스라엘아, (어찌하여) 이르기를
      c. "나의 길은 야웨께로부터 숨겨졌으며

　　　　d. 나의 의는 내 하나님을 비껴가는고"라고 하는가?

28.　a. 너는 모르느냐?
　　　b. 너는 듣지 못하였느냐?
　　　　야웨는 영원하신 하나님,
　　　　땅 끝을 창조하신 분,
　　　　그분은 피곤치 아니하며, 지치지 아니하며,
　　　　명철이 한이 없으신 것을.

29.　a. 그분은 피곤한 자에게 힘을 주시며
　　　b. 힘없는 자에게 능력을 더하시는 자라.

30.　a. 청년도 피곤하여 지치며
　　　b. 장정이라도 넘어질 수 밖에 없다.

31. 그러나 야웨를 바라는 자들은 힘을 새롭게 하리라
　　그들은 독수리와 같이 날개로 올라갈 것이다.
　　　a. 그들은 달려가도, 지치지 않을 것이요
　　　b. 그들은 걸어가도, 피곤치 않을 것이다.

3. 본문 해석

1) 논쟁을 위한 도입(27)

> 야곱아, 어찌하여 말하고 이스라엘아, (어찌하여) 이르기를 '내 길은 야웨께로부터 숨겨졌으며 내 의는 내 하나님을 비껴가는고'라고 하는가?(사 40:27)

첫 부분의 의문문(a, b)은 병행법을 사용하여 하나의 의미를 두 문장으로 강조하고 있다. "어찌하여"('람마,' lāmmā)란 말은 주로 책망하는 내용을 이끌기 위해서 쓰인다. 그래서 어떤 정보에 대해서 놀라움으로 물어보는데 더 많이 쓰이는 '마두아'(maḍūaʿ)와 차이가 있다.[17] 이 절에서 부르는 호칭인 "야곱—이스라엘"이란 표현은 이 책에서 처음 사용되었는데 이것은 그 공동체의 불만을 인용하면서 쓰였다.

이 호칭은 다양한 의미를 지닌다. 여기서 선지자는 그런 개인적인 이름을 부름으로써 긴밀한 관계를 보여준다. 이 호칭은 야곱이 고향을 떠나 먼나라에서 오랫동안 살았던 것을 고려하면 바벨론 땅에서 압제당하는 백성에게 어울리는 표현이다.[18] 야곱의 자손들은 족장의 두 가지 이름으로 묘사되었다. 이것은 야곱이라는 이름에서 나라의 개념에 대한 관심이 사라진 것 같이 들리고, 반면에 이스라엘이란 이름에서 하나님의

---

[17] J. L. Koole, *Jesaja* II, 1, COT (Kampen: Kok, 1985), 77.

[18] E. J. Young, *The Book of Isaiah* III (Grand Rapids, Michigan: Eerdmans, 1977), 64.

약속이 성취되어 세워질 한 나라를 시사하고 하는 것 같다.

이 호칭은 버컨(Beuken)의 말대로 역사적 현실과 부름 그리고 약속과 성취 간의 긴장을 구체화시킨다고 볼 수 있다.[19] 비록 과거는 죄로 물들고 나라는 망하였지만 그 백성을 여전히 "야곱-이스라엘"이라고 부르고 있다. 그래서 '야곱아!'라는 호칭 자체가 희망의 시작을 의미하고[20] 그들의 원망이 정당하지 못하다는 것을 보여준다.

이 절의 후반부에 인용된 백성의 불만(c, d)은 한글에서는 잘 나타나지 않지만 히브리어 본문에서 하나님의 이름인 '엘로힘, 야웨'($^{e}l\bar{o}h\bar{\imath}m$, $yahw\bar{e}h$)와 "야곱-이스라엘"과 병행을 이루고 있는 대칭구조로 구성되었다('니스테라 다르키 미야웨 우메 엘로하이 미쉬파티 야아보르,' $nist^{e}r\bar{a}\ dark\bar{\imath}\ miyahw\bar{e}h\ \bar{u}m\bar{e}'\ ^{e}l\bar{o}hay\ mi\check{s}p\bar{a}t\bar{\imath}\ ya'\ ^{a}\underline{b}\bar{o}r$: a', b', c' and c, b, a). 본문의 형식과 내용을 따라서 "길"('데렉,' $de\underline{r}e\underline{k}$)과 "의"('미쉬파트,' $mi\check{s}p\bar{a}t$)는 동사 '감추다,' '건너다'('사타르,'[$s\bar{a}\underline{t}ar$], '아바르,' [$^{'}\bar{a}\underline{b}ar$])와 함께 밀접한 관계를 가진 것으로 보고 해석해야 한다. "나의 길"('다르키,' $dark\bar{\imath}$)이란 여기서는 포로로서 겪은 경험과 고달픈 인생행로를 의미한다. "숨기다"('사타르,' $s\bar{a}\underline{t}ar$)란 말은 '시야나 지각에서 벗어나다'란 뜻인데, '하나님의 얼굴'이라는 말과 많이 쓰였다(시 13:2; 22:25; 27:9; 30; 44:25; 69:18; 88:15; 102:3; 104:29; 143:7). 하나님의 얼굴 혹은 하나님의 면전에서 숨겨졌다는 말은 대개 하나님과 백성 간의 교제가 단절되었다는 것을 의미한다.

여기서 '나의 길이 숨겨졌다'는 것은 하나님께서 나의 고달픈 인생의

---

19 W. A. M. Beuken, *Jesaja* IIA, POT (Nijkerk: Callenbach, 1979), 52.
20 W. Grimm/K. Dittert, *Deuterojesaja* (Stuttgart: Calwer Verlag, 1990), 79.

길을 돌아보지 않으시고, 모르고 계신다는 뜻이다(28절). 사실 이스라엘은 야웨께서 자신과 특별한 관계 속에서 그들의 고난을 격려해 주길 기대하고 바랐지만 상태가 호전될 전망이 보이지 않기 때문에 이런 불만을 하고 있다.

대칭으로 강조된 "나의 의"('미쉬파티,' *mišpāṭī*)는 판결에 대한 불만을 반영하는 것같이 들린다. 이것은 어떤 인간 재판관이 아니라 공의로운 재판관인 하나님을 향한 원망이다. 이스라엘은 지금 억압을 당하고 있는 상황인데, '미쉬파티'(*mišpāṭī*)는 압제자에 대해 판결을 바르게 해달라는 탄원이다(cf. 사 49:4; 출 23:6).[21]

그들은 심판자이신 야웨께서 이 문제에 대해서 관심을 가져줄 것을 기대했지만 이것이 하나님을 비껴갔다고 불평한다. '아바르 민'('*ābar min*)은 여기서 "더 이상 주의를 기울이지 않는다"란 뜻이다. 이 경우 '아바르'('*ābar*, 건너가다)는 '사타르'(*sāṯar*, 감추다, 신 26:13)의 동의어다.[22] 이스라엘은 하나님께서 신음하는 자기 백성의 호소를 듣지 않으시고 그 송사건을 해결해주지 않으실 것이라고 생각했다. 그렇게 보면 이스라엘의 반복되는 불평은 정당해 보인다. 즉 동사 '토마르'(*tōmar*)와 '터답베르'(*tᵉḏabber*, 네가 말하다)는 미완료로서 계속이나 반복을 의미한다. 이사야의 환상 가운데서 이 탄식은 포로 공동체의 제의에서 사용되었을지도 모른다(cf. 시 44:25).

이 탄식에서 하나님은 이스라엘에게서 돌이켜 숨어계신 것으로 제시

---

21 F. Delitzsch, *Das Buch Jesaja* (Leipzig: Dörffling & Franke, 1889), 42.
22 Koole, *Jesaja* II, 78.

되었다. 이 불평은 하나님을 직접 말하지 않고 하나님에 대해서 언급하고 있다. 이사야가 볼 때 그런 이스라엘의 탄식은 전혀 근거없는 것이다. 왜냐하면 하나님에 대한 백성의 생각은 바뀌었으나 하나님은 처음부터 그 백성에 대한 계획을 포기하지 않았기 때문이다. 자신의 약속을 이루시는 하나님의 선하심과 능력을 믿지 않는 것이 문제다.

2) 반박(28-31절)

(1) 반박의 근거: 야웨는 누구신가?(28-29절)

너는 모르느냐? 너는 듣지 못하였느냐? 야웨는 영원하신 하나님,
땅 끝을 창조하신 분, 그분은 피곤치 아니하며, 지치지 아니하며,
명철이 한이 없으신 것을(사 40:28).

반박은 분리 의문 불변화사(h^a ... $'im$)를 사용한 수사 의문문으로 시작하는데 그 대답은 물론 강한 긍정이다. 구약에서 '알다'란 말은 어떤 일이나 인간적인 경험을 통해서 지식을 얻는 것이다.[23] 여기서 '야다'($yāḏa'$, 알다)의 의미는 '샤마'($šāma'$, 듣다)와 같은데 구조상 27절의 '말하다'를 의미하는 '아마르'($'āmar$)와 '다바르'($dāḇar$) 같이 서로 분리할 수 없는 것이다.

포로들은 분명히 조상들을 통해서 하나님에 대한 지식을 듣고 알았을 것이지만 다시 이것을 배워야했다. 야웨는 영원하신 하나님($'^elōhē\ 'ōlām$)이시다. 이 단어는 두 명사를 속격 관계를 사용하여 표시한 일반적인 히

---

23 Grimm/Dittert, *Deuterojesaja*, 79.

브리어 관용어다. 형용사가 발달되지 않은 히브리어에서 자주 명사를 연계형으로 접속시켜 형용사 기능을 대신한다. 그래서 여기에 대한 번역으로 '영원의 하나님'(창 21:33)이나 '영원하신 하나님'이나 의미상 차이가 없다.

여기서 영원이란 시간을 초월한다는 형이상학적인 의미가 아니라 가장 먼 과거로부터 가장 먼 미래까지 전 역사를 포괄하는 시간개념이다. 그것은 야웨께서 일하시는 역사와 더불어 채워지는 시간이다.[24] 본문에서 이것을 언급한 것은 하나님이 자신의 속성을 따라 스스로 영원하신 것과 같이 그 백성을 영원히 돌보신다는 것을 나타내기 위함이다.

더 나아가서 야웨를 땅끝을 창조하신 분으로 제시한다. 땅끝($q^e\d{s}\^ot\ h\=a\'\=are\d{s}$)이란 땅의 가장자리를 말하는데, 과학적 사고에 익숙한 현대인이게는 이상하게 들린다. 그러나 이것은 고대 사람들이 생각하는 세계관을 반영한 일상용어로 계시가 주어진 것으로 이해해야 한다. 이것은 땅끝과 그 언저리가 싸고 있는 모든 것을 가리킨다. 특히 이 말은 신학적으로 땅의 중심이 되는 시온에서 멀리 떨어져서 당시 이스라엘 백성이 거주하던 바벨론까지의 거리를 의미한다(사 41:9; 43:6).

'창조하다'('바라,' $b\=ar\=a$)라는 동사는 구약에서 오직 하나님께만 적용되었다. 야웨는 땅의 창조주신데, 그 땅은 바벨론도 포함한다(cf. 26절). "야웨의 능력이 천체를 주관하는 데 나타나듯이(26절), 땅과 땅 위에서 일어나는 모든 것을 통치하는 데 그 능력이 적용된다."[25]

---

[24] K. Elliger, *Deuterojesaja* I, BKAT (Neukirchen: Neukirchener Verlag, 1978), 98.
[25] Koole, *Jesaja* II, 79.

특별히 이스라엘은 야웨가 창조주시라는 것은 지식적으로 익히 알고 있는 터이지만 바벨론의 창조신화(Enuma Elish)의 본거지에서 이 선포를 듣는 것은 아주 인상적이었을 것이다. '피곤하다'(yāʻaf)와 '지치다'(yāḡaʻ)란 말은 31절의 마지막 두 문장에서도 나타나듯이 30절과 비교해서 같은 의미로 쓰였다. 물론 학자들에(Delitzsch) 따라서 '야가'(yāḡaʻ)는 힘을 다 써서 나타난 결과로, '야아프'(yāʻaf)는 음식을 먹지 못해서 힘이 없는 것으로 설명하기도 하는데 이사야 50:4의 '야아프'(yāʻaf)는 음식을 못먹어서 나타나는 결과와는 아무 상관이 없고 무엇인가 결핍된 것과 관계가 있다.

야웨는 세상에서 그리고 시간과 공간으로 짜여진 인간의 역사 속에서 일하시지만 피곤치 않으시고 지치지도 않으신다. 그분은 전능하셔서 자신의 약속을 지키는 일에 결코 피곤을 느끼거나 힘을 잃지 않으신다.

하나님은 또한 명철이 한이 없으시다. '엔헤케르'(ʼēn hēqer)는 측량할 수 없다는 뜻이다. 하나님의 통찰력은 한계가 없기 때문에 인간과 같은 피조물의 지능으로써 이해할 수 없다. 하나님의 길은 누구도 확인하거나 추적해 낼 수 없다(cf. 롬 11:33-36).

이스라엘 백성들은 이방인들의 압제 아래 신음하는 동안에 이 사실을 잊어버린 것 같다. 이스라엘은 하나님의 백성으로서 영원하시고, 전능하시고, 전지하신 하나님을 잘 알아야 했다. 하나님의 그러한 속성은 창조에 잘 나타나는데(요 1:1; 욥 38:4-6; 잠 3:18) 특히 창조라는 주제는 바벨론 포로들에게 중요한 역할을 한다(26; 43:1; 45:7).[26]

---

26 Zimmerli, *Grundriss der alttestamentlich Theologie*, 30, 194-5.

바벨론은 창조신화 '에누마 엘리쉬'(Enuma Elish)의 본거지가 되는 곳이다. 그러나 야웨는 바벨론에 있는 이방신들과는 완전히 다르다. 창조주가 바벨론의 만신전의 최고신인 마르둑이 아니라 야웨라는 사실을 알고 고백하는 것이 이스라엘 백성들에게 한없는 위로가 된다. 하나님의 창조는 믿음의 근본이기 때문에 기독교의 신앙고백은 하나님이 땅끝까지 창조하셨다는 믿음으로 시작한다. 이 말은 이스라엘을 구속하실 분은 바로 창조주 야웨 하나님이시라는 논쟁(polemic)을 제시하는 것이다.

> 그분은 피곤한 자에게 힘을 주시며, 힘없는 자에게 능력을 더하시는 자라(사 40:29).

인간은 연약하지만 야웨는 전능하시다. 인간과는 달리 하나님은 피곤치도 지치지도 않으신다. 그래서 하나님은 위대하시다. 그러나 지금 하나님의 은혜는 연약한 인간과 크신 하나님 간의 간격을 잇는 교량 역할을 한다. 끝없는 능력의 원천이신 하나님으로부터 힘(kōᵃh)이 피곤한 자(yā'ēf)에게 그리고 능력('ŏṣmā)이 힘없는 자('ēn 'ōnīm)에게 부여된다.

하나님의 영광은 그분의 능력에서만 나타나는 것이 아니고, 약한 자를 강하게 하시는 섬김에서도 나타난다.[27] 힘(kōᵃh ⟨ kahata, vital power)과 능력('ŏṣmā ⟨ 'eṣem, 부요함으로 강화된다는 뜻)은 거의 같은 개념으로 쓰였다.[28] '주다'(nātan)와 '더하다'(rābā)도 마찬가지지만 쌍을 이루는 말의 마지막 단어는 강조된다. '피곤한 자'와 '힘없는 자'는 당시의 이스라엘

27　Cf. Barry G. Webb, *The Message of Isaiah* (Leicester: IVP, 1996), 165.
28　H. Ringgren, j'K in *TWAT* VI, 317; A. S. van der Woude, j'Ko in *THAT* I, 823.

백성과 관계가 있다. 물론 일반적인 상태에서 하나님은 모든 피곤한 자들에게 활력을 주시지만 여기서 이 말은 특별히 바벨론에서 피곤한 삶을 살아가는 그 백성을 위한 것이다.

'나탄'(nātan, 주다)이 분사형(nōtēn)으로 쓰인 것은 그러한 하나님의 도움이 간헐적인 것이 아니라 하나님의 특이한 속성으로 항상 주어지는 것을 가리킨다. 그래서 피곤한 자는 매일의 삶 가운데서 계속적으로 활력을 제공받는다.[29] 이스라엘은 '내 길은 야웨께로부터 숨겨졌으며 내 의는 내 하나님을 비껴가는고'라고 탄식하기 전에 만물을 창조하시고 주관하시는 그 하나님께서 영원한 능력으로 그 백성을 돌보시고 구속의 약속을 이행하시기 위해서 일하신다는 사실을 기억해야 했다.

(2) 절정: 야웨를 바라는 자(30-31절)

> 청년도 피곤하여 지치며, 장정이라도 넘어질 수밖에 없다. 그러나 야웨를 바라는 자들은 힘을 새롭게 하리라 그들은 독수리와 같이 날개로 올라갈 것이다. 그들은 달려가도, 지치지 않을 것이요 그들은 걸어가도, 피곤치 않을 것이다(30-31절).

이 부분은 하나의 역리를 보여준다. 즉 힘없는 자가 기적과 같이 힘을 얻고, 강한 장정이 힘을 잃어버리는 것이 그렇다.

30절에 언급된 사람들은 28절에서 묘사한 하나님을 대항하는 자들이다. '나아르'(na'ar)는 상대적인 표현인데 여기서는 문맥상으로 보아

---

29 Whybray, *The Second Isaiah*, 59; Grimm/Dittert, *Deuterojesaja*, 81.

미성년자나 성장단계에 있는 '아이'를 뜻하는 '소년'이라는 말보다는 힘 있는 청년기의 사람으로 보는 것이 적합할 것이다.

'바후림'(baḥūrīm)은 '선택하다'('바하르,' bāḥar)라는 말에서 온 '선택받은 자들'이란 뜻으로 단순한 젊은이가 아니라 특별한 임무를 위해서 선출된 사람을 가리키는데 주로 군사적 의미를 지니는 말로서 장정을 뜻한다(cf. 삼하 6:1).[30] '청년'('너아림,' nᵉʿārīm)과 '장정'('바후림,' baḥūrīm')도 생애에서 가장 큰 힘을 발휘할 수 있는 젊은이들이다. 그들의 능력은 운동선수나 군인의 힘에 비교할 수 있을 것이다. 잠언의 지혜자는 "젊은 자의 영화는 그 힘이요"라고 했다(잠 20:29). 이 표현은 특히 하나님의 도움을 받지 않은 인간적인 힘의 상징을 의미한다. 그런 자도 피곤을 느끼고[31] 반드시 넘어진다. 이 번역은 '카샬'(kāšal, 넘어지다)이 '카숄 야카셸루'(kāšōl yikāšēlū)로 부정사 독립형의 유음중첩법적 용법(paronomatic usage)으로 강조되어 쓰인 데 근거를 두고 있다. 인간의 힘이 아무리 세다고 해도 극히 제한되어 있음을 뜻한다. 그 힘이란 항상 쓸 수 있는 것이 아니기 때문에 결국 넘어질 수밖에 없다.

그러나 31절은 영적인 영역에서는 상황이 다르다. 이 절의 접속사 wᵉ는 문맥상 역접으로 번역해야 한다('그러나').[32] '버코예 야웨'(wᵉqōyē yahwęh, 야웨를 바라는 자들)는 반대 의미를 가진 문장의 요소로서 속격 관계로 대치되었다(qōyē는 qāwā의 분사형).[33] 앞 절과는 달리 인간의 신체에

---

30 Cf. Alec Motyer, *The Prophecy of Isaiah* (Leicester: IVP, 1993), 308.
31 GK, §69, q. וְיָעֵ֑פוּ는 원래 *w eyī' afū*인데 불완전 철자법으로 쓰였다.
32 König, *Historisch-kritisches Lehrgebäude der hebräischen Sprache*, §360 b.
33 König, *Historisch-kritisches Lehrgebäude der hebräischen Sprache*, §336 m.

일어난 현상이 여기서는 적용되지 않는다.

'바라다'('콰와,' *qāwā*)는 말은 막연한 미래를 기대하는 것과는 다르다. 이 말은 믿음이나 신뢰와 같은 것으로(시 37:3, 5, 37) 능력을 주시는 하나님을 전적으로 의지하는 것을 의미한다.[34] 여기서 '야웨를 바라는 자'란 하나님을 인내하며 바라면서 그분의 구원의 능력을 믿고, 확실하게 그에 대한 믿음을 나타내는 자들이다. '야웨를 바란다'는 말은 어려운 상황에 처한 이스라엘 백성을 위한 탈출구로 자주 쓰였다(시 25:3; 27:14; 33:20; 39:8; *yāḥal* 42:6, 12 등).

그러나 인간적인 바람은 무의미하다(사 59:9-11; 렘 13:16).[35] 참다운 바람이란 이스라엘의 소망 자체이신 하나님과 갖는 영적인 유대를 의미한다(렘 14:8; 17:13). 이 절에서 주어로 쓰인 분사 복수형은 '청년'과 '장정'을 복수로 쓴 것을 대비해서 강조하고 있는 것 같다. '할라프'(*ḥālaf*)의 히필형은 '바꾸다,' '대치하다,' '새롭게 하다'라는 뜻이다(41:1; 욥 29:20).

야웨를 바라는 자는 힘을 새롭게 얻을 것이다. 이 새 힘은 침체를 극복하기 위해서 계속 필요한 것이다(미완료의 의미). 이것은 이스라엘을 위한 일종의 약속인데, 그것은 은유법으로 표현되었다. '야알루'(*ya'ᵃlū*, 오르다)를 칼형으로 볼 것인지 히필형으로 볼 것인지는 복잡한 문제로 남아있다.[36] 만일 칼형으로 본다면 '에베르'(*'ēḇer*, 날개)는 부사적 대격이 되

---

[34] Cf. Peter, D. Miscall, *Isaiah* (Sheffield: JSOT Press, 1993), 101.
[35] Koole, *Jesaja* II, 81.
[36] 여기에 대한 상세한 설명에 대해서는 Elliger (101); Beuken (55); Koole (81-82)를 참조하라.

어, '그들이 독수리와 같이 날개로 올라갈 것이다'로 번역해야 한다. 이 경우에는 '에베르'(*ēḇer*, 날개) 앞에 비교를 나타내는 불변화사가 와야 한다고 주장한다(Koole). 그러나 그럴 필요가 없는 것은 부사적 대격 자체는 전치사를 필요로 하지 않기 때문이다.[37]

만약 이 동사를 히필로 보면 '에베르'(*ēḇer*, 날개)는 목적어가 되어야 할 것이다. 즉 '그들이 날개를 자라게 할 것이다'로 번역된다(칠십인역, Vulg, Pesh). 이 번역은 '새 힘'과 '새 날개'라는 성장 개념에 근거한 것이다. '날개가 나온다'는 개념을 가지고 이 구절에서 '독수리'란 말이 무엇을 의미하는지를 설명하기란 어려워 보인다.

독수리는 힘을 상징한다. 독수리로 번역된 '네쉐르'(*neṣer*)에 대해서 펠릭스(Feliks)는 "히브리 문학에서 '네쉐르'(*neṣer*)가 여러 유럽 제국의 상징으로 대표되는 독수리나 맹금과 일치한다"고 했다.[38] 독수리는 날짐승 가운데 왕으로 통하고, 힘과 승리를 의미한다. 젊은이가 피곤하고 지쳐서 넘어지는 것(30절)과 같은 방식으로 새 힘을 얻은 결과로 독수리와 같이 올라가게 된다.

본문의 '야알루'(*yaʿălū*)는 구조와 내용을 보아서 칼형으로 분해하는 것이 타당해 보인다. 이 표현을 '알라'('*ālā*)의 히필형으로 보기 위해서 시편 103:5과 연결시키는 이도 있으나 그 시편 본문의 '네쉐르'(*neṣer*)는 능력과 아무런 관계가 없고 독수리의 다른 특성과 관련되는데, 그것은 독수리가 털갈이하는 것을 연상케 한다. 야웨를 바라는 자는 독수리가

---

37   Cf. Lettinga, *Grammatica van het Bijbelse hebreeuws*, §74, g.
38   J. Feliks, *The Animal world of the Bible* (Tel-Aviv: "Sinai," 1962), 68.

힘찬 날개로 공중을 빠르고, 높이 나는 것과 같이 올라갈 것이다.

마지막 두 문장에서 젊은이와 강한 대조를 이루어 '피곤한'과 '지친'이 다시 언급되었다. 동사 '달리다'(*rūṣ*)와 '걷다'(*hālak*)도 추상적인 의미로 쓰였다. 그들은 달려가도, 지치지 않을 것이요, 걸어가도, 피곤치 않을 것이다.

이것은 바벨론에서 이스라엘 백성들이 인생행로에서 겪어야 하는 궁핍과 관계가 있다. 그래서 그들은 전능하신 하나님, 약속을 따라서 구속을 행하시는 하나님을 의지함으로써 쇠하지 않는 능력으로 현재의 고난을 인내하며 극복할 수 있었다. 27절의 물음에 대한 답변은 이 약속으로 끝맺는다.

4. 결론

내용상 독자적인 한 단위를 형성하고, 이스라엘에 대한 하나님의 태도가 계시된 논쟁(12-31절)의 절정을 이루는 본문을 통해서 다음과 같은 사실을 알 수 있다. 논쟁의 발단이 된 불평을 볼 때 이스라엘은 하나님에 대한 참다운 지식을 잃어버렸으며, 바벨론 포로생활과 급변하는 주변의 세계정세 가운데서 구속을 위해서 일하시는 하나님에 대한 이스라엘의 신앙은 흔들리고 있었다. 그래서 그들의 불평은 정당하지 않다.

포로된 이스라엘에게 결정적으로 중요한 것은 하나님을 아는 지식이다. 천지를 창조하신 야웨 하나님만이 영원하시고, 전능하시고, 전지하시다는 것을 믿고 아는 지식을 말한다. 동시에 그분은 백성의 고통을 돌아보시고 구원하시는 신실하신 하나님이시다. 하나님에 대한 이런 지식이 결여될 때 인간은 죄에 빠질 수밖에 없다. 영원이라는 속성과 함께 야웨는 처음부터 자기 백성과 맺은 언약 관계 속에서 변함없는 하나님이시다. 그분은 떠나지 않으시고 함께하셔서 그 백성 가운데서 일하신다. 하나님의 신실하심에 근거하여 그 백성을 향한 그분의 약속은 결국 성취될 것이다.

일상생활에서도 이스라엘은 야웨를 의지한 결과로 날마다 새 힘을 공급받고, 당면한 고난을 인내하며 극복할 수 있다. 즉 야웨를 바라는 백성은 결코 망하지 않는다. 독수리가 그 날개로 올라가듯 하나님의 백성은 결국 모든 난관을 극복할 수 있으므로 제국의 판도가 바뀌는 와중에서도 이스라엘은 바벨론 바깥의 정치적 변화에 대해서 두려워할 필요가 없었다.

이 본문의 약속은 구속의 연장선에서 신약의 성도들에게도 적용된다. 범죄한 백성까지도 위로하고 다윗 왕국에 대한 약속을 성취하실 신실하신 하나님은 그 백성이 하나님의 약속의 길로 행하도록 그리스도인에게도 위로와 소망과 능력을 주신다. 그리스도인이 비록 그 길에서 자주 피곤을 느끼고 지치기는 하지만 같은 약속을 보장받을 때 위로를 얻는다. 이것은 이스라엘의 구원이 그리스도 안에서 얻은 이 시대 기독교인의 구원에도 중요한 의미가 있음을 보여준다. 그래서 오늘날 '하나님이 어디 있나'라는 사람들의 불평은 근거가 없다.[39]

---

39 Cf. M. J. C. Blok, "Bemoediging voor een wanhopig volk," *De Reformatie*, jg. 63 (1988) 625-6, 645-6, 664-5.

언약궤 소실의 의미[1]

본 장에서는 언약궤에 대한 기본적인 이해를 위해서 그 의미와 기능을 먼저 다룰 것이다. 그리고 이스라엘 역사에서 언약궤의 역할과 중요성과 그 불가분의 관계를 개괄적으로 언급한 다음 언약궤 소실에 대한 다양한 견해와 본문 주석을 통해서 그 소실의 의미를 새 언약의 풍성한 기대를 드러낼 것이다.

1. 언약궤의 의미와 기능

언약궤는 법궤, 증거궤, 하나님의 궤, 야웨의 궤 등 다양한 명칭으로 쓰인다. 그 이유는 문헌의 기원과 관계된 것은 아니고 법궤가 지닌 기능의 한 측면을 강조하기 위한 것을 보인다.

---

[1] 이 글은 「생명과 말씀」 (2012)에 실린 "개혁주의생명신학에서 본 언약궤 소실의 의미"를 약간 수정한 논문이다.

언약궤는 하나님의 특별 임재의 상징으로서 고대 이스라엘의 종교와 역사에 중심이 되었던 제의 기구이다. 언약궤에 대한 이런 의미에 대해서는 학자들은 대체로 동의한다. 그러나 그 기능에 있어서는 다양한 견해가 제시되었다.

대부분의 견해는 이스라엘 종교의 실제적 특성과 성경계시를 진지하게 고려하지 않고 구약의 종교와 이방종교를 일직선상에 두고 비교하면서 기원을 설명하는 종교사학파나 전승사적 방법에 의한 연구 결과로 나온 것이다. 지금까지 학자들에 제시한 법궤의 기능은 다음과 같다.

일찍이 로츠(Lotz)는 종교 발전의 관점에서 이스라엘의 초기 역사에서 법궤가 '하나님/야웨의 궤'라는 이름으로 물신(物神) 상자로 사용되었다고 주장했다.[2] 물론 이스라엘 사람들이 가끔 법궤를 미신적으로 사용하는 경우가 있지만 이런 미신적인 생각은 구약의 내용과 잘 맞지 않다. 성경에서 법궤로 인하여 복을 받기도 하고(대상 13:12) 저주를 받기도 하는 것은(삼하 6:7) 법궤 자체에 복과 저주가 달려있는 것은 아니고 언약에 신실한 하나님의 자유로운 의지에 달려있다.

고대 근동의 종교적 관습과 문화 그리고 이스라엘이 언약궤를 가끔 전쟁에 동원한 것에 기초하여 궁켈(Gunkel)과 디벨리우스(Dibelius) 이후 현대에 이르기까지 여러 학자들이 언약궤를 전쟁에서 승리를 가져다주는 전쟁 수호신(war-palladium)으로 이해했다.[3] 이스라엘이 미신적인 생

---

[2] W. Lotz, "Die Bundeslade," In *Festschrift Seiner Königlichen Hoheit dem Prinzregenten Luitpold von Bayern zum 80. Geburtstage dargebracht von der Universität Erlangen*, vol.1, 143-86 (Erlangen: Deichert, 1901), 54, 157, 172, 183-84.

[3] H. Gunkel, "Die Lade Jahves ein Thronsitz," *Zeitschrift für die Missionskunde und Religionswissenschft* 21 (1906): 34-35. M. Dibelius, *Die Lade Jahves*, Eine reli-

각에 사로잡혀 전쟁에서 법궤를 전쟁 수호신처럼 사용했지만(삼상 4장) 그것이 법궤의 본유의 기능이라고 볼 수는 없을 것이다. 만일 법궤가 그런 물건이라면 이스라엘이 블레셋과 치룬 전쟁에서 승리해야했을 것이다.

이집트의 종교적 관행에 비교하여 구트(Guthe)는 언약궤를 이집트의 범선(bark)에 비교해서 하나님의 형상을 나르는 상자로 보았다.[4] 이집트에서 종교행사를 할 때 쓰이는 범선은 네 기둥으로 싸인 벽감(niche)에 서있는 신의 형상을 나른다. 이것은 법궤를 이집트 범선의 가나안 토착화로 보는 종교사 학파적인 견해이다.

이와 관련하여 그레스만(Gressmann)은 법궤는 원래 야웨의 형상으로 금송아지를 담고 있었다고 주장했다.[5] 그리고 그 야웨의 형상은 여성과 함께 두 개였을 것으로 추측했다.[6] 그는 야웨 하나님을 바알과 같이 여겼다. 이런 주장은 전 역사에 걸쳐서 형상숭배를 철저히 거부하는 이스라엘 종교의 특성에 반하는 것이다.

---

gionsgeschichtliche Untersuchung FRLANT 98 (Göttingen: Vandenhoeck & Ruprecht, 1906), 110. J. Wellhausen, *Prolegomena zur Geschichte Israels*, 6th ed. (Berlin: Georg Reimer, 1927), 47; H. J. Stoebe, *Das erste Buch Samuelis*, KAT 8/1 (Gütersloh: Gütersloher Verlagshaus, 1973), 95. H. J. Kraus, *Psalmen 60-150*, BKAT 15, no. 2 (Neukirchen-Vluyn: Neukirchener Verlag, 1978), 632. P. De Robert, "Arche et Guerre Sainte," *Études theologiques et religieuses* 56:1 (1981): 52; W. Dietrich, *Samuel, 1Sam1-12*, BKAT (Neukirchen-Vluyn: Neukirchener Verlag, 2010), 228-9 등.

4　H. Guthe, *Geschichte des Volkes Isreal* (Freiburg: J.C.B. Mohr, 1899), 31.
5　H. Gressmann, *Mose und sein Zeit* (Göttingen : Vandenhoeck & Ruprecht, 1913), 231 "Die Lade ist der von Jahve selbst gewollte Ersatz für das willkürlich geschaffene goldene Kalb."
6　H. Gressmann, *Die Lade Jawes und das Allerheiligste der Salomonischen Tempels*, (Berlin: Kohlammer, 1920), 44, 64-68.

마인홀트(Meinhold)는 모세가 이집트 양식을 따라서 언약궤를 제작하고 이스라엘 사람들이 시내산에서 '빈 보좌'의 개념을 부여했다고 주장했다.[7] 이것은 또한 법궤의 개념을 페르시아의 신 아후라 마즈다(Ahura Mazdâ)의 '빈 보좌-수레'에서 유추한 디벨리우스(Dibelius)의 입장과도 비슷하다.[8]

이 보좌 개념은 종교현상에 근거한 유추에서 나온 것이기도 하지만 성경적 지지도 받기 어렵다. 이른바 '법궤의 노래'로 알려진 민수기 10:35-36에서 '쿠마'($qūmā$)와 '슈바'($šūḇā$)는 문맥상 '일어나다'와 '앉다'로 번역하기 보다는 (적을 무찌르기 위해서) '전진하다'와 (이스라엘에게로) '돌아오다'로 번역해야 한다. 그래서 이 본문에서 법궤와 보좌는 아무런 상관이 없다.

그리고 "그 때에 예루살렘이 하나님의 보좌라 일컬음이 되며"(렘 3:17)라는 표현은 마치 예루살렘이 법궤의 기능을 대신하는 것처럼 보이지만[9] 본문의 내용을 면밀히 검토하면 그렇지 않다는 것을 알 수 있다. 당시 유다 백성은 신실하지 못했기 때문에(2:27; 7) 법궤에 대한 그릇된 이해를 가

---

7   J. Meinhold, *Die Lade Jahwes* (Tübingen: J.C.B. Mohr, 1900), 17-18, 25-27, 43-45.

8   M. Dibelius, *Die Lade Jahves*, 60-63.

9   이 견해를 지지하는 자들: Cf. W. L. Holladay, *Jeremiah* 1 (Philadelphia: Fortress Press, 1986), 121. R. P. Carroll, *Jeremiah*, OTL (London: SCM Press, 1986), 150; P. C. Craigie, P. H. Kelley & J. F. Drinkard, Jr., *Jeremiah 1-25*, WBC 26 (Dallas, Texas: Word Books Publisher, 1991), 61. J. Schreiner, *Jeremia 1-25,14*, NEB (Würzburg: Echter Verlag, 1993), 29. J. A. Soggin, "The Ark of the Covenant, Jeremiah 3,16," in *Le livre de Jérémie*, P. Bogaert (ed.) (Leuven: University Press, 1997), 221 등.

지고 그것을 다루었다고 보는 것이 타당하다.[10] 그래서 예레미야의 설교는 그들의 잘못된 이해를 시정해주기 위한 의도가 있었다고 본다. 그래서 이 본문으로 언약궤가 야웨의 보좌라고 결론짓기는 어렵다. 사실 구약은 야웨의 보좌는 하늘에 있다고 증언하는(출 17:16; 왕상 22:19; 사 6:1) 반면에 상자 모양의 법궤를 보좌 개념과 직접 연결시키는 않았다. 그 대신 예루살렘이나 성소를 땅위의 보좌라고 한다.

메이(May)는 므깃도에서 발견된 고고학적 발굴물에 근거해서 언약궤를 신이 거하는 '모형 성전'(Miniature Temple)으로 이해했다.[11] 물론 모형 성전과 법궤는 그 모양이 서로 다르지만 기능이 유사하다고 한다. 그것은 성전에 하나님이 거하신다는 것과 법궤에 하나님이 거하시는 기능이 같다는 데서 법궤를 모형 성전으로 생각할 수 있다는 것이다.[12]

그러나 중요한 차이는 법궤는 유일한 것이고 모형 성전과 관련된 제의는 메이의 말대로 팔레스타인과 고대 근동 도처에서 발견되는 것이라는 점이다.[13] 사실 우리는 도기로 된 그 모형 성전(30×20×20cm)의 기능과 용도를 정확하게 알 수 없다. 만일 그것이 제의에 사용되었다면 거기서 하나님의 임재를 기대할지라도 그것은 우상숭배나 이교도의 제의에 지나지 않을 것이다. 또한 만일 그것이 단순한 장식품이라면 그것을 언약궤와 비교하는 자체가 무의미한 일이 될 것이다.

마틴 노트(M. Noth)는 사회구조적 관점에서 언약궤를 '지파 동맹체의

---

10 D. R. Jones, *Jeremiah*, NCBC (Grand Rapids, Michigan: W. B. Eerdmans, 1992), 103.
11 H. G. May, "The Ark- a Miniature Temple," *AJSLL* 52 (1936): 215-17.
12 May, "The Ark- a Miniature Temple," 244.
13 May, "The Ark- a Miniature Temple," 119.

공간적 중심'으로 이해했다. 물론 법궤가 열두 지파의 삶에 중심이 되었던 것은 사실이다. 그러나 '지파 동맹체'(amphictyonie) 가설은 그가 이스라엘이 고백한 전승의 역사라고 보는 성경역사로부터 실제 역사를 재구성하려는 시도에서 나온 것이다.

노트는 그리스와 이탈리아에서 중앙 성소를 중심으로 연합한 부족 동맹체에서 이스라엘 지파 동맹체의 구조를 유추하였다. 그는 원래 유목민 씨족들의 이동 성소였던 법궤가 가나안 정착 이후에 형성된 이스라엘 지파 동맹체의 중심이 되었다는 것이다.[14] 그의 법궤에 대한 주장은 이 지파 동맹체 가설의 타당성에 달려있다.[15]

여기서 그 이론을 충분히 다룰 수는 없지만 노트의 이론을 따르면 성경의 족장사와 가나안 정복사는 원인론적 민담에 지나지 않는다.[16]

---

14 M. Noth, *Das System der Zwölf Stämme Israels*, Beiträge zur Wissenschaft vom Alten und Neuen Testament Heft 52 (Darmstadt: Wissenschaftliche Buchgesellschaft, 1966), 46-48. M. Noth, *Geschichte Israels* (Göttingen: Vandenhoeck & Ruprecht 1954), 88-91.

15 노트의 지파 동맹체 가설은 여러 학자들에 의해서 반박을 받았다. G.E. Wright, *The Old Testament and Theology* (New York: Harper & Row Publishers, 1969), 128f.; G.W. Anderson, "Israel: Amphictyony: ʿam; kāhāl; ʿēdâh", in *Translating & Understanding the Old Testament*, H. T. Frank & W. L. Reed (eds.) (Nashville: Abingdon Press, 1970), 148; S. Herrmann, *Geschichte Israels in alttestamentlicher Zeit* (München: Chr. Kaiser, 1980), 146; N. K. Gottwald, *The Tribes of Yahweh: A Sociology of the Religion of Liberated 1250-1050 B.C.E.*, Maryknoll (New York: Orbis Books, 1979), 356-7; S. Bock, *Kleine Geschichte Israels* (Freiburg: Herder, 1998), 40-42.

16 M. Noth, *Das Buch Josua*, (Tübingen: J.C. Mohr, 1953), 31-33; cf. Ed. Noort, *Das Buch Josua*, EF 292 (Darmstadt: Wissenschaftliche Buchgesellschaft, 1998), 148. S. Mowinckel, *Tetrateuch - Pentateuch – Hexateuch*, BZAW 90 (Berlin: Töpelmann, 1964), 33-35. F. Langlamet, *Gilgal et les récits de la traversée du Jourdain* (Paris: Gabalda, 1969), 128.

이렇게 자신의 가설로 성경 본문에 나타난 역사를 훼손하면서 법궤의 기능을 제시하는 것은 정당한 주석과 신학적 결론으로 보기 어려울 것이다.

노트와 같은 전승사학파에 속한 폰 라트(von Rad)는 전승의 발전에 근거하여 언약궤의 기능을 제시했다. 옛날에는 법궤를 '보좌'로 이해했으나 '신명기 기자'는 법궤가 십계명 돌판을 보관하기 위한 '단순한 상자'로 묘사했다는 것이다(신 10장).[17] '신명기 기자'는 과거의 개념에 대한 '비신화화'와 합리화를 통하여 법궤에 대한 거룩한 의미나 신학적 의미를 배제하고 '단순한 보관함'으로 묘사했다는 것이다.[18]

그러나 신명기와 '신명기 작품'을 면밀히 검토하면 '신명기 기자'는 여전히 언약궤에 거룩한 개념을 인정하고 있다는 것을 알 수 있다. 신명기 10:1-5은 요약형식으로서 지나가면서 상황을 묘사한 것으로 보인다. 왜냐하면 앞에서(출 25장) 법궤 제작에 대한 상세한 지시가 있었기 때문이다. 또한 법궤를 다루는 규정(신 10:8)과 율법과의 관계(신 31:26)에 나타나는 '신명기적' 용어는 법궤를 단순히 보관함 정도로 취급하지 않았다는 것을 알 수 있다.

언약궤와 관련해서 '야웨 앞에서'라는 표현을 쓴 것은 '신명기 기자'가 법궤의 거룩성 뿐만 아니라 야웨의 신적 임재의 상징으로 인정하는 것으로 볼 수밖에 없다(신 17:2; 18:7; 26:10; 수 4:13; 6:8; 7:23; 삿 20:23,

---

17 G. von Rad, *Das fünfte Buch Mose, Deuteronomium* (Göttingen: Vandenhoeck & Ruprecht, 1983), 56. "Zelt und Lade," Gesammelte Studien zum Alten Testament,*ThB* 8, (1958), 112.

18 G. von Rad, *Deuteronomium=Studien* (Göttingen: Vandenhoeck & Ruprecht, 1947), 27.

26; 삼상 6:6 etc.).[19] 그래서 신명기가 언약궤를 비신화화함으로써 단순한 보관함으로 묘사했다는 폰 라트의 견해는 설득력이 없다. 출애굽기와 신명기 간의 언약궤의 특징에 있어서 근본적 차이는 없다.[20]

롤랑 드보(R. de Vaux)는 고대 근동에서 조약 문서를 왕의 발등상에 두는 것과 십계명 두 돌판을 언약궤 안에 두는 것을 같은 것으로 이해했다.

"이 증거 문서를 법궤에 두는 것은 그것이 발등상, 이후의 야웨의 발등상이기 때문이다. 이렇게 증거 문서는 하나님의 발아래 놓인다."[21]

메팅거(Mettinger)도 그가 비블로스의 아히람의 돌관에 있는 유물과 므깃도에서 출토된 상아판에 근거하여 솔로몬 성전에 있는 그룹의 기능을 설명할 때 법궤가 하나님의 발등상으로 사용되었다고 주장했다.[22] 이때 그룹은 보좌가 된다.

구약에서 법궤가 발등상이라는 표현은 단 한번 나타난다(대상 28:2). 다윗이 법궤를 '하나님의 발등상'이라고 했다. 그러나 여기서 다윗이 법궤가 발등상이라고 하는 것과 학자들이 말하는 것은 대상이 다르다. 다시 말하면 다윗은 법궤 전체를 가리키지 법궤를 그룹이나 속죄소를 분리해서 말하지 않는다. 왜냐하면 법궤와 그룹은 따로 분리되지 않기 때

---

19 Cf. Ian Wilson, "Merely a Container? The Ark in Deuteronomy," in *Temple and Worship in Biblical Israel*, John Day (ed.) (London: T&T Clark International, 2005), 212-237.
20 Cf. J. G. McConville, *Deuteronomy*, AOTC 5 (Leicester: Apollos, 2002), 188.
21 R. de Vaux, *Bible et Orient* (Paris: Les ditions du Cerf, 1967), 256.
22 T. N. D. Mettinger, *The Dethronement of Sabaoth*: Studies in the Shem and Kabod Theologies, CB, OT Serries 18 (Lund: CWK Gleerup, 1982), 19-24.

문이다.[23] 그래서 헷 족속의 종주권 언약과 고고학에 근거하여 그룹의 기능을 보좌로 언약궤의 기능을 발등상으로 나누는 것은 성경적 지지를 받기 어렵다(시 132:7). 사실 구약은 발등상의 개념을 땅(사 66:1), 예루살렘, 시온 혹은 성전(애 2:1)으로 넓게 사용하고 있다.

위에서 제시한 언약궤에 대한 여러 가지 기능 외에 필자가 제시할 수 있는 것은 언약궤가 하나님의 속성을 계시하는 도구로 사용되었다는 것이다.[24] 이스라엘은 보이지 않는 하나님의 속성, 즉 하나님의 전능, 무소부재, 선하심, 거룩함과 주권을 언약궤를 통해서 구체적으로 알 수 있었다. 그들은 언약궤를 통하여 요단강을 건너고(수 3장) 여리고성을 함락시켰을 때(수 6장) 그것이 우연한 것으로 보지 않고 하나님이 전능하신 분임을 알 수 있었다. 언약궤는 하나님의 발등상이다(대상 28:2). 하늘에 보좌를 두신 하나님의 발등상인 언약궤를 볼 때 경배자는 우주에 편만한 하나님을 깨달았을 것이다.

하나님이 선하시다는 속성도 법궤를 통해서 발견된다. 언약궤를 제작하라는 하나님의 명령(출 25:10)은 곧 하나님께서 그 백성 가운데 거하시겠다는 은혜로운 의지를 담고있는 것이다. 언약궤가 블레셋 땅에서 이스라엘로 돌아가는 사건도 하나님의 선하심을 보여주는 것이다(삼상 6장). 백성은 언약궤를 통하여 하나님의 거룩함을 깨달았다. 언약궤가 금으로

---

23 Cf. H. J. Kraus, *Psalmen 60-150*, BKAT XV2 (Neukirchen-Vluyn: Neukirchener Verlag), 1978, 853: "Lade und Kerubenthron sind nicht voneinander zu trennen."

24 이와 비슷하게 Köhler는 하나님께서 대용물/대리자를 통하여 자신을 계시하신다고 했다. 그가 네 가지를 제시하는 가운데 언약궤가 포함되어 있다. 그것은 언약궤, 천사, 얼굴 그리고 하나님의 영광이다. L. Köhler, *Theologie des Alten Testaments*. Neue theologische Grundrisse, Vierte, überarbeitete auflage (Tübingen: J. C. B. Mohr, 1966), 107-8.

제작되고(출 25:11; 28:36; 39:30), 제사장과 레위인이 다루며(민 4:4, 15), 지성소에 안치되는 것(대하 8:11)도 하나님의 거룩함과 관련된다. 또 벧세메스 사람들(삼상 6:19)과 웃사의 죽음(삼하 6:7)도 하나님의 거룩함을 보여주는 사건이다. 하나님의 주권은 특별히 언약궤가 블레셋에 머물면서 다곤과 그 거민들을 심판하고 자연법을 거스르면서 이스라엘로 돌아가는 사건에서 발견된다(삼상 5-6장). 언약궤는 하나님의 속성의 일부를 계시하는 기능을 가졌다.

2. 언약궤와 이스라엘

언약궤는 출애굽 이후 이스라엘이 한 민족으로 출발하면서부터 함께한 오랜 역사를 지녔다.[25] 시내광야에서 하나님의 명령에 의해서 언약궤가 만들어지면서 이스라엘은 언약궤에 임하시는 하나님을 만날 수 있었다. 그 하나님의 현현은 전에는 시내산 떨기나무에서 말씀하신 것(출 3:1-4)과 시내산 정상에서 나타났지만(출 19:20; 24-10-18) 그 뒤로 언약궤에서 나타났다.

언약궤는 그 거룩성 때문에 하나님을 섬기기 위해서 임명된 제사장들만 다룰 수 있었다. 백성이 우상숭배로 타락했을 때 십계명의 두 돌판이 든 언약궤가 하나님과의 언약적 관계를 회복하기 위해서 사용되었다. 광야를 여행할 동안 언약궤는 백성에 대한 야웨 하나님의 지도력을 보

---

[25] 벨하우젠에 의하면 언약궤는 P가 그려낸 환상에 불과하다. Wellhausen, *Prolegomena zur Geschichte Israels*, 40-41.

여주면서 그들을 약속의 땅으로 인도했다(민 10:35-36). 하나님은 법궤를 사용하여 이스라엘이 요단강을 건너게 하고(수 3장) 여리고성을 무너뜨리심으로써(수 6장) 구속 역사의 과정에 중요한 장을 여셨다.

하나님의 보이지 않는 임재의 놀라운 상징인 법궤는 가나안 땅에서도 이스라엘의 언약적 삶과 제의의 중심이 되었다(수 8:30-35). 이스라엘 백성은 회막에 있는 언약궤 앞에서 하나님의 영광스럽고 장엄한 임재를 경험할 수 있었다. 그래서 그들은 그것을 하나님의 계시의 장소로 사용하여 위급한 군사적 상황에서는 거기서부터 하나님의 지시를 받기도 했다(삿 20:27).

그러나 백성이 그 언약의 율법을 깨뜨릴 때는 심판을 받았다(삼상 6:19; 삼하 6:6-8). 하나님과의 규범적인 관계에서 가나안 전역에 흩어져 사는 이스라엘 지파들은 법궤에 거하시는 하나님의 능력으로 살아갈 수 있었다. 따라서 블레셋 사람들에 의해서 법궤가 빼앗기는 것이 이스라엘에게 고통으로 이해된 것은 법궤가 사라진 것이 이스라엘에서 영광이 떠난 것(이가봇)으로 이해했기 때문이다(삼상 4:21-22).[26]

그러나 야웨 하나님은 블레셋 땅에서도 자신의 주권적인 의지를 보이시면서 법궤가 이스라엘로 돌아오게 하셨다. 언약궤가 기럇여아림에 머무는 동안 이스라엘은 온전한, 공식적인 회복도 못하고 야웨 하나님을 사모했다(삼상 7:2).[27]

---

26 학자들은 'ī-kābōd에서 'ī가 불분명하다고 하지만 Tsumura는 우가릿 어원에 근거해서 를 '어디에'로 번역했다. 그래서 이가봇의 문자적 번역은 '영광이 어디에 있는가?'로 할 수 있다. D. T. Tsumura, *The First Book of Samuel*, NICOT (Grand Rapids, Mich: William B. Eerdmans, 2007), 201.

27 언약궤는 기럇여아림에 백년 가까이 머문 것으로 보인다. 사무엘의 젊은 시절의 사역기

언약궤는 시내산에서 언약을 맺은 후 광야를 출발해서 예루살렘에 도착함으로써 최종 목적지에 도착하게 되었다(삼하 6장). 시온성이 이스라엘 종교사에서 아주 중요한 역할을 하게 된 것도 법궤가 야웨의 거처인 시온에 안치된 후였다. 언약궤는 성막과는 달리 솔로몬 성전에서도 지성소에 안치되어 그 성전에 임하신 하나님의 영광을 증폭시키는 역할을 했다(왕상 8:1-10).

이렇게 긴 역사를 두고 언약궤와 이스라엘은 분리해서 말하기 어려운 정도로 서로 밀접한 관계가 있다. 언약궤의 운명은 곧 이스라엘의 운명이었다(렘 3:16). 아마도 성전이 파괴되면서 언약궤도 소실되었겠지만 하나님의 임재라고 하는 그 상징적 의미는 이스라엘 백성이 포로에서 돌아올 때까지도 남아있었다.

그래서 구약 이스라엘 사람들의 매일의 삶 가운데서 하나님의 거룩한 임재를 상징하는 언약궤를 생각하지 않고 이스라엘 종교와 역사를 설명하기는 어려울 것이다. 이런 중요한 제의적 기구가 합법적으로 사라진다는 것은 하나님의 구원 계획에서 큰 변화를 예고하는 것으로 보인다.

간(삼상 7:2) 20년, 사울이 등장하기 전 사무엘의 노년기 사역 약 30년(삼상 7:3; 8:1-2), 사울의 통치 기간 약 40년(삼상 8-31), 다윗의 헤브론 통치 기간 7년 반(삼하 2:11; 5:4)을 합하면 약 97.5년이 된다.

3. 언약궤의 소실에 대한 다양한 견해

예레미야는 자신의 설교에서 과거에 제의의 중요한 기구로 인정을 받던 언약궤가 사라질 것이라고 분명하게 언급했다(렘 3:16). 그러나 그것이 없어질지에 대해서는 성경이 구체적으로 언급하지 않았기 때문에 분명치 않다. 그래서 언약궤가 없어진 것에 대한 무성한 추측만 있을 뿐이다.

외경 마카비서에서는 예레미야가 느보산으로 성막과 언약궤와 향단을 가지고 가서 한 동굴에 그것들을 넣고 봉하라는 말을 들었다고 전한다. 그곳에서 그 기구들은 하나님이 자기 백성을 다시 모으실 때까지 발견되지 않은 채 있을 것이라고 한다(마카비 2서 2:4-7). 그러나 이 문헌은 분명히 예레미야의 예언에 의존한 후대의 전설이다. 이에 반해서 제2에스라에서는 성소가 파괴되고 언약궤는 전리품으로 가져갔다고 한다(제2 에스라 10:20-22).

에디오피아 전승에 의하면 솔로몬을 방문한 스바 여왕의 성경이야기는 상당히 불완전하다고 한다. 빠진 것은 스바 여왕이 솔로몬과 결혼을 하게 되었다는 이야기이다. 그것은 솔로몬의 허락 없이는 아무 것도 하면 안 된다는 그의 요구를 따르지 못했기 때문이었다. 이 전승은 성경의 여왕인 마케다의 아들 메넬릭이 솔로몬을 만나서 언약궤를 악숨 왕국으로 가져왔다고 한다. 에디오피아 정교회는 언약궤가 아직도 악숨 시에 있는 작은 교회당에 안치되어 있는데 아무도 볼 수 없다고 한다.[28]

---

28 Cf. D. H. Taws, "Guardian of the Ark?," *NH* (July 1994): 10.

하란(Haran)은 유다 왕 므낫세의 통치하에서 아세라 상을 위한 공간을 만들기 위해 법궤를 성전의 지성소에서 제거했다고 한다(왕하 21:3, 7; 대하 33:3, 7).[29] 이와 관련하여 에스겔은 하나님의 영광스런 보좌-병거를 상세하게 묘사했지만 법궤에 대한 언급은 어디에도 없다고 한다.[30]

에스겔의 예언에서 언약궤가 빠진 것은 그것이 그 시대에 이미 존재하지 않았다는 것을 말해준다는 하란의 주장은 잘못 적용된 것이다. 왜냐하면 에스겔이 본 내용들은 환상에 지나지 않으며 법궤의 존재와는 아무런 상관이 없다. 그룹과 성전에 대해서 그가 예언에서 묘사한 것은 그것들이 자기 시대에 있었다는 것을 의미하지 않는다. 성경 문헌은 언약궤가 므낫세 통치 이후인 요시야 시대에 성전에 있었다고 분명하게 증언한다(대하 35:3).

유대 전통을 따른 프라이스(Price)는 요시야가 성전산(Temple Mount) 아래 있는 한 밀실에 언약궤를 숨겼다고 확신한다. 그가 법궤가 바벨론 사람들에 의해서 약탈당하는 것을 막기 위해서 그렇게 했다는 것이다.[31] 이 장소는 현재 바위사원(the Dome of the Rock)이 있는 곳이고 무슬림이 관리하고 있다. 그렇지만 언약궤가 실제로 존재하는지는 여전히 미지수다.

최근에 데이(Day)가 언약궤의 최후에 대해서 열두 가지의 다른 견해를 연구하고는 언약궤는 포로기 쯤에 사라졌는데 가장 가능성이 있는 것은

---

29 M. Haran, "Disappearance of the Ark," *IEJ* 13 (1963): 46-58.

30 M. Haran, "Ark and the Cherubim: Their Symbolic Significance in Biblical Ritual," *IEJ* 9 (1959): 34.

31 R. Price, *In Search of Temple Treasure: The Lost Ark and the Last Days* (Eugene, OR: Harvest House, 1994), 323.

기원전 586년 성전과 함께 파괴되었다는 결론을 내렸다.[32]

그러나 구약은 어디에도 언약궤의 운명에 대해서 분명하게 언급하지 않는다. 그것이 파괴되었다고도 하지 않았다. 그러나 분명한 것은 언약궤는 구속사의 전진 과정에서 없어질 기구라는 것이다. 그래서 언약궤가 이 시대에 존재하든 안하든 간에 그것은 중요하지 않다는 것이다. 왜냐하면 하나님은 다른 방식으로 자기 백성 가운데 거하시기 때문이다. 이제는 성령으로 함께 하신다. 그러므로 언약궤가 사라진 것은 하나님의 주권적 계획의 일부라고 말할 수밖에 없을 것이다.

4. 언약궤의 소실의 의미(렘 3:16)

> 여호와의 말씀이니라. 너희가 이 땅에서 번성하여 많아질 때에는 사람들이 여호와의 언약궤를 다시는 말하지 아니할 것이요 생각하지 아니할 것이요 기억하지 아니할 것이요 찾지 아니할 것이요 만들지 아니할 것이라(렘 3:16).

---

[32] Day, "Whatever Happened to the Ark?" of the Covenant?" In *Temple and Worship in Biblical Israel*, edited by John Day (London: T&T Clark, 2005), 250–70. 1) 엘리나 모세 시대에 그리심산에 숨겨진 언약궤, 2) 솔로몬 시대에 에디오피아로 옮겨진 언약궤, 3) 시삭에 의해서 제거된 언약궤, 4) 통일 왕국의 약탈직후에 의도적인 내부 조치에 의해서 제거된 언약궤, 5) 요시야에 의해서 제거된 언약궤, 6) 아하스에 의해서 제거된 언약궤, 7) 히스기야에 의해서 제거된 언약궤, 8) 므낫세에 의해서 제거된 언약궤, 9) 요시야에 의해서 제거되거나 감추어진 언약궤, 10) 예레미야에 의해서 감추어진 언약궤 11) 느부갓네살 아래서 바벨론 사람들에 의해서 탈취당한 언약궤, 12) 느부갓네살 아래서 바벨론 사람들에 의하여 파괴된 언약궤.

예레미야의 이 구절은 구약에서 마지막으로 언약궤에 대해서 언급한 부분이다. 일반적으로 학자들은 솔로몬 성전이 건축된 이후 예배와 다른 행사에서 언약궤가 직접 언급되지 않은 이유는 이스라엘 예배에서 언약궤의 역할이 이차적인 것으로 밀려났기 때문이라고 생각한다. 언약궤는 이스라엘 역사 초기에 가장 중요한 제의 기구였다.

그러나 언약궤가 성전에 안치된 이후로 그 중요성이 감소되었다는 것은 이해할 만하다. 왜냐하면 언약궤와 성전은 둘 다 똑같이 하나님의 임재를 상징하기 때문이다. 그러나 언약궤가 성전의 영광을 증가시킨다는 것을 알아야 한다. 그것이 솔로몬 성전과 언약궤가 없는 스룹바벨 성전과의 차이가 된다.

먼저 본문을 살펴보면 16절은 "요시야 왕 때에 여호와께서 또 내게 이르시되"라는 머리말로 시작되는 예레미야의 설교에 속해있다. 이와 관련하여 여러 학자들은 15-18절은 에스겔의 주제를 반영하는 14절과 19-22절의 원래 설교 단위에 삽입되었다고 생각한다.[33] 사실 새 목자에 대한 약속은 에스겔 34장과 밀접한 관련이 있다. 예루살렘에서 이스라엘이 변화된다는 것은 에스겔 후반부에 나오는 예루살렘 회복처럼 들린다. 여기서 명확하게 언급된 유다와 이스라엘의 통일은 에스겔 37:15-23을 반영한 것이거나 예상한 것이다. 그러나 그 유사성에 대한 그런 가정이 후대 삽입에 대한 절대적인 증거를 제공해주지 못한다. 왜냐하면 이스라엘과 유다의 회복에 대한 표현은 종종 이사야(사 2:2-4),

---

33 Cf. Craigie et al., *Jeremiah1–25*, WBC 26 (Dallas, TX: Word Books, 1991), 59–60. Brueggemann, *Commentary on Jeremiah: Exile & Homecoming* (Grand Rapids, MI: Eerdmans, 1998), 46.

아모스(암 9:11), 미가(미 4:1-4), 스바냐(습 3:14-17)와 같은 선지서에서 제시되어 있기 때문이다.

이 글은 이 본문의 단위에 정경론적인 형태가 매끄럽지 못하다고 할지라도 본문의 현재 형태를 따라 연구하고자 한다.

언약궤가 예레미야 시대에 존재했는가 하는 문제는 대체로 본문의 번역과 의도에 달렸다고 본다.[34] 우선 언약궤가 요시야의 통치하에 존재했다는 것은 분명하다(대하 35:3).[35] 그때 언약궤는 예레미야 시대에 여전히 존재했을 수 있다. 물론 본문은 예루살렘 멸망 이전에 했던 그의 설교와 관련되지만 이 예언이 먼 미래에 이루어질 것이기 때문에 그 존재 가능성을 예측할 수 있다는 것이다.

예레미야는 택한 백성이 멸망하기 직전에 자기 시대의 재난을 넘어서 많은 이스라엘 사람들이 참 믿음으로 회복될 미래의 시대를 보고 있었다. 이 구절의 예언적 성격과는 무관하게 까젤(Cazelles)은 이 미완료 동사를 과거 시제로 번역하여 이 예언을 북 왕국을 향하는 것으로 이해

---

34 예를 들어 소진(Soggin)은 세 가지 경우를 제시한다. 첫째, 만일 그것이 여러 학자들이 주장하듯이 예레미야에 의한 것이 아니라 후대의 것이라면 그것은 명백히 언약궤가 기원전 586년에 사라졌다는 것을 의미한다. 비록 우리가 그것이 어떻게 사라졌는지는 알 수 없지만 말이다. 둘째, 만일 본문이 북쪽을 향한 예레미야의 것이라면 기원전 7세기 후반 요시야의 개혁 초기에 언약궤는 더 이상 존재하지 않았다. 셋째, 만약 이 구절이 유다와 관련된 것이면 그것은 기원전 597-586 사이에 성전에 법궤가 없었다는 것을 의미한다. 이 주장은 "그들이 또 다른 언약궤를 만들지 않을 것이다"라고 번역한 GNB의 번역을 수용할 때 지지를 받는다(Soggin, "Ark of the Covenant: Jeremiah 3:16," In *Le livre de Jérémie*, edited by P. Bogaert (Leuven: Leuven University Press,1997), 219.

35 톰슨(Thompson)은 "16절의 원래의 단어는 예루살렘과 성전 파괴 직후나 시드기야 시대로 연대를 잡아야 한다"고 말했다. Thompson, *The Book of Jeremiah*, NICOT (Grand Rapids: Eerdmans, 1980), 203.

했다.³⁶ 그러나 과거로 번역한 이 제안은 미래 시제로 번역하는 것보다 나아보이지 않는다.

어쨌든 16절은 과거에 신성시했던 언약궤가 사라질 것이라는 암시를 분명하게 주고있다. 물론 언약궤는 여전히 성전에서도, 아마도 성전 파괴 때까지, 하나님의 임재의 거룩한 상징으로서 여겨졌다. 과거와 현재와는 달리 미리 내다본 미래에서는 언약궤가 필요하지 않을 것이다. 본문의 언어는 그것이 파괴되어 그것을 다시 만들려는 시도도 없을 것이라고 암시하고 있다.

여기서 예레미야가 언약궤가 유용성을 잃게 될 것이라고 말한 이유에 대한 의문이 생긴다. 가능한 답변으로서 존스(Jones)는 당시의 언약궤와 성전과 같은 합법적인 상징과 제의도구의 오용을 지적한다.

> 언약궤와 성전을 물신 같은(fetish-like) 믿음을 갖고 바라보는 대중적인 충성을 거슬러서 이것은 근본을 흔드는 일이다. 그것은 민속적 성격을 지닌 종교를 타파하는 것이나 마찬가지다.³⁷

그의 설명이 설득력이 있어 보이는 것은 그것이 이스라엘의 타락한 종교를 적절히 반영해주기 때문이다. 그러나 그 대답이 충분하지는 않은 것은 예레미야의 예언이 당대의 문제가 아니라 미래의 양상과 관련되기 때문이다. 왜 언약궤가 상징으로서 없어지는가라는 질문은 백성의 회개가 아니라 야웨 하나님의 일방적인 은혜의 결과로 주어지는 회복과

---

36 H. Cazelles, "Israël du nord et arche d'alliance (Jér. III16)," *VT* 18 (1968): 158.
37 D. R. Jones, *Jeremiah*. NCBC (Grand Rapids, MI: Eerdmans, 1992), 103.

미래의 축복을 다루는 문맥에서 그 답이 주어질 수 있다. 그것은 백성의 회개로 인한 것이 아니라 야웨 하나님의 일방적인 은혜의 결과로 주어지는 것이다. "너희가 번성하여 많아질 때"(16절)와 "그때"(17절)라는 표현은 종말론적 구속의 기간을 묘사한다.

한편으로 그것은 "북쪽의 디아스포라로부터 이스라엘과 유다의 귀환과 시온에서 이루어지는 새 질서"와 관계가 있고, 또 제사장 나라로서 섬기도록 하는 고대의 소명이(출 19:5-6) 성취되는 오순절 사건의 주제와 관련된 것이다.[38]

다른 한편으로 그 표현은 모든 민족이 구원의 때에는 모두가 공개적으로 접근할 수 있는 야웨의 보좌인 예루살렘으로 모일 것이라는 것을 언급하고 있다. 그때는 하나님의 임재의 상징이 하나님의 전(全) 도성(都城)이 될 것이기 때문이다.[39] 와우스트라(Woudstra)가 제시한 대로 그 표현은 '샬롬' 상황을 가리킨다.

이것은 인간의 총체적인 복지를 의미하고 언약이 충만한 열매로 결실하는 곳에 존재한다. 그것은 종교의식이 의미한 모든 것에 대한 완전한 성취가 이루어지는 종말론적 마지막 때를 가리킨다(사 4:5-6; 슥 14:20-21; 겔 37:26-27).[40] 그때는 언약궤가 하나님의 임재의 유일한 상징으로서

---

38 W. Werner, *Das Buch Jeremia*(1-25), NSKAT 19/1 (Stuttgart: Verlag Katholisches Bibelwerk, 1997), 66.

39 Cf. E.A. Martens, *Jeremiah*, Believers Church Bible Commentary (Scottdale, Pa: Herald
 Press, 1986), 55.

40 Woudstra, "The Ark of the Covenant in Jeremiah 3:16-18," In Grace Upon Grace: Essays in Honor of Lester J. Kuyper, edited by James I. Cook (Grand Rapids: Eerdmans, 1975), 125. cf. Calvin, Predigten über das 2 Buch Samuelis (Neuchirchen:

더 이상 가치가 없을 것이다. 또한 예루살렘이 하나님의 보좌로서 평화가 만연할 때 언약궤와 같은 외적인 특정 제의 기구에 대한 필요성을 느끼지 않을 것이다. 이 주제의 마지막 발전단계에서 민족들이 나아온 새 예루살렘은 물질적인 성전을 필요로 하지 않는다(계 21:22-25).[41] 여기서 와우스트라는 성경 주석에 가치있는 통찰력을 제공한다.

> 예레미야의 말은 제의와 문화의 관계와 관련된 하나님의 계시의 진전이라는 관점에서 이해해야 한다. 그때만이 그것의 완전한 의미를 파악할 수 있다.[42]

이런 관점에서 언약궤가 미래에 없어질 기구로 묘사되는 것은 바람직한 것이다. 왜냐하면 언약궤의 소실이 새 언약 시대를 향한 영광스런 미래의 도래를 예고하는 신호가 되기 때문이다. 그러나 캐롤(Carroll)이 주장하듯이 언약궤에 대한 신명기적 취급이라는 관점에서 언약궤가 거룩성이 사라진 물건이나 비신화화된 고대의 나무 조각으로 여겨질 필요는 없다.[43] 언약궤와 관련된 구약 본문의 메시지는 옛 언약이 새 언약으로 향한 과도기에 있다는 것을 암시한다.

Neuchircher Verlag, 1961), 137.

41 L. C. Allen, *Jeremiah*, The Old Testament Library (Louisville, Ky: Westminster John Knox Press, 2008), 58.

42 Woudstra, *Ark of the Covenant*, 38. Aalders도 비슷하게 이 구절은 종말론적 구속의 대망이란 관점에서 이해해야 한다고 했다. G.Ch. Aalders, "Jeremia en de ark," *Gereformeerd Theologisch Tijdschrift* 21 (1921): 280.

43 R. P. Carroll, *Jeremiah*, OTL (London: SCM, 1986), 150.

> 구속의 미래에는 하나님의 율법은 마음에 새겨질 것이다
> (렘 31:33).[44]

비록 이스라엘 사람들이 하나님의 백성으로 자신의 정체성을 유지하는데 언약궤를 영원한 것으로 생각했겠지만 그들은 하나님의 임재의 물질적 상징이 없이 살아가는 법을 배워야 했다.[45]

이와 같이 언약궤의 상실은 그릇된 종교관을 갖고 물질적 상징에 집착하던 이스라엘 사람들에게는 자신의 종교의 상실로 여겨졌겠지만 실제로는 발전을 의미한다. 그렇지만 이 발전이 종교사학파에서 말하는 원시 종교에서 고등 종교로 발전하는 것을 뜻하지는 않는다.

개혁주의 생명신학이란 관점에서 언약궤의 소실은 하나님의 계시의 전진 과정에서 나타나는 새 언약 시대의 도래에 대한 예고이다. 모든 것이 그림자로 주어진 시대에서 그 실체가 주어지는 시대로, 하나님을 예배하는데 공간적 제약을 받던 시대에서 하나님이 성령으로 그 백성 가운데 거하시기 때문에 예배와 교제에 있어서 공간적 제한을 받지 않는 시대로, 인간 제사장의 사역을 통하여 하나님께 나아가던 시대에서 누구든지 그리스도로 말미암아 담대히 하나님께 나아갈 수 있는 시대로, 하나님과 누리는 교제와 같은 구원에 대한 영적인 실체가 없는 것은 아니지만[46] 구원의 의미가 희미했던 시대에서 예수 그리스도의 대속의 죽

---

44 J. Schreiner, *Jeremia 1–25*, NEB (Würzburg: Echter Verlag, 1993). 29.
45 Cf. H. McKeating, *Book of Jeremiah* (Peterborough: Epworth Press, 1999), 39–40.
46 Cf. J. Goldingay, *Old Testament Theology, Volume 2: Israel's Faith* (Downers Grove, IL: InterVarsity Press, 2006), 377–378.

음과 부활로 말미암아 영생을 보장받고 더 풍성한 삶을 누리게 되는 시대로 옮겨가는 것이다. 이 풍요로운 생명의 시대로 가는 바로 전 단계에서 언약궤는 사라져야 했다.

5. 결어

  하나님의 특별 임재를 상징하는 언약궤는 고대 이스라엘 종교에서 없어서는 안 되는 필수적인 제의 기구였다. 무엇보다도 언약궤는 하나님의 전능과 무소부재, 선하심과 거룩성 그리고 주권과 같은 그분의 속성을 보여주는 도구로서 쓰였다. 이스라엘 역사 초기부터 그 국가가 존재하던 전 시대에 걸쳐서 언약궤는 이스라엘이 하나님과 이상적인 관계를 유지하는데 꼭 필요한 것이었다.

  그러나 계시역사의 진전에 의해서 반드시 사라져야 할 도구였다. 구속자적 관점에서 언약궤의 소실은 이스라엘 종교의 쇠퇴가 아니라 종교적 상징물이나 의식에 매이지 않고 그 상징의 실체가 되신 예수 그리스도의 사역으로 완성되는 새 생명의 풍요로움을 보장하는 새 언약 시대의 도래를 예고하는 것이다.

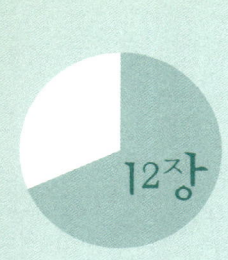

12장

호세아와 고멜의 결혼

호세아와 고멜의 결혼 관계에 대한 이해는 수세기 동안 논쟁이 되어 온 문제다. 이 논제에 본문의 구성 문제까지 포함시킨다면 내용이 너무 복잡하게 될 것이다. 그래서 이 주제는 선지자의 결혼을 단순한 교훈을 주기 위한 비유로 봐야 하는지 아니면 실제 역사로 봐야하는지 그리고 거기서 파생된 것에 대한 질문에 한정하고자 한다.

호세아 선지자에게 내려진 하나님의 명령은 아주 이례적이다.

> 여호와께서 처음 호세아에게 말씀하실 때 여호와께서 호세아에게 이르시되 너는 가서 음란한 여자를 맞이하여 음란한 자식들을 낳으라(호 1:2).

하나님의 선지자가 음란한 여인과 결혼을 해야 하는 부도덕한 상황이 해석의 어려움을 낳는다. 그래서 이 본문에서 말하는 호세아의 결혼이 가능하냐는 의문을 갖게 한다. 또한 고멜이 실제로 창녀인가 하는 문제도 제기된다.

1. 알레고리적 교훈

호세아의 결혼을 문자 그대로 받아들일 수 없다는 이 견해는 중세 시대 유대인 주석가들이 주장한 견해다(Rashi, Ibn Ezra, Maimonides, David Kimḥi).[1] 그 이유는 하나님이 선지자가 부도덕한 결혼을 하라고 명령하는 것은 율법에 위배된다는 것이다. 또한 그것은 십계명에서 간음을 금하고 있고(출 20:14; 신 5:17), 제사장에게 기생이나 부정한 여인을 취하지 말 것이며 이혼당한 여인을 취하지 말라는 레위기 율법에 저촉되기도 한다(레 21:7).

물론 호세아는 제사장이 아니지만 선지자와 같은 직분자가 이 문제에 자유롭다고 볼 수 없다는 것이다. 더욱이 간음한 자는 사형을 당하게 되어 있다(레 20:10). 또한 고멜에게서 낳은 사생아는 십 년 동안 여호와의 총회에 들어가지도 못하게 되어 있다(신 23:2). 하나님은 스스로 모순된 명령을 하지 않는다는 것이다.

호세아의 결혼의 역사성을 인정하지 않는 이런 견해는 현대 구약학자들 가운데서도 받아들여진다. 영(J. E. Young)은 "만약 호세아가 음란한 여인과 결혼했다면 그는 그 행위로 인하여 자기 사역의 효과를 소멸시킬 것이다"라고 했다.[2] 스튜어트(Douglas Stuart)도 그 역사성을 무시했다.

---

1 Yosef Green, 'Hosea and Gomer Revisited,' *Jewish Bible Quarterly* vol. 31, No. 2, 2003, 84. C. L. Seow, "Hosea, Book of," ed. David Noel Freedman, *The Anchor Yale Bible Dictionary* (New York: Doubleday, 1992), 292.

2 Edward J. Young, *An Introduction to the Old Testament* (Grand Rapids, MI: William B. Eerdmans Publishing Company, 1977), 253.

> 그녀가 1:2에서 은유적으로 '음란한 여인'으로 불리는 것은 그녀의 직업이나 관행에 대한 문자적인 진술로 받아들일 수 없다. 그녀는 단지 그 구절이 암시하듯이 모두가 창녀인 이스라엘이다. 즉 그들 모두가 여호와의 언약을 파기했다는 것이다.[3]

이들에게는 호세아의 결혼이 알레고리나 꿈의 세계라고 할지라도 그것이 여호와 하나님과 이스라엘의 관계를 나타내기 위한 하나님의 교훈이라는 것이 중요하다.

그러나 호세아서 본문 자체는 이 사건이 역사적인 사건임을 구체적으로 설명하고 있다. 시대적 배경이 이스라엘 왕 여호야김 시대이고 그의 출신에 대해서는 호세아의 아버지가 브에리라고 명시되었다. 고멜도 가상의 인물이 아니라 디블라임의 딸이라고 소개되었다. 이것은 호세아의 결혼이 단순히 환상이나 알레고리로 볼 수만은 없다는 것이다.

물론 호세아와 고멜에 대해서 이 정도로 설명하는 것이 역사적인 글의 성격으로 충분하지 않다고 말할 수 있을 것이다. 여기에 대해서는 본문이 그 이유를 말해주고 있다. 즉 "여호와께서 처음 호세아에게 말씀하실 때"란 말은 호세아의 결혼에 대한 이야기는 과거에 일어난 일이라는 것을 말한다.

또한 이 소개 부분은 매우 간략하게 요약 형식으로 기록되었다는 것이다. 간략하게 기록되었다고 해서 그 사건의 역사성을 의심할 필요는 없을 것이다. 만약 호세아와 고멜의 결혼이 비유나 꿈이었다면 본문 자

---

3 Douglas Stuart, *Hosea–Jonah*, vol. 31, Word Biblical Commentary (Dallas: Word, Incorporated, 2002), 11–12.

체에 그런 문학적인 표시가 있었을 것이다(겔 8:3; 11:24; 43:3; 단 8:1).

또한 하나님이 선지자에게 자신의 속성에 맞지 않는 명령이라는 것에 대하여는 그 명령이 모순이라기보다는 하나님의 특별한 의도에 의해서 주어질 수 있을 것이다. 예를 들어 하나님은 의로운 분이지만 무고한 욥에게 재난을 허락하셨다. 그것은 사탄 앞에서 이 땅에 진실한 믿음이 존재한다는 것을 증명하기 위한 하나님의 의도에서 비롯되었다. 그리고 제사장이 부정한 여인과 결혼해서는 안 된다는 레위기의 법이 선지자에게도 확대 적용하는 것이 정당한 지도 모른다.

2. 실제적 사건 통한 교훈

이 입장은 호세아가 불행한 결혼을 해서 음란한 자녀를 낳으라고 하나님의 명령을 받은 것은 실제 역사이며 그 사건이 하나님의 일방적인 자비와 그분에 대한 이스라엘 불충을 나타내기 위한 목적을 지닌다는 것이다. 사실 호세아 본문 자체는 이 사건이 역사적인 사건임을 구체적으로 설명하고 있음을 이미 언급했다.

호세아의 결혼을 실제 사건으로 볼 때 여기에 따른 많은 의문이 제기된다.

1) 호세아가 음란한 여인과 결혼한 것이 자기 행동의 결과인가?
2) 호세아가 결혼할 때 고멜이 창녀였나?
3) 1장과 3장에 나오는 여인이 동일인물인가?

4) 둘째, 셋째 자녀의 아버지는 누구인가?

이런 질문이 끝없이 제기되지만 이 정도 선에서 다룰 수 있을 것이다.

1) 호세아가 먼저 탈선 행위를 했다거나 그의 행위로 말미암아 고멜이 집을 나가는 상황이 생길 수밖에 없었다고 판단할 수 있는 근거는 호세아 3:3 본문이다.

> 그에게 이르기를 너는 많은 날 동안 나와 함께 지내고 음행하지 말며 다른 남자를 따르지 말라 나도 네게 그리하리라 하였노라 (호 3:3).

여기서 "나도 네게 그리하리라"는 호세아의 말이 자신의 외도를 암시한다는 것이다. 이 본문은 명사문으로서 본문 비평 없이 번역한다면 '나도 너에게 그렇게 될 것이다'로 번역할 수 있다(gam-'ᵃnī 'ēlayik). 이 부분을 그렇게 이해한다면 이 둘의 관계가 하나님과 이스라엘의 관계를 유추하도록 하는 것과 맞지 않다. 즉 하나님을 외도하는 선지자로 묘사할 수 없기 때문이다.

이 문제는 그동안 시도되었던 본문 수정을 통해서 해결되는 것처럼 보였다.

(1) '내가 가지 않을 것이다'(lō 'ēlek)라는 표현을 첨가하는 것(gam-'ᵃnī [lō 'ēlek] 'ēlayik, '나도 네게 가지 않을 것이다'). 이 표현을 삽입한 것은 끝말이 유사하기 때문에 누락되었다고 보기 때문이다(J. Meinhold).

(2) 중세 유대인 주석가들(Ibn Ezra, David Kimḥi)도 유사한 표현을 삽입했다(gam-'ᵃnī [lō 'āḇō] 'ēlayiḵ, '나도 네게 들어가지 않을 것이다'). 이 경우는 '그리고 또한'(wᵉḡam)이 앞의 병행 구절에 맞기 때문으로 본다.

(3) 단어를 삽입하지 않고 철자를 수정하는 경우는 마지막 단어에서 '알렙'(')을 '아인'(ʻ)으로 바꾸어서 '너에게'(' ēlayiḵ)를 '너를 대항하여'(ʻ ēlayiḵ)로 읽는 것이다. 그러면 '나도 너를 대항할 것이다'로 번역된다.[4]

이 내용은 호세아도 고멜과 동침하지 않을 것이라는 말이다. 이런 본문 수정을 요구하는 공통된 가정은 바로 앞의 '러이쉬'(lᵉ' īš)를 '(다른) 남자에게'가 아니라 '어떠한 남자에게'로 번역하는 것이다. 즉 어떠한 남자에게도 속하지 않을 것이라는 것이다. 그러면 내용이 더 자연스러워진다. 즉 호세아도 고멜과 부부 관계를 하지 않는다는 것이다. 그리고 이 본문이 뒤따르는 절(4-5)의 내용을 고려할 때 문맥이 맞지 않다고 판단하여 본문을 부정적 의미로 수정했다. 즉 왕도 없고, 지도자도 없고, 제사도 없는 상황 그리고 나중에 온전해질 것이라는 내용에 맞추는 것으로 보인다.

그러나 이 수정을 통한 번역은 또 다른 문제를 야기한다. 호세아가 고멜을 데리고 오면서 부부 관계를 하지 않는 것은 그녀를 사랑하지 않는 것이다. 즉 여호와 하나님의 명령을 거역하는 셈이 된다. 왜냐하면 하나님은 호세아에게 그녀를 '그냥 집에 데려다 놓으라'고 하지 않으시고

---

4 이 세 견해는 볼프가 간략하게 소개하고 있다. Cf. Hans Walter Wolff, *Hosea: A Commentary on the Book of the Prophet Hosea*, Hermeneia (Philadelphia: Fortress Press, 1974), 56.

'다시 가서 사랑하라'고 명령하셨기 때문이다.[5] 이렇게 본문의 흐름을 따라서 이해한다면 "나도 네게 그리하리라"는 표현도 '네가 나에게 대하듯이 나도 너를 친근하게 대하겠다'는 뜻으로 보는데 무리가 없을 것이다.

2) 호세아가 결혼할 때 고멜의 상태에 대해서는 의견이 분분하다. 고멜의 신분을 논할 수 있는 표현은 히브리어 '에쉐트 저누님'($'ēšet\ z^e nūnīm$, 음란한 여인)이란 표현이다(호 1:3). 이 표현에 대한 가장 일반적인 견해는 그녀가 창녀였다는 것이다. 그것은 몸을 파는 직업적 창녀를 의미한다. 그런데 본문의 단어 '저누님'($z^e nūnīm$)은 복수 형태이지만 단순히 '창녀'를 의미하는 '조나'($zōnā$)의 복수가 아니다.

이 단어는 여성으로서 복수가 되면 '조노트'($zōnōṯ$)가 되어야 한다. 항상 복수로 쓰이는 단어(pluralia tantum)인 '저누님'($z^e nūnīm$)은 그렇게 쓰이는 다른 명사와 같이 추상명사의 의미를 지닌다.[6] 만약 창녀를 표현하려면 한 단어로서 $zōnā$를 쓰든지(창 34:31; 38:15; 레 21:14; 수 6:17, 25), 두 단어로 표현하려면 연계형, 독립형을 사용한 속격 관계가 아닌 동격으로 쓰여야 했다(단수: $'iššā\ zōnā$, 레 21:7; 복수: $nāšīm\ zōnōṯ$, 왕상 3:16). 그래서 단수 연계형과 복수명사로 결합된 '에쉐트 저누님'($'ēšet\ z^e nūnīm$)이란 표현은 창녀가 아니라 창녀의 기질이나 성향을 가진 여인, 즉 음란한 여인으로 번역하는 것이 옳다.

고멜이 창녀라는 이해와 함께 그녀를 신전에서 봉헌의 행위를 하는

---

5 Cf. Leon J. Wood, "Hosea," in *EBC* 7, 181.
6 신득일, 『구약히브리어』, §21 a ②.

창녀로 주장하는 학자도 있다. 헨트리히(Hentrich)는 '에쉐트 저누님'을 '자신을 음행에 내어준 여인'으로 번역하고 고멜을 신전의 창녀로 보았다. 그는 신전의 창녀를 의미하는 '커데샤'($q^e d\bar{e}\check{s}\bar{a}$)와 창녀를 의미하는 '조나'($z\bar{o}n\bar{a}$)를 교환이 가능한 단어로 보았다. 그런데 이 직업에 대해서 긍정적인 의미를 알고 있는 편집자가 '조나'라는 단어를 사용했지만 의미상 같은 뜻을 지닌다고 한다.[7] 고멜이 가나안 신전의 창녀로서 활동했다고 한다면 그것은 음행 이전에 우상숭배의 성격이 더 강할 것이다. 그러나 본문은 '음란한 여인'이라고 말할 뿐이다. 고멜이 음란한 바알의 제의에 참여했겠지만 고용된 신전의 창녀로 보기는 어렵다.

고멜을 직업적인 창녀나 신전의 창녀로 보는 것은 언어적으로 맞지 않다. 왜냐하면 그 언어는 창녀가 아니라 음란한 성향을 나타내기 때문이다. 또한 그것은 계시역사적으로도 맞지 않다. 왜냐하면 이스라엘이 하나님의 선택을 받았을 때는 처음부터 창녀가 아니었기 때문이다. 고멜이 호세아와 결혼할 당시에 그녀가 순결했다고 볼 수는 없지만 창녀는 아니었다고 봐야 할 것이다.

3) 호세아 1장과 3장에 나오는 여인이 동일인물이 아니라는 견해는 호세아 3:1에 나타나는 단어 때문이다. 본문은 "타인(애인)의 사랑을 받은 여인을 사랑하라"고 했는데 이 '여인'이란 명사 앞에 정관사가 없다 ('$i\check{s}\check{s}\bar{a}$, 한 여인). 그래서 학자들은 그 여인이 고멜과 다른 사람이라고 생각한다.

---

[7] Thomas Hentrich, 'Qui était Gomer, 'ēšèt zenûnîm (Os 1,2–3)?,' *Science et esprit* 55 (2003): 12, 19.

다시 말해서 고멜은 실격당하고 새로운 음란한 여인이 호세아의 결혼 대상이 된다고 한다. 그 여인 역시 자격이 없듯이 이스라엘도 자격이 없다는 것이다. 이것은 종말론적 관점에서 하나님께서 이스라엘을 버리시고 종말론적으로 변화된 남은 자들, 즉 새로운 이스라엘을 선택하셨다는 것이다.[8]

그런데 문법적으로 그렇게 볼 수 있는 여지는 있지만 문맥상 그렇게 보기에는 어려운 측면이 있다. 일단 본문은 "다시 가서 사랑하라"고 했다. 여기서 '다시'라는 말이 앞의 사건을 연결시키는 의미가 있기 때문에 그 여인은 고멜을 두고 하는 말로 볼 수 있을 것이다.

또 호세아가 은 열다섯 개와 보리 한 호멜 반으로 자신을 위하여 그녀를 사는 것에서도 이미 다른 사람의 소유가 된 고멜을 값을 지불하고 자신의 소유로 삼는 것으로 보인다. 그가 지불한 것을 돈으로 환산하면 총 30세겔인데 이것은 공교롭게도 여종을 위해서 지불하는 값과 같은 액수다(출 21:32; 레 27:4).[9]

그리고 호세아와 고멜의 관계가 여호와 하나님과 이스라엘을 유추한다고 할 때 그 대상이 바뀌는 것은 맞지 않다. 그 대신 하나님은 자기 백성을 버리지 않으시고 끝까지 사랑하시는 것은 호세아가 고멜을 지속적으로 사랑하는 것에서 나타나야 했다. 그 여인을 다른 여자로 보고 하나님과 이스라엘의 관계를 오순절 이후까지 연결시키는 것은 좀 무리가 있어 보인다. 왜냐하면 구약에서도 남은 자의 회복이 성취되었기 때문이다.

---

8 Stuart, *Hosea–Jonah*, 66.
9 Wolff, *Hosea*, 61.

호세아 3장에서 하나님께서 호세아에게 명령하실 때 '네 아내' 또는 '네 여인'이라는 한정사가 있으면 좋았을 것이다. 그러나 이렇게 하나님의 명령을 표현한 것은 둘 사이에 어느 정도의 거리감이 있다는 것을 분명히 보여주려는 의도가 있는 것으로 이해할 수 있다.[10]

4) 호세아가 둘째, 셋째 자녀의 아버지인가라는 질문은 호세아서의 본문과 관계가 있다. 첫째 아이는 분명한 언급이 있다.

> 이에 그가 가서 디블라임의 딸 고멜을 맞이하였더니 고멜이 임신하여 아들을 낳으매(호 1:3).

그러나 둘째와 셋째 아이에 대해서는 호세아와 관계에서 자녀를 낳았다는 말이 없다(호 1:6, 8). 하퍼(Harper)는 자녀들의 이름의 유형이 다르기 때문에 첫 아이만 호세아의 아들이고 나머지는 다른 사람의 자녀라고 한다.[11] 해당 구절이 분명하지 않으니까 그렇게 볼 수도 있을 것이다.

그러나 앞에서도 언급했듯이 호세아의 본문은 전기와 같이 상세히 기록된 역사가 아니고 회고의 성격을 지니는 간략한 기술이다. 그래서 내용이 그 해당 구절에 명시되지 않았다고 해서 추측에 의존해서는 안 된다. 또 자녀들의 이름의 유형이 다르다고 해서 다른 남자에서 낳은 자녀라고 말해서는 안 될 것이다.

10　Wood, "Hosea," 181.

11　Harper, *A Critical and Exegetical Study on Amos and Hosea,* ICC (Edinburgh: T. & T. Clark, 1955), 207.

본문에는 여기에 대한 명백한 두 가지 반대가 나타난다.

첫째, 하나님께서 호세아에게 명령하실 때 "음란한 아이들"을 낳으라고 복수로 말씀하셨기 때문이다. 하나님께서 한 명이 아니고 여러 명의 자녀를 낳으라고 명령하셨기 때문에 호세아는 여러 명의 자녀를 낳아야 했다. 이들을 "음란한 아이들"이라고 칭한 이유는 아이들이 음란한 것이 아니고 음란한 어머니가 낳은 자식이기 때문이다.

둘째, 고멜이 둘째 아이를 낳았을 때 하나님께서 호세아에게 직접 이름을 '로루하마'라고 부르라고 명령하셨다. 셋째 아이를 낳았을 때는 하나님께서 그 이름을 '로암미'로 하라고 명령은 하셨지만 누구에게 하셨는지 대상이 밝혀지지 않았다(1:9).

그렇지만 셋째의 경우도 둘째 경우와 같은 것으로 이해하는 데는 별 무리가 없을 것이다. 하나님은 호세아와 고멜을 통하여 하나님과 백성의 관계를 보여주시길 원하셨을 뿐만 아니라 그들의 자녀들을 통해서 이스라엘의 상태와 미래를 보여주셨던 것이다.

위의 설명으로 호세아와 고멜에 관한 숱한 의문을 잠재울 수 없지만 해리슨이 말한 대로 본문을 순서대로 읽고 이해하는 것이 중요하다.

> 호세아의 결혼과 관련된 부분에 대한 가장 만족스런 설명은 아마도 1장과 3장이 역사적이며 그것들이 연대적인 순서로 나타나고, 동일한 여인에 대해서 묘사하고, 중복이나 변형이 아니라 보완적이라는 것이다.[12]

---

12 Harrison, *Introduction to the Old Testament*, 867.

3. 요약

호세아와 고멜의 결혼은 많은 의문을 제기하는 주제이지만 독자가 분명히 알 수 있는 것은 이 모든 사건이 하나님의 주도적인 간섭에 의해서 이루어진다는 것이다. 호세아는 실제로 창녀가 아닌 음란한 성향을 가진 고멜과 결혼했다.

호세아 1장과 3장에 등장하는 여인은 고멜로 보는 것이 자연스럽고 세 아이도 호세아의 자녀로 보는 것이 타당해 보인다. 하나님은 호세아의 결혼을 통해서 언약을 파기한 이스라엘을 여전히 사랑하시는 것을 보여주신다. 그 이유는 언약의 특징이 은혜가 심판보다 더 크기 때문이다. 언약의 그런 특징은 인류 구속을 위한 하나님의 계획에 근거를 두고 있다.

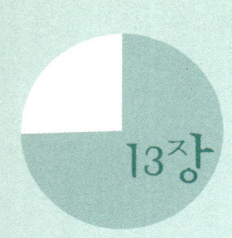

시편 42, 43편 해석 문제

시편 42, 43편은 하나의 단위로서 동일한 역사적인 배경을 가진 것으로 보는데, 이 시편은 몇가지 문제에 있어서 오랫동안 논의되어 왔다. 저자와 시편이 생겨난 배경(Sitz im Leben), "나"와 원수, 성전에 대한 이해, 지리적 명칭과 몇몇 시적인 표현 등에 관해서 말이다. 본 장에서는 본문을 살피면서 역사적인 상황을 고려하고, 비평가들의 문제점들을 지적하면서 어디까지 이 시에서 저자가 의도하는 바를 설명할 수 있는지 그 해석의 가능성을 제시할 것이다.

1. 서론: 시의 종류와 형태

일반적으로 시편 42편과 43편은 원래 하나의 시로 본다. 이 두 시가

---

1 이 글은 「기독교대학과 학문에 대한 성경적 조명」(고신대학교 설립 50주년 및 한석 오병세 박사 은퇴 기념 논문집, 1996)에 실린 논문이다.

동일한 세 개의 후렴을 가지고 또 같은 상황에서 일어났기 때문이다. 물론 43편이 42편을 보충한 것으로 볼 수도 있겠지만 알 수 없는 이유로 후대에 분리된 것으로 본다(제의적인 이유도 있을 것이다). 학자들은 시편 42, 43편을 "엘로힘 시편"에 속한다고 한다.[2] '엘로힘'이 지배적이지만 (16번), '엘'도 다섯 번 나오고, 9절에는 '야웨'란 말이 나온다.

궁켈(Gunkel)에 의하면 시편 42, 43편은 개인 탄식시에 속하고 시인은 기적적으로 하나님의 성전에 나아가기를 고대하는 것이 이런 종류의 시의 특징이라고 한다.[3] 모빙켈(Mowinckel)도 궁켈과 마찬가지로 이 시를 특별히 질병과 관련시켜서 원수의 핍박으로 말미암아 시인의 육체적 고난이 심하여 그 고통이 뼈를 찌르는 듯하다고 한다.[4] 그러나 이 시는 육체적인 고통을 말하지 않고, 영적인 고통을 다루고 있다. 여기서는 질병에 관한 말이나, 치료를 바라는 말이 없다. 개인 탄식시는 대개 기도나 탄식의 깊은 심연에서 시작하여, 응답에 대한 확신에 찬 표현의 정점으로 끝맺는다.[5]

표제는 '람나체흐'(lamnaṣṣēḥ)란 말로 시작하는데 개역한글판에는 "영장으로 한 노래"로 번역되었다.[6] 이것은 시편 55편의 시편과 하박국

---

[2] 시 42-83편을 두고 말하는데, 일반적으로 원래 하나님의 이름이었던 '야웨'를 어떤 시대에 이스라엘의 특정 그룹 안에서 '엘로힘'으로 바꾸었다고 한다. Nic. H. Ridderbos, *De Psalmen* II, KV (Kampen: Kok, ND), 13.

[3] H. Gunkel, *Einleitung in die Psalmen* (Göttingen: Vandenhoeck & Rupricht, 1966), 172, 180.

[4] S. Mowinckel, *Psalmenstudien* I (Amsterdam: P. Schippers, 1961), 43.

[5] Nic. H. Ridderbos, *Psalmenstudie* (Kampen: J.H. Kok, 1991), 171.

[6] 칠십인역에 있는 *eis to telos*(끝으로)라는 말은 아무런 의미가 없어 보이지만 종말론적인 제목으로 볼 수 있을 것이다.

3:19에 나타난다. 이 말은 '찬양인도자를 위하여'란 뜻인데, 그 인도자는 두 가지 중요한 의미를 지닌다. 리데르보스(J. Ridderbos)와 같은 이는 그는 성전 음악 인도자(대상 15:17)와 일치한다고 보았는데, 그는 시편을 연주할 때 인도하는 역할을 하는 자라고 한다.[7] 델리취(Delitzsch)와 같은 자는 역대상 15:17과 뒤의 21절에 나오는 직분을 구분해서 생각하는데 그 찬양인도자는 시편을 찬양으로 연습시키는 일을 하는 자일 것이라고 한다.

여기에 대한 다양한 견해들이 있지만 우리는 정확히 알 수 없고, 다만 그 직분자는 일반적으로 성전의 제의와 관련된 것으로 볼 수 있다.

'마스킬'(*maśkīl*)은 13편의 시편의 표제와 시편 47:8에 나타난다. 이 단어의 형태는 *śākal*의 히필 분사형이지만 그 의미는 '교훈시,' '묵상,' '지혜시,' '예술시'(Kunstig Lied) 등으로 다양하다. 비록 '마스킬'이 의미하는 바는 확정되지 않았지만, 이 시에 가장 적당한 의미는 '예술시'라고 하겠다. 이는 이 시편이 음악 연주와 밀접하게 관련되어 있기 때문이다.

이 시는 후렴(시 42:6, 12; 43:5)을 기준으로해서 크게 세 부분으로 나눌 수 있다.[8]

---

7 J. Ridderbos, *De Psalmen* I COT (Kampen: Kok, 1958), 36.
8 이것은 "afraffelgebed"라는 연도(litanei)로 볼 필요는 없다. Cf. Zimmerli, Grundriss der alttestamentlich Theologie, 133. 상세한 구조 분석에 대해서는 Raabe의 책을 참고할 수 있다. Paul R. Raabe, *Psalm Structures*: A Study of Psalms with Refrains, JSOT 104 (Sheffield: JSOT Press, 1990), 29-50.

1. 42:2-6, (a) 탄식(2-5)   4c,d(조롱)
           (b) 후렴(6)
2. 42:7-12, (a) 탄식(7-11)   11c,d(조롱)   10c,d(원수의 압제)
           (b) 후렴(12)
3. 43:1-5, (a) 기도(1-4)   2c,d(원수의 압제)
           (b) 후렴(5)

구조상 언뜻 보기에는 세 후렴을 사용하는 것이 이 시에 정적인 성격을 가미하는 것 같아 보이지만 전체 문맥의 흐름은 낙망에서 확신으로 이동하고 있음을 알 수 있다.[9] 후렴은 이 시의 절정을 이룬다. 반복되는 문체는 또 다른 후렴 기능이 있는데, 큰 문단 속에도 작은 후렴과 같은 반복(c,d)이 나타난다. 이것은 첫째 부분과 둘째 부분을 그리고 둘째 부분과 셋째 부분을 연결하는 고리 역할을 한다. 또 이 구조를 따라서 원수에 대한 언급을 점차 구체화시키고 있음을 알 수 있다. 즉 첫째 부분의 4절에서는 좀 애매하고, 둘째 부분의 10절에서는 좀 더 구체화되고, 셋째 부분 시편 43:1에서는 가장 구체적으로 나타난다.[10]

이 시의 구조는 대단히 짜임새가 있고 제의적인 형태를 갖추고 있다. 이 개인적인 시가 제의에서 생겨나지는 않았을 것이다. 비록 이 시의 언어와 열망이 실제로 제의적 요소에 속하지만 말이다.[11] 그렇지만 표제와

9　R. C. Craigie, *Psamls 1-50*, WBC (Walco, Texas: Word Books, 1984), 325.
10　Ridderbos, *De Psalmen* II, 18.
11　R. Clements, *A Century of Old Testament Study* (Guildford: Lutterworth, 1983), 118.

관련해서 후대에 이 시는 예배의식에 사용되었을 것으로 받아들일 수 있다.

음률에 있어서는 3+2조의 '키나'가 지배적이라고 하지만[12] '키나'라는 용어가 적합한지는 모른다. 또 우리는 저자가 이 음률을 실제로 의식하고 사용했는지 혹은 격한 시인의 감정의 표현이 우연히 우리에게 그런 운율로 나타났는지 알 수 없다.

2. 본론: 해석의 문제점

이 연구에서는 이 시편의 생장지와 관련된 저자와 저작시기를 논하는 첫 단락에서 "나"와 원수에 관한 내용을 넣어서 다루고, 하나님의 얼굴, 지리적 명칭, 몇몇 시적인 표현의 순서로 쓸 것이다.

1) 저자와 저작시기

표제에는 고라 자손들이 언급되어 있다. 마치 그들이 저자인 것처럼 말이다. 비평가들은 이 표제가 후대에 첨가한 것으로 역사적인 배경에 대한 정확한 정보를 제공해주지 못한다고 한다. 대부분의 시편을 마카비 시대(기원전 2-1세기)로 돌리는 둠(Duhm)은 이 시편의 기자가 성전에서 멀리 떨어져 있는 점을 고려하여 히치히(Hitzig)가 말한, 그 시인이 시리아에 있는 대제사장 오니아스(Onias III, 디아스포라에서 돌아온 자)일 것이

---

12 Kraus, *Psalmen* I, 472.

라는 가정을 받아들인다.[13]

그러나 그가 시리아의 안디옥에 머문 것은 셀류쿠스 4세(Seleucus IV)를 만나서 밝혀야할 일이 있었기 때문인데 그 이유는 다르다.[14] 아이스펠트(Eissfeldt)는 '다윗의 시'라는 표제에 대해서 말하길 "표제가 저자를 지칭하는 것으로 받아들일 아무런 근거가 없다"고 하면서, 오히려 그것은 "보다 더 발전된 종교성과 도덕성을 전제하고 있다"고 했다.[15] 만일 시편의 표제가 종교가 발전하는 과정에서 후대에 덧붙여진 것이라면 34편이나 되는 많은 시편에는 표제를 붙이지 않았는가라는 질문에 답변하는 데 어려움이 있다.

사실 표제가 저자를 가리킨다고 단정할 수는 없다.[16] 그렇지만 표제가 시편의 내용과 잘 어울린다면 그것을 저자와 관련시키지 않아야 할 분명한 이유도 없다.

첫 번째는 본문에서 저자가 사용한 표현을 보면, 그가 상당한 영향력을 가진 지도자였던 것 같다. "나의 하나님"(시 42:7; 43:4), "살아계신 나의 하나님"(시 42:9), "그 얼굴의 구원"(시 42:12), "나의 힘이 되신 하나님"(시 43:2) 이런 표현이 적용되는 자는 왕(왕상 3:7; 8:28; 대상 17:25; 21:17; 29:17; 대하 6:19, 40; 시18:2, 6, 21, 28; 89:26)과 국가의 지도자(스 9:6; 느 5:19; 6:14; 13:14, 22, 29, 31) 그리고 선지자(사 25:1; 렘 31:18; 호

---

13 D. B. Duhm, *Die Psalmen*, KHCAT (Tübingen: J.C.B. Mohr, 1922), 181.
14 Bright, *History of Israel*, 419-20.
15 Eissfeldt, *Einleitung in das Alte Testament* (Tübingen: J.B.C. Mohr, 1943), 499.
16 Lettinga, *Hulpboek bij de grammatica van het Bijbelse hebreeuws* (Leiden: Brill, 1976), 39.

2:25; 8:2; 욜 1:13; 욘 2:7; 합 1:12; 슥 3:9; 단 9:18, 19)이다.[17]

특별히 이런 표현은 다윗의 시에 자주 쓰였다.[18] 이 시인은 단순한 국가 지도자라기보다는 종교적인 면에서 그런 위치를 점하고 있다고 하겠다. 그렇다면 시편 42, 43편의 표제는 내용과 잘 맞는다. 그래서 이 표제는 저자와 내용을 확정하는데 가치가 있다고 하겠다.

고라 자손은 레위 지파에 속한다. 고라는 레위의 세 아들 중의 하나인 그핫의 손자였다(출 6:20). 처음에는 레위인은 법궤를 운반하는 임무를 가졌지만, 법궤가 예루살렘에 안치된 후에 다윗이 직책을 잃은 그들을 제사의식 때 노래하는 자들로 또 성막 문지기로 임명했다(대상 6:31 이하; 9:19). 그리고 여호사밧 때는 고라 자손들이 노래하는 자로 임명되었다(대하 20:19).

이 시편 기자는 성전에서 수종들던 자로 성전에서 노래하던 자로 나타난다. 시편의 표제와 내용이 그것을 지지하고 있다(시 42:5). 시인은 성전에서 수종드는 자들 가운데서도 주도적인 역할을 하는 위치에 있었던 것이 분명하다.[19] 그는 예루살렘 성전을 그리워하고 있다. 그러나 본문

17　John H. Eaton, *Kingship and Psalms*, Studies in Biblical Theology 32 (London: SCM Press, 1976), 70.

18　O. Eissfeldt, ""Mein Gott" im Alten Testament," *ZAW* 61 (1946): 3-16.

19　시인은 전에 성소에서 활동했다. 그는 과거에 행했던 일을 미완료(*'eʿĕbor*, 건너가다; *'eddaddem*, 들어가다)로 씀으로써 과거에 자신이 참여한 사건을 생생하게 묘사하고 있다. Carl Brockelmann, *Hebräische Syntax* (Neukirchen: Erziehungsvereins, 1956), 43. 이것은 과거의 반복을 나타내는 미완료다(GK, §107 e). 그때 그는 "장막에(*bassāk*) 건너갔다." 그는 성소에 들어갈 권리가 있었던 것이다. 그런데 *bassāk 'eddaddem*이라는 말이 논쟁거리가 된다. 크라우스는 여기서 칠십인역의 번역인 *'addīrīm*(영화로운 자, 강세복수)을 택했다. 이때 번역이 "영화로운 자의 집으로," "하나님의 집으로"가 되기 때문에 구조적으로 잘 어울린다(Kraus, *Psalmen* I, 472, 475). Dahood는 *addm*의 우가릿 어원(*ndd*)의 의미를 취하여 "엎드리다"라고 하였다. 그런데 이 둘의 주장은 불

속의 일인칭 주어인 "나"가 저자가 아니라 저자가 생각하는 제3의 인물이라면 우리는 저자에 대해서 아무것도 말할 수 없을 것이다. 이 이론은 '상황시'(poetry of situation)에 대한 문학이론에 근거한 것이다.[20] 그러나 시편은 현대문학 작품이 아니다. 성경의 시는 순수예술을 지향하는 문학이 아니라 종교적인 의도를 지닌 문학이다. 그래서 본문의 "나"는 우선적으로 저자일 수밖에 없다.

이 시가 쓰여진 정확한 시기를 결정하기는 참으로 어렵다. 둠은 대부분의 시편이 마카비 시대의 사회적 상황을 반영한다고 하고, 거기에 반해서 커크패트릭(Kirkpatrick)은 대부분의 시편은 포로 이전에 쓰여졌다고 주장한다.[21] 베스터만(Westermann)에 의하면 시편의 전체적 경향은 포로 이후 시대로 정하는 것이 타당하다고 한다.[22] 이스라엘이 열강들의 속국으로 있을 때 말이다 이러한 견해는 이 시편의 기자가 표제와 관련이 있다고 할 때는 받아들여질 수 없는 것이다. 포로 이후에는 그들을 노래

명확하다. 우리는 마소라 본문의 구성을 받아들일 수 있다. 이 단어를 '행하다,' '나아가다'의 의미를 가진 *dādā* 에서 파생한 것으로 생각한다면 본문 수정없이 이해할 수 있다. "내가 성소에 건너가서 그들 앞서 나아갔을 때" 혹은 "그들을 인도 하였을 때"라는 번역은 그의 직분에도 맞고, 성소에서 그의 역할을 설명할 수도 있다. 여기서 *kī* 는 '~할 때'를 의미한다. M. D. Goulder, *The Psalms of the Sons of Korah*, JSOT 20 (Sheffield: JSOT Press, 1982), 30. 그리고 이 '나아가다'는 동사는 특별한 종류의 행진을 의미한다. 그러니까 춤을 추는 특별한 제의적인 동작을 생각할 수 있다(삼하 6:16 참고). 회중은 "기쁨과 찬양의 소리 가운데서" 성소의 뜰 안으로 들어간다(시 100:4; 118:19f.). "절기를 지키는 행렬(무리)"은 해마다 정한 절기에 성소를 찾아오는 경건한 순례자들을 묘사한다. 그때 시인은 하나님 앞에서 영광스런 지위를 가지고 있었다.

20 L. Alonso Schökel, "Psalm 42-43: A Response to Ridderbos and Kessler," *JSOT* 1 (1976), 62-63.
21 Cf. Clements, *A Century of Old Testament Study*, 96-97.
22 Cf. Claus Westermann, *Der Psalter* (Stuttgart: Calwer, 1969), 55.

하는 자라고 부르지 않았기 때문에[23] 고라 자손의 시는 포로 이전에 지었다고 볼 수밖에 없을 것이다. 만일 우리가 시인이 바벨론 포로로 잡혀갔다고 한다면(E. Beaucamp),[24] 7절에 나오는 지명에 대해서 설명할 수 없을 것이다.

두 번째는 에발트(Ewald)가 "바벨론으로 끌려가는 여호야긴"을 생각한데서 찾을 수 있는데,[25] 성전에서 봉사하던 시인이 바벨론 유배지로 가던 도중의 캠프가 이 시가 생겨난 배경(Sitz im Leben)이 될 수도 있을 것이다.

여기에 대한 내적 증거로서 몇 가지를 들 수 있다. 우선 저자는 헬몬산과 요단 땅에 머물러있고(7절), 성전봉사에 대한 기억이 생생하기 때문에(시 42:5) 그곳을 떠난 지 오래지 않았다고 볼 수 있다. 시인이 돌아가길 기대하는 것으로 보아서 성전이 아직 파괴되기 전(시 42:3; 43:3)의 포로 초기의 사건으로 생각할 수 있다는 것이다.[26] 일반적으로 바벨론으로 가는 경로는 바산에서 다메섹으로 연결되는 도로로서 지도상 헬몬산보다 훨씬 아래 부분으로 나타나 있다.

세 번째는 "네 하나님이 어디 있느뇨"란 표현을 하나님을 모르는 이방인이 아니라 동족이 사용할 수 있는 가능성도 배제할 수는 없다는 것이다. 비록 경건한 동족이라고 할지라도 시인의 직분과 관련해서 그런 표현을 사용할 수 있다. 그러니까 시인은 성전에서 제사의식에서 주도

---

23 J. Ridderbos, *De Psalmen* II, COT (Kampen: Kok, 1958), 7.
24 Cf. Kraus, *Psalmen* I, 473.
25 Cf. Goulder, *The Psalms of the Sons of Korah*, 24.
26 C. A. Briggs, *The Book of Psalms*, ICC (Edinburgh: T. & T. Clark, 1927), 367.

적인 위치를 차지하던 자였는데(시 42:5), 알 수 없는 일로 해고당하여 지금은 성전에서 멀리 떨어진 곳에서 그곳으로 나아갈 수 없는 처지가 되어서 사람들의 비웃음을 살 수 있다는 말이다. 즉 "네가 섬기던 그 하나님이 지금은 어디에 있는데, 너는 무엇을 하느냐"라는 뜻으로 이해할 수 있다. 이렇게 해석할 때는 지명에 대한 문제는 해결되지만, "원수의 압제"(시 42:10), "대적"(시 42:11), "경건치 아니한 나라"(시 43:1)와 같은 표현에 대해서 설득력있는 답을 주기 어렵다.

네 번째는 시인이 팔레스타인을 벗어난, 알 수 없는 이방인의 장소에 처해 있는 것으로 보는 견해인데, 이것은 7절에 나타난 지역을 구체적인 장소로 보지 않고 일반적인 가나안 땅으로 해석하는데, 특별히 그 장소를 예루살렘 즉 시온과 연결시킨다. 히브리어 본문으로 해석하는데 있어서 특별히 그 장소를 예루살렘, 즉 시온과 연결시킨다.

히브리어 본문 '메에레츠 야르덴 버헤르모님 메하르 미차르'($mē'ereṣ\ yardēn\ w^eḥermōnīm\ mēhar\ miṣ'ār$)를 "요단 땅과 헬몬산과 작은 산에서 멀리 떨어져서"라고 번역한다. 특히 헬몬산은 복수로 되었는데 시적인 표현인 "바쳐진 장소"란 의미로 시온과 관련된다는 것이다(시 48:3).[27] 그렇지만 약속의 땅 가나안을 지칭하는 지명이 왜 그렇게 표현되었으며, 예루살렘이나 시온을 언급하지 않았는지 모를 일이다. 또 이 장소의 이름들은 신학적으로 또 상징적으로 해석하기에는 너무 구체적인 면이 있다.

다섯 번째는 성전을 벗어나서 원정 중 야전에서 드리는 제의를 들 수

27　Ridderbos, *De Psalmen* II, 24.

있다. 특히 모빙켈은 왕이 자신이 원정에서 평안히 돌아오도록 기도하는 레위인을 동반한 것으로 본다. 이튼은 이것을 받아들여서 시인을 왕으로 보고 야전에서 전세가 불리한 가운데 하나님을 갈망하면서 제의를 드리는 중에 승리에 대한 확신을 얻는 것이라고 한다.[28] 물론 여호사밧 시대에 노래하는 자들이 전쟁에 동원되기도 했다(대하 20:21).

그러나 그런 국가적 전쟁의 상황과 시편 기자가 개인적으로 당하는 상황과 어울리지는 않는다. 또 유다 왕이 이스라엘 북쪽 요단 지역에서 어려운 전투를 경험한 것을 역사적으로 조화를 이루기가 어렵다. 시인의 소망은 생명을 유지한다거나, 싸워서 상대를 지배하는 것이 아니라 단순히 성전에서 다시 야웨 하나님을 찬양하는 것이다(시 42:6, 12; 43:5).[29]

여섯 번째는 이 시편 기자를 단으로 가는 순례자로 보는 것이다. 그러니까 예루살렘 성전이 아니라 단에 있는 성소로 가는 길에서 7절에 나타난 지명을 구체적으로 대할 수 있다는 것이다. 그러니까 요단 땅은 요단의 샘을 말하는데, 헬몬산 지역을 뜻하고, 미살산 역시 같은 지역으로 본다.

이때 지명에 관한 문제는 쉽게 해결된다. 여기서는 단이 예배의 중심지가 된다. 이 견해를 받아들이려면 두 가지 가설이 인정되어야 한다. 그것은 단에 온 이스라엘 사람들이 모여 절기를 지키는 일을 하는데 레위인들이 주도적인 역할을 하고, 그 제의에 사용되는 고라 자손의 시편

---

28 Eaton, *Kingship and Psalms*, 69-70.
29 'ōdẹnnū hi. ipf-energ. 1. sg. c. *yāḏā* (to praise)+suf. 3. sg. m.

이 거기서 나왔다는 것이다.

특히 시편 44편은 축제 전의 기도로 쓰이고, 시편 45-49편까지는 8월(Bul) 15일부터 매일의 축제를 보여준다고 한다. 이때 시편 42-43편은 단의 성소로 가는 순례자의 탄식과 기도로 보는 것이다. 그런데 이 시편들은 예루살렘 제사장을 통해서 편집되었기 때문에 늘 시온 중심으로 이해되었다고 본다.[30] 그리고 쉽사리 시편의 내용을 단의 성소와 관련시키지 못하는 이유는 모든 선지서를 기록한 신명기 역사의 기자들은 다윗을 이상적인 왕으로 보고 예루살렘 중심의 제의을 강조하면서 단의 성소에 대해서 부정적으로 묘사하고 있기 때문이라고 한다.[31]

이 견해는 우선 보기에는 명료하지만 아직도 해결해야 할 문제가 많다. 이는 이스라엘 역사의 주류를 이루는 열왕들을 중심한 계시역사를 신명기 사관과 신학을 가진 저자나 편집자에 의해서 편파적으로 기록 또는 개정되었다고 인정해야 하기 때문이다. 그렇게 되면 드 베테(De Wette)로부터 벨하우젠을 거쳐서 노트(Noth)에 이르기까지 이루어진 신명기 편집이나 기록을 받아들일 수밖에 없을 것이다.[32] 또 지적할 수 있는 요소는 언어적인 측면인데, 시편 42편이 문법적 특징에 있어서 북쪽 지방의 것으로 확정하는 요소가 적다는 것이다.[33]

위에서 살펴본 모든 주장에 문제가 있지만 이 이론들을 비난만 할 수

---

30 Goulder, *The Psalms of the Sons of Korah*, 16-18.
31 Goulder, *The Psalms of the Sons of Korah*, 52-53.
32 Cf. H. J. Kraus, *Geschichte der historisch-kritischen Erforschung des Alten Testaments*, (Neukirchen: Neukirchener, 1982), 176, 266, 458-60.
33 Gary A. Rendsburg, *Linguistic Evidence for the Northern Origin of Selelcted Psalms*, SBLMS 43 (Atlana, Georgia: Scholas Press, 1990), 51, 59.

없는 것은 본문이 이 부분에 대해서 희미하게 말하고 있기 때문이다. 그만큼 이 시의 저자와 역사적인 배경을 밝히기가 어렵다는 말이다. 단지 우리가 말할 수 있는 것은 이 시인은 고라 자손이 노래하는 자로 활발하게 섬겼던 시대인 다윗과 여호사밧 시대 사이에 살았던 인물일 것이고, 그가 처한 상황은 레위 제사장 계통의 직분을 반대하는 불경건한 동족의 그룹(대하 11:16 참조)이거나 이스라엘의 하나님을 모르는 이방인일 것이다(시 42:4; 43:1). 물론 역사적인 정황을 확정하기는 어렵지만 시인이 억류된 상황은 그가 성경에 기록되지 않은 전쟁으로 인한 포로가 되어 팔레스타인 북쪽 지역에 억류된 것으로 볼 수 있는 가능성도 배제할 수 없을 것이다(왕하 5:2 참조).[34] 한때 벤하닷이 단 지역을 점령한 적도 있고(대하 16:4) 성전에서 노래하던 그핫 자손과 고라 자손에게 속한 레위인들이 종종 전쟁에 나가기도 한 것을 보면 그들도 포로가 될 수 있다(대하 20:19, 21).

시편 연구에서 많이 논의되어 왔던 시편의 "나"와 원수라는 주제와 관련해서 말하면,[35] "나"는 개인을 말하지만 이스라엘 민족과 분리할 수

---

34 Ridderbos, *De Psalmen* I, 11.
35 스멘트(Smend)는 시편에 나타난 화자인 "나"는 이스라엘 백성 중의 개인을 가리키는 말이 아니고 전체 회중을 의인화한 것이라고 주장한다. 그리고 원수들은 개인적인 원수가 아니라 일반적으로 국가의 원수로 보고, 원수로부터 생기는 긴장은 성격상 국제적인 것이라고 한다(Cf. Clements, *A Century of Old Testament Study*, 98). 그러나 궁켈과 그의 제자 발라(Balla)는 "나"로 표현된 탄식시와 감사시는 이스라엘 사람 개인에 의해 사용된 것이고, 경건한 이스라엘 사람 개인에 의해서 지어진 것이라고 주장한다. Clements, *A Century of Old Testament Study*, 100. Cf. E. Balla, *Das Ich der Psalmen*, (Göttingen: Vandenhoeck & Ruprecht, 1912), 124-25. 요즈음은 몇몇 경우를 제외하고는(44; 84) "나"를 전체 회중과 같은 집단으로 보는 사람이 거의 없다. 비록 "나-시편"이 영장으로 지어졌다고 해도 말이다. 경건한 자를 압제하는 원수는 둠에 의하면 당파 간의 싸움이 활발하던 시기에 경건한 유대인을 적대하던 사람들로 보고, 랄

없는 사람이고, 원수를 이방인이라고 한다면, 경건한 이스라엘인을 박해하는 이방인이 되겠지만, 또 이스라엘의 하나님을 대적하는 이방나라도 될 수 있을 것이다.

2) 하나님의 얼굴

이 시편에서 "하나님의 얼굴을 본다"는 표현과 "그 얼굴의 구원"이라는 말이 나오는데, 첫번째 표현의 마소라 본문과 한글 번역은 "하나님 앞에 뵌다"('ērā'ê)로 되어 있다. '보다'란 동사에 마소라 본문에서 니팔(재귀태)로 모음부호를 붙여서 수동태 의미가 되어 목적어를 가질 수 없는 형태로 만들었다.[36] 목적어를 가지려면 전치사 '러'(l e, to) 혹은 '엘'('ęl, to, toward)이 필요하다(왕상 18:1, 15).[37]

'하나님의 얼굴'은 물론 구약에서 하나님을 의인화해서 쓴 것이다. 뇌쳐(Nötscher)는 '하나님의 얼굴을 본다'는 표현이 신전에서 신상을 바라보고 경배하는 의식을 가진 이스라엘 주변의 다신론적인 상황에서 나왔다고 한다. 그렇지만 주변문화가 이스라엘의 문화와 종교에 얼마나 많은 영향을 끼쳤는지는 말할 수 없다. 만일 수준이 높은 문화는 항상 문화적으로 수준이 낮은 주변 국가에 영향을 미친다고 말한다면 그것은

프스(Ralfs)는 지주와 부유한 지배 계급으로, 궁켈은 고통당하는 자의 오만한 이웃으로, 버클랜드(Birkeland)는 국가적인 원수로 보고있다(Cf. Clements, *A Century of Old Testament Study*, 108-110).

36 'ērā'ê(마소라본문) ni. ipf. 1. sg. c. to show oneself; 'ęr'ê(페쉬타, 탈굼) qal. ipf. 1. sg. c. to see.

37 F. Nötscher, *Das Angesicht Gottes schauen nach biblischer und babylonischer Auffassung* (Darmstadt: Wissenschaftliche Buchgesellschaft, 1969), 92-93.

제국주의적 사고를 정당화하는 셈이 된다.

그렇게 본다면 구약에 나타난 종교적 관습 중에 이스라엘의 고유한 것은 거의 없을 것이다. 이스라엘 백성은 가나안 땅에 들어가기 전에, 이미 광야에서 한 해에 세 차례 하나님의 얼굴을 대하는 임무를 부여받았다(출 23:17; 34:23; 신 16:16).[38] 마소라 본문에서 특별히 니팔형(재귀태, 수동태 의미)을 써서 '뵈올 지니라'라고 번역하도록 하는 것은 몇 가지 이유가 있다고 본다. 우선 "네가 내 얼굴을 보지 못하리니 나를 보고 살 자가 없음이니라"(출 33:20)라는 내용을 지적할 수 있고, 또 왕이나 신과 같은 높은 신적 존재를 감히 바라볼 수 없다는 동양적 사고에 비롯한 것으로 볼 수 있고, 더 나아가서 마소라 학자들은 이스라엘 주변에서 행해지는 종교적 관습과 관련하여 그런 '이교적인 표현'을 사용하는 위험을 피하고 싶었을 것이다. 다른 시편에는 "하나님의 얼굴을 본다"는 내용이 나온다.

> 여호와는 의로우사 … 정직한 자는 그 얼굴을 뵈오리로다 (시 11:7).

> 나는 의로운 중에 주의 얼굴을 보리니(시 17:15).

'하나님의 얼굴'은 하나님의 임재를 나타내는 특별한 표현이다. 백성들은 성소에서 하나님의 얼굴을 대한다(출 23:15, 17; 34:20, 23f.; 신

---

38 마소라 본문을 '보다'라는 동사를 전치사 'el로 받지만 사마리아 오경은 대격부호 et로 받는다.

16:16; 31:11; 사 1:12). 여기서 얼굴이란 말은 하나님의 신격과 하나님 자신을 강조한다(출 33:14 참고). 이 표현은 하나님과 교제를 나누는 것을 추상적으로 나타내는 것이다. 이스라엘에게는 하나님의 임재가 은사요 복이다(시 73:28).[39] '그 얼굴의 구원'에서 구원은 복수형인데, 이것은 회복에 대한 확실한 기대에서 온 것이다.[40] 시인은 얼굴이라는 말을 사용하여 하나님께서 친히 자신을 곤경에서 구해주실 것으로 믿었다.

3) 지리적 명칭

7절에 언급된 '요단 땅과 헤르몬과 미살산'의 위치와 그 의미에 대해서 다양한 견해가 있다. 우선 '요단 땅으로부터'(*mē'ereṣ yardēn*)라는 말은 이 자체로는 어디를 말하는지 분명하지 않다. 요단 강이 흐르는 전 지역이 여기에 해당되기 때문이다. 리데르보스와 같은 이는 이 절에서 "요단 땅"은 가나안 땅을 가리킨다고 본다.[41]

이와 관련하여서 헤르몬(*ḥermōnīm*)은 원래의 의미인 "드려진 장소"란 말을 지적하면서 "거룩한 장소들"로 번역하고, 미살산(*har miṣ'ār*)은 문자의 의미대로 "작은 산" 즉 시온을 가리킨다고 한다. 만일 가나안 땅을 멀리 벗어나 있는 시인이 시온을 그리워한다면 왜 이렇게 시온과 멀리 떨어

---

39 Zimmerli, *Grundriss der alttestamentlich Theologie*, 58-62.
40 아퀼라, 시리아 사본에는 "그리고 나의 하나님"이 첨가되어 있는데 이것은 12절과 43:5절과 일치시키기 위한 것이다. 그러나 우리는 이런 수정을 가할 필요는 없다. 왜냐하면 7절의 *'ĕlōhay*(나의 하나님)는 호격으로서 형식상, 내용상 새로운 단락에 잘 어울리기 때문이다.
41 Ridderbos, *De Psalmen* II, 24.

진 장소를 표현하는지 알 수 없다. 사실 이 시편의 전체 내용을 볼 때 이 지명 자체가 강조를 받는 것은 아니라는 것을 알 수 있다.[42] 그렇지만 세 번씩이나 언급된 지명을 전부 상징적인 것으로 다룰 수는 없을 것이다.

우선 이 세 지역은 별개의 지역이 아닌 서로 관계가 있는 지역으로 보아야 할 것이다. 그러니까 헬몬 산지에 있는 지역 말이다. 그래서 비록 '요단 땅'이란 단어 자체는 불명확할지라도, 이 말은 요단강의 근원이 되는 지역을 가리킨다고 본다. 요단강의 근원은 네 개인데 작은 두 줄기는 헬몬산 서쪽으로 흘러내리지만, 큰 두 줄기는 라덴(Ladden)강과 바니아스(Banias)강으로서 이 둘이 헬몬산 남쪽에서 이스라엘 땅으로 흘러들어 간다.[43] 그래서 헬몬산 기슭과 다르지 않을 것이다.

특별히 헬몬산은 복수로 쓰였는데 구약의 다른 곳에는 나오지 않는다. 이것을 강세복수로 볼 수 있는지 모르지만 일단 헬몬산의 봉우리가 여러 개 있는 것을 가리킨다고 볼 수 있다(Dietrich: 두 봉우리, Anderson, Briggs: 세 봉우리). 그것은 헬몬산 정상의 여러 봉우리들을 의미한다.[44]

위에서 언급했듯이 Ridderbos는 미살산으로 번역된 '하르 미차르'(har miṣʿār)가 팔레스타인에 이런 이름을 가진 산이 없기 때문에 이 산을 이 문자의 의미를 따라 "작은 산"(Berg von Klein)이라고 번역하고, 이것을 높은 산과 종종 대조되는 시온을 가리킨다고 한다(시 68:16-19 참고). 특히 이 본문에서는 높은 헬몬산과 대조되는 산으로서 '작은 산'으

---

42 N. A. Van Uchelen, *Psalmen* II, POT (Nijkerk: G.F. Callenbach, 1977), 16.
43 Goulder, *The Psalms of the Sons of Korah*, 27.
44 Kraus, *Psalmen* I, 320.

로 표현했다고 본다. 이렇게 번역할 때는 '메하르 마차르'(*mēhar miṣ'ār*)에서 전치사 '민'(*min*)을 "~로 부터 멀리서"(far from)라고 번역해야 한다(H. Kruse는 비교급으로 번역함). 다후드(Dahood)는 마소라 본문의 *mēhar miṣ'ār* 를 우가릿 '가스루'(*gsr*, 주변)에 근거하여 '주변의 산들'로 개정해서 번역했다.[45] 그러나 그의 견해는 크레이기에 의해서 거절당했다.[46]

그런데 이 미살산은 그 산의 이름과 어원적으로 같은 단어인 아람어 *zā'ōrā*(작은)라는 이름을 가진 지명이 있다. 이 지역은 요단의 분지인 바니아스 지방에서 남동쪽으로 3마일 떨어진 곳인데, Dsjolan(Gaulanities) 고원의 북쪽 지맥을 이루는 산이다.[47] 그래서 '요단 땅과 헬몬산과 미살산'은 요단강의 발원지와 관련된 주변 지역을 가리킨다. 이 지역은 다음의 8절의 표현과도 잘 어울린다. 물론 전체 본문은 지명 자체가 아니라 시편 기자가 하나님의 처소인 시온에서 멀리 떨어져 있음을 강조하고 있다.

4) 몇몇 시적인 표현들

(1) 내 영혼(2, 3, 6절)

시편 기자는 "나"라는 말 대신에 "내 영혼"이라고 시적인 표현을 사

---

[45] Mitchell Dahood, *Psalms* I, 1-50, AB (Garden City, New York: Doubledy & Company, Inc., 1966), 258.

[46] Craigie, *Psamls 1-50*, 324.

[47] G. Dalman, "Zu Psalm 42, 7. 8," *PJB* V (1909): 101. A. Van Deursen, *De achtergrond der Psalmen* (Baarn: Bosch & Keuning N.V., ND), 63.

용했다. 2절에서는 자신을 시냇물을 찾는 사슴에 비유하면서[48] "내 영혼이 갈급하다"고 했고, 3절에서는 "내 영혼이 하나님을 갈망한다"고 했다. '영혼'으로 번역된 *nefeš*는 '목구멍'이란 말에서 왔다(시 69:2; 107:9).[49] 여기서 '숨, 생명, 생명력, 생명의 근원'이란 뜻이 파생되었다. 그래서 '내 영혼'이라고 할 때 자신의 생명의 본질이나 인격의 중심을 말한다. 특별히 이 시에서는 사슴을 주어로 받는 동사를 여성형으로 썼는데, 이것은 여성형 명사인 '영혼'을 받는 것과 똑같은 형태(*ta' arōḡ*, 갈급하다)를 씀으로써 시인이 처한 상황과 사슴의 상태와 같다는 것을 드러낸다.[50] 시인은 내적인 요소를 더욱 강조함으로써, 자신의 진실된 모습을 드러내고, 멀리서 생명의 근원이신 살아계신 하나님('*ēl ḥay*, my living God)을 진심으로 갈망하고 있다.[51]

---

48   *k e'ayyāl ta' arōḡ*(as a hind which longs after)는 접속사 없이 비교를 나타내는 전치사 *k e* 가 독립된 명사에 붙어서 관계사의 역할을 하는 것으로 쓰였다. GK, §155, g. Cf. JM, §174, d. 동사가 여성으로 쓰였는데 암사슴이란 의미를 가진, 가장 오랫동안 알려진 일반적인 단어 *ayyālā* 대신에 '*ayyāl* 을 썼다. GK, §122, f.; H. Donner, "Ugaritismen in der Psalmenforschung," *ZAW*, 79 (1967): 336. 다후드는 문법적인 모순점을 해결하기 위하여 마소라 본문의 주어 동사 관계를 부정사와 속격 관계로 본문을 수정했다(*k e'ayyeleṭ ' arōḡ*, Dahood, *Psalms* I, 255). 그러나 그렇게 본문을 수정할 필요는 없다. 왜냐하면 '*ayyāl* 은 가끔 여성으로도 쓰이기 때문이다. *DCH* 1, 212.
49   아카드어 *napištu*, 목구멍, 생명, 우가릿어 *npš*, 목구멍, 식욕, 생명, *THAT* II, 71.
50   다후드는 이 절에 대한 우가릿어 병행구가 있다고 한다. "자기 새끼를 찾는 들암소의 마음과 같이, 새끼 양을 찾는 어미 양과 같이, 아낫(여신)의 마음이 바알을 향합니다"(Dahood, *Psalms* I, 255). 두 시구의 문체는 병행을 이루고 있지만 시편 기자의 마음을 우가릿 시에 나타난 본능적인 사랑의 열망과 비교할 수 있는지 의문이다. 이런 종류의 표현은 흔히 있는 것이므로 상호 간의 영향을 논하는 것은 무의미할 것이다. 특별히 시편과 우가릿 시에 관해서 연구한 도너는 이 우가릿 병행시는 대단히 불확실하다고 주장한다(Donner, "Ugaritismen in der Psalmenforschung," 334).
51   '살아계신 나의 하나님,' B. K. Waltke and M. O'Connor, *An Introduction to Biblical Hebrew Syntax* (Winona Lake, Indiana: Eisenbraun, 1990), 151.

후렴에 해당하는 시편 42:6, 12; 43:5에는 "내영혼아, 네가 왜 낙망하는가?"라고 영혼을 부르면서 자신의 내적 갈등을 표현한다. 이것은 참된 자아와 연약한 영혼(Kirkpatrick) 사이 혹은 영과 혼(Delitzsch)[52] 사이의 대화가 아니라, 시인은 스스로 자신의 절망에 대해서 질책하고 있다. "도대체 내가 왜 이렇게 절망 가운데 의기소침해 있는가!"라고 말이다.[53] 이것은 자신의 영혼의 외침을 시적으로 표현한 전형적인 예이다(시 62:6; 103:1, 2, 22; 104:1, 35; 116:7; 146:1; 삿 5:21).

낙망한 태도는 무력함과 슬픔에 압도된 것과 삶의 활력을 잃어버린 것을 말한다.[54] '내 영혼아, 하나님을 바라라'는 표현은 시편에서 10번 나오는데, 오직 하나님만이 기대의 원천이고, 바라는 바를 실현시키시는 분이시다. 이는 모든 선한 것이 그분에게서 나오기 때문이다.[55] 비록 상황은 절망적이라고 해도, 하나님을 믿는 그의 중심에서 나오는 전인격적 신앙은 끝까지 흔들리지 않고 좌절을 극복하도록 독려하는 말이다.

이렇게 '내 영혼'은 내용적으로 '나'에 해당하는 말이지만, 그냥 그것으로 대치한다면 원래의 표현과 의미가 대단히 약화될 것이다.

(2) 당신의 폭포 소리, 당신의 파도와 물결(8절)

한글 번역에서 이 부분은 "주의 폭포 소리에 깊은 바다가 서로 부르며 주의 파도와 물결이 나를 엄몰하도소이다"로 되어 있다. 이것은 시인이 처한 상황을 묘사한 것인데 우선 이 표현이 시인의 영적 상태를 나

---

52 F. Delitzsch, *Die Psalmen* (Leipzig: Dörffling & Franke, 1894), 321.
53 A. A. Anderson, *Psalms* I, NCB (London: Purnell & Sons Ltd., 1972), 31.
54 Ridderbos, *De Psalmen* II, 22; Kraus, *Psalmen* I, 476.
55 H. Seebass, "נפשׁ," *TWAT* III, 606, 609.

타낸다고 볼 수 있다. 시편 기자가 얼마나 큰 곤경에 처해있는가를 말이다. 그렇다고 해서 자신이 처한 자연적인 환경과는 관계없이 완전히 상상에 근거한 표현을 쓴다고 볼 수는 없다. 그래서 뵐(Böhl)은 시인이 애굽의 나일강가에 머물며 그 물결을 보고, 자신의 상태를 표현하는 것으로 본다.[56] 그렇지만 이런 표현의 근거로서는 팔레스타인 북부 요단 지역도 가능하다. 그 지역에는 폭포와 넘치는 물줄기를 발견할 수 없다고 하지만 그것은 바니아스 한쪽 지역의 자연 저수지 옆의 단의 고대 성소가 있던 곳이다. 거기는 정말 물이 많지 않다. 다른 한쪽은 세닐(Senir) 키부츠에 가까운 곳인데 거기는 폭포와 큰 물결이 이는 곳이다.[57] 시인은 이곳의 광경을 바라보면서 자신이 처한 상황에 비추어 영적인 상태를 표현하고 있다.

그런데 영적인 상태에 대해서 두 가지로 해석한다. 하나는 긍정적이고, 다른 하나는 부정적인 면이다. 굴더(Goulder)는 이 표현을 완전히 자연적인 것으로 이해한다. 즉 '당신의 폭포와 파도와 물결'은 하나님의 은혜로 보는 것이다. 이때 그는 '아바르 알'('ābar 'al)을 '넘어오다'라기 보다는 '지나가다'로 번역한다. 그래서 '이 물결이 나를 엄몰한다(휩쓴다, 개역개정)'는 공포의 분위기가 아니라 단의 성소로 가는 순례자가 풍부한 물을 만나서 기뻐하는 모습을 생각할 수 있다는 것이다.[58]

이 해석을 받아들인다면 시인이 고통당하는 실제적인 상황을 설명하기가 어려워진다. 그가 당하는 어려움은 단순한 여행자가 겪을 수 있는

56　Van Uchelen, *Psalmen* II, 16.

57　Rendsburg, Linguistic Evidence for the Northern Origin of Selelcted Psalms, 52.

58　Goulder, "The Psalms of the Sons of Korah," 32.

정도의 것이다. 그가 하나님께 나아가기를 갈망하지만 그럴 수 없는 상황과는 어울리지 않는다.

'터홈'($t^e hōm$, 깊음)이라는 말은 고대의 표현인데, 폭포에서 떨어지는 물은 큰 물결을 일으켜서 소용돌이와 혼돈의 상태를 만든다. 신화에서는 '터홈'($t^e hōm$)이 멸망과 죽음을 가져오는 땅의 힘을 저장하는 장소로 묘사한다고 한다(시 71:20; 104:6; 욘 2:6; 겔 26:19; 합 3:10, 비교).[59] 이 의미는 '깊은 물이 깊은 물을 부른다'는 표현에서도 곤경을 묘사하기 위해서 사용된다. 시인은 지금 무력한 가운데 큰 물결에 휩싸여 있는 기분을 느낀다. '당신의 폭포, 당신의 파도, 당신의 물결'이란 말을 보아서 시인은 자신이 겪고 있는 고통의 원인자는 하나님임을 시인하고 있음을 알 수 있다.

> 주께서 나를 깊음 속 바다 가운데 던지셨으므로 큰 물이 나를 둘렀고 주의 파도와 큰 물결이 다 내 위에 넘쳤나이다(욘 2:3; 88:8).

그래서 그는 더 고통스러웠을 것이다. 동시에 그는 여전히 자신이 하나님의 손에 머물러 있음을 알려준다. 그가 당하는 압제와 조롱과 심적인 괴로움은 곧 하나님의 징계를 표현하는 말로 보는게 자연스럽다.

(3) 명하다, 베풀다($y^e ṣawwê$)에 관한 문제(9절)

이 부분은 동사 '여차베'($y^e ṣawwê$)와 관련된 형태와 시제가 많이 논의되었다. 마소라 본문이 문맥에 맞지 않게 보이기 때문에 또 음률에 맞

---

[59] J. W. Rogerson, and J. W. Mckay, *Psalms 1-50*, CBC (Cambridge: University Press, 1977), 203.

지 않기 때문에 궁켈은 이 동사를 바꾸어서 본문을 수정했다. 마소라 본문 "낮에는 야웨께서 은혜를 베푸시고, 밤에는"을 "낮에는 내가 야웨를, 밤에는 그의 은혜를 기다린다"로 변조시켰다.[60] 고대 히브리시의 음율에 대해서 확정된 이론이 없음에도 불구하고, 그 음율을 추적하여 자신의 표준에 근거하여 본문을 임의로 바꾸는 것은 무모한 짓이다. 마소라 본문 자체를 두고 봐도 구조상 아무 문제가 없음을 알 수 있다.

이 동사와 관련된 또 다른 문제는 하나님의 이름인 '야웨'는 앞의 동사 '여차베'(yᵉṣawwē)를 잘못 표기해서 생긴 단어라고 한다. 왜냐하면 이 시는 "엘로힘 시편"에 속하기 때문에 나오지 않아야할 이름이 나왔다는 것이다.[61] 글자가 비슷하게 생긴데서 그런 추측이 나온 것 같은데, 본문이 신학적인 명칭보다 더 중요하다.

마지막으로 다룰 문제는 동사의 시제를 결정하는 것이다. 즉 과거(N. H. 리데르보스, 크레이기), 현재(헹스텐베르크, J. 리데르보스, 판 우흘런), 미래(델리취)이다. 일반적으로 '여차베'(yᵉṣawwē)는 현재나 미래 시제를 나타낸다.[62] 만일 이 동사가 과거가 되어야 한다면, 이 구절은 8절 앞에 와야 할 것이다. 왜냐하면 이 절의 내용이 7절의 '기억하는'데서 온 것으로 보이기 때문이다.

미래 시제로 본다면 이 구절은 12절에서 내용적으로 반복된다. 이 동사는 현재로 보는 것이 좋아 보인다. 그것은 구조적으로 내용적으로 어울린다. 구조적으로 하나님과 교제하는 것과 관련하여, 과거(5절), 현재(9절),

---

60 Cf. Kraus, *Psalmen* I, 472.
61 Anderson, *Psalms*, 333.
62 특별한 경우에는 과거를 나타낼 때도 있다. GK, §107 b.

미래(시 43:4)로 전체 시편이 전개되어 있음을 보여주고, 내용적으로 현재 시제가 앞의 8절과 대조를 이루면서도 잘 어울린다. 즉 진노하심 가운데서도 긍휼을 잃지 않으시는 하나님을 상기시킨다.

3. 결론

  지금까지 시편 42, 43편을 주석하는데 해결해야할 몇 가지 문제를 살펴보았다. 그 중에서 가장 핵심이 되는 것은 저자가 처한 상황을 아는 것이다. 물론 여기에 대해서는 어떤 주장도 실증될 수는 없다. 그러나 가장 타당한 것은 성전에서 노래하는 직분을 가진 고라 자손이 하나님을 모르거나 그 신앙을 버린 불경건한 무리들에게 억류되어 있는 상황으로 보는 것이다. 물론 그 위치는 팔레스타인 북쪽 요단 강의 근원이 있는 곳이다.

  이 문제가 잠정적으로나마 해결될 때 이 시편을 지배하고 있는 주제인 '하나님과의 교제를 갈망함'이 선명하게 드러날 것이다. 마소라 본문에서 '하나님 앞에 뵙는다'는 표현은 '하나님의 얼굴를 본다'로 바꾸어야 할 것이다. 구약적인 표현으로 하나님의 성전에서 멀어져있고, 하나님의 얼굴을 대하지 못하는 백성은 생명의 근원에서 떠나 있으므로 좌절할 수 밖에 없다.

  시인은 자신이 처한 자연적 환경을 바라보면서, 하나님의 진노의 손길을 바라보고, 그런 시련 중에서도 떠나지 않는 하나님의 은혜를 누린다.

그래서 그 영혼이 죽음과 같은 좌절 가운데서, 진노 중에서도, 미래의 구원과 직분의 회복을 기대한다. 하나님의 얼굴을 대하면서 말이다. 그래서 이 탄식시는 원수들에게서 당하는 압제와 하나님과 멀어져 있다는 내적인 깊은 좌절과 실의로 끝나지 않고 전체적인 구원에 대한 확신으로 끝난다.

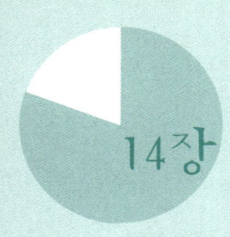

14장

아모스의 열국에 대한 심판[1]

아모스 예언의 내용은 이스라엘의 배교와 도덕적 타락에 대한 하나님의 임박한 심판을 다룬 것이다. 그런데 그 서론은 이스라엘을 둘러싼 모든 나라에 대한 심판을 먼저 언급하고 있다. 이러한 배치와 내용이 독자에게는 어색하게 느껴질 수 있다. 그러나 백성에 대한 심판의 내용 앞에 제시된 열국에 대한 심판의 내용을 정당하게 파악하는 것이 나머지 부분은 물론 아모스 전체의 내용을 이해하는 중요한 단서가 된다. 그래서 본 연구는 아모스 전반부에 나타난 이방 나라들에 대한 아모스의 심판 예언을 계시사적 주석을 통해서 그 신학적 의미를 제시하고자 한다.

---

[1] 이 글은 「고신신학」 13호 (2011)에 실렸다.

1. 정경의 상태

본문의 정경성에 대한 문제는 주로 아모스 선지자의 예언의 진정성에 대한 것이다. 이것은 본문에 나타난 여섯 이방 나라에 대한 예언의 역사와 문헌과 관련된 것이다. 크게 나눈다면 이 예언이 아모스와 동시대적인 것인가 아니면 포로 시대나 포로 이후 시대의 자료를 삽입한 것인가로 요약된다.

하퍼(Harper)는 아모스의 책 전체가 포로 전에 있었던 자료와 포로 후기에 생성된 다양한 자료로 형성되었다고 한다.[2] 특별히 열방에 대한 심판을 다루는 본문(암 1:3-2:3)은 두로와 에돔에 대한 심판을 다루는 포로 후기의 역사적 자료가 삽입되었고, "야웨의 말이니라"와 같은 표현이 독자가 호감을 가지도록 강조하기 위해서 포로 이후에 임의로 삽입되었다고 한다.[3] 그 이후 많은 학자들이 이 견해를 따른다.[4]

이 점에 대해서 하란(Haran)은 역사적 배경과 언어와 내용에 근거하여 그 예언에 대해 아모스 선지자의 기원을 인정하고 이 본문은 후대의 삽입이나 후대의 산물이 아니라 여로보암 시대로 한정된다고 주장했다. 특별히 본문이 속한 '문학적 단위(암 1:2-2:6)는 아모스의 초기 예언 신탁 중에 하나'라고 한다.[5] 특별히 하젤(Hasel)은 현대문학적 방법을 지지

---

2 Harper, *A Critical and Exegetical Commentary on Amos and Hosea*, cxxx-cxxxiv.

3 Harper, *A Critical and Exegetical Commentary on Amos and Hosea*, cxxxi, cxxxiii.

4 폴은 그의 논문에서 본문을 다양한 전승에서 편집된 것으로 보는 비평가들의 글들을 전체적으로 잘 소개하고 있다. S.M. Paul, "Amos 1:3-2:3: A Concatenous Literary Pattern," *Journal of Biblical Literature* 90 no. 4 (1971) 397. O. Eissfeldt, *Einleitung in das Alte Testament*, Tübingen: J.C.B. Mohr, 1976, 540.

5 M. Haran, "The Rise and Decline of the Empire of Jeroboam ben Joash," *Vetus*

하면서 역사 문헌 비평과 전승사 비평이 적절한 해석 방법이 될 수 없음을 지적하고 본문을 있는 그대로 통일성 있는 문학적 단위로 보아야 할 것을 주장했다.[6]

정경의 상태에 대한 비평가들의 다양한 입장은 본문에 제시된 모든 신학적 주제가 신명기와 다른 선지자들의 메시지에서 왔다는 것인데 이것은 가장 이른 시기에 예언한 아모스 선지자의 메시지의 진정성을 인정하지 않는 것이다. 만일 그의 예언이 후대 삽입이라고 한다면 이 본문이 유대 공동체의 신앙의 내용과 역할을 이해하는 데 도움이 될지는 몰라도 예언으로 주어진 하나님의 권위 있는 말씀은 그 의미를 잃게 될 것이다. 아모스의 메시지는 자신이 직접 예언한 것이라고 해도 이 예언이 언제 책으로 편집되었는지는 또 다른 문제를 야기한다.

문서의 기원을 주로 구전에 호소하는 전승사학파에 속한 벤첸(Bentzen)은 본문의 편집은 아모스가 이스라엘을 기소하기 전에 적대적인 이웃나라들을 기소하면서 청자들의 관심을 끌려고 자신이 구두로 배열했다고 한다.[7] 그래서 그는 이 본문이 구전에 의존해서 후대에 문서 전승이 이루어졌다고 본다. 물론 벤첸의 말대로 아모스의 예언이 아모스

Testamentum 17, 1967, 172-78. 이외에도 같은 입장을 취하는 학자들이 있다. J. H. Hayes, *Amos* (Nashville: Abingdon, 1988), 52-55; F. I. Andersen and D. N. Freedman, *Amos,* The Anchor Yale Bible (New Haven and London: Yale University Press, 2008), 213; R. B. Dillard and T. Longman III, *An Introduction to the Old Testament* (Grand Rapids: Zondervan, 1994), 375.

6   G. F. Hasel, *Understanding the Book of Amos*: Basic Issues in Current Interpretations (Grand Rapids: Baker Book House, 1991), 57-69.

7   A. Bentzen, *Introduction to the Old Testament* (Copenhagen: G.F.C. Gad Publisher, 1961), 141.

에 의해서 직접 기록되었다는 증거는 없다. 그러나 그의 주장도 가정에 불과하다. 본문은 아모스에 의해서 직접 기록되었을 수도 있고 또 삼인칭으로 묘사된 특정한 부분(암 7:10-17)은 아모스의 사역을 직접 목격한 당대의 사람에 의해서 기록되었을 가능성이 있다는 것이 전통적인 견해다.

2. 본문 비평

아모스 전체의 본문 문제는 마소라 본문과 칠십인역 간의 많은 차이를 보이고 있다는 것이다.[8] 그렇지만 열국에 대한 심판 예언과 관련된 상이한 본문은 내용상 심각할 정도의 오역은 아니고 대부분 그 이유를 파악할 수 있는 것들이다.

4절, 칠십인역은 마소라 본문의 '하닷'(*haḏāḏ*)을 잘못 읽어서 '아데르' (*Ader*)로 번역했다.

5절, 칠십인역은 마소라 본문의 '요세브'(*yōšēḇ*)를 '카타이쿤타스' (*kataikountas*, 거민들)로 번역했다. 이것은 축어적으로 '앉은 자'로 번역할 수 있지만 의미상 '왕'을 뜻한다.[9] 또한 이 단어를 거민으로 번역할 때 다음에 나오는 '규를 잡은 자'와 조화가 되지 않는다.

5절, 칠십인역은 마소라 본문의 '아벤'('*āwęn*)을 '온'(*On*)으로 번역했다.

---

8 A. Gelston, "Some Hebrew Misreadings in the Septuagint of Amos," *VT* 52 (2002): 493-500.

9 Lettinga, "Het gezeten-zijn van koning en rechter", 360.

아마도 히브리어 자음 '바브'(w)를 모음문자로 읽음으로써 생긴 번역일 것이다. 물론 이런 도시가 없는 것은 아니다. 이것은 헬라 시대에 헬리오폴리스를 말하는데 이집트와 시리아에 있는 도시이다.

5절, 칠십인역은 마소라 본문의 '키라'(*qīrā*, 고유명사 'Qir'의 방위격)를 '카라'(*qārā*, 부르다) 동사로 잘못 읽어서 '에피클레토스'(*epiklētos*, called)로 번역했다. 그러나 이 헬라어 단어는 1세기 이전에는 '부르다'란 의미가 없었고 오히려 '나그네'란 뜻으로 쓰였다고 한다.[10]

6절, 칠십인역은 마소라 본문 '셜레마'(*šᵉlēmā*, 전체)를 자음이 똑같은 '셜로모'(*šᵉlōmō*)로 착각해서 *Salōmōn*(솔로몬)으로 오역했다. 그래서 '솔로몬의 포로'라고 번역하여 그 대상이 이스라엘 사람인 것을 명확하게 밝힌 셈이다.

8절, 칠십인역은 마소라 본문 '야웨 아도나이'(*yāwęh aḏōnāy*)를 그냥 *kurios*(주)라고 번역함으로써 어느 단어를 번역했는지 모호하게 만들었다.[11]

11절, 칠십인역은 히브리어 단어 '레헴'(*reḥęm*)을 문자적으로 '메트란'(*mētran*, 모태)이라고 번역하고 '에피 게스'(*epi gēs*, on earth)를 덧붙였다.

11절, 칠십인역은 마소라 본문 '라에드'(*lā'ēḏ*, forever)를 '에이스 마르투리온'(*eis marturion*, for a witness)이라고 번역했다.

15절, 칠십인역은 마소라 본문에 없는 '호이 히에레이스 아우톤'(*hoi*

---

10 W. E. Glenny, *Finding Meaning in the Text: Translation Technique and Theology in the Septuagint of Amos* (Leiden: Brill, 2009), 157.

11 Stuart는 칠십인역의 번역자가 *āḏōnāi*를 번역하지 않았다고 한다. D. Stuart, *Hosea-Jonah*, WBC 31 (Dallas: Word Books, Publisher, 1987), 307.

hiereis autōn, their priests)을 덧붙였는데 이것은 안티오쿠스 에피파네스를 지지하는 도비야 가문을 의식한 당시의 반 사마리아적인 편견이 반영된 것으로 본다.[12]

3. 본문 형태와 구조적 특징

아모스의 열국에 대한 심판 예언은 궁극적으로 이스라엘에 대한 심판을 예고하는 전주곡으로 나타난다. 이스라엘 이웃인 일곱 나라에 대한 심판의 메시지는 절정을 향해서 점진하는 패턴을 띠고 있다. 이 점진적 이동은 외국인(아람, 블레셋, 페니키아)에서부터 시작해서 혈연 관계가 있는 나라(에돔, 암몬, 모압)로 향하고, 다음으로 자매 관계에 있는 나라(유다)로 간다.

이 일곱 나라에 대한 심판을 예언한 후 이스라엘에 대한 심판이 언급된다. 일곱 나라에 대한 심판을 들을 때는 이스라엘이 매우 통쾌하게 생각했을 것이다.[13] 그러나 하나님의 심판의 궁극적인 목표는 이스라엘이라는 점을 여덟 번째 예언이 강조하고 있다. 왜냐하면 이스라엘의 죄가 열국의 죄를 능가하기 때문이다. 이 패턴은 덫에 걸려드는 느낌을 갖게 하는 수사법이다. 올터(Alter)는 이런 기법을 '수사적 함정'이라고 했다.[14]

---

12 Glenny, *Finding Meaning in the Text*, 160.
13 Cf. R. B. Chisholm, Jr., *Interpreting the Minor Prophets* (Grand Rapids: Academie Books, 1990), 74.
14 R. Alter, *The Art of Biblical Poetry* (New York: Basic Books, 1985), 144. Partlow

각 나라에 대한 심판은 특정한 양식을 갖고 있다.

① 서론적인 메시지(야웨께서 이렇게 말씀하셨다)
② 심판의 당위성(서너 가지 죄로 인하여)
③ 특정 범죄의 내용
④ 심판의 내용 선언
⑤ 결어 양식(야웨의 말이니라)

아모스는 이렇게 열국에 대한 심판을 예언하면서 동일한 양식을 사용한다(두로와 에돔의 심판에는 결어 양식이 없음). 여기서 변화된 것은 각 나라의 이름과 그들이 범한 죄와 심판의 내용뿐이다.

여기서 특이한 것은 아모스의 예언에 나타난 심판의 이유가 모두 다 한결같이 "서너 가지 죄"로 나타나 있다는 점이다. 우리말에서 '서너 가지'란 말은 좀 불명확한 수를 가리킨다. 로스(Roth)는 이런 패턴의 두 숫자가 구약과 고대 근동의 산문과 시문에 종종 나타나며 한정적 의미로 쓰일 수도 있고, 약간 비한정적 의미로 쓰일 수 있다고 한다. 그는 이 패턴을 동의적 혹은 종합적 병행법으로 보고 그 병행법의 성격과 문맥에 따라서 의미가 결정된다고 한다.[15]

바이스(Weiss)는 이 두 숫자가 시문에서 병행이 된다고 한다면 이 숫자

는 여기에 대한 고전적인 예로 다윗을 대면하는 나단의 이야기를 들고 있다(삼하 12:1-14). J. A. Partlow, "Amos's Use of Rhetorical Entrapment as a means for Climatic Preaching in Amos 1:3-2:16," *Restoration Quarterly* 49 no. 1 (2007): 29.

15 W. M. W. Roth, "The Numerical Sequence x/x+1 in the Old Testament," *VT* 12, 3 (1962): 303-04, 311.

중에서 뒤의 숫자가 강조된다고 한다. 그러나 그는 이 두 숫자를 병행으로 보지 않고 루터와 칼빈이 지적한 대로 이 두 숫자가 합해서 '칠'을 나타내는 것으로서 완전한 죄를 뜻한다고 본다. 그러면서 이스라엘 일곱 가지 죄를 예로 들었다.[16]

그렇지만 열방의 죄는 그렇게 많이 나열되지 않은 것에 대해서는 이것으로 설명하기 어렵다. 분명히 이 숫자들은 문자적이라기보다는 상징성이 많아 보인다. 즉 '셋'은 온전함을 뜻하고 '넷'은 하나님이 참으시는 한계를 넘어서는 것을 의미한다는 것이다.[17] 이것은 하나님께서 여기에 언급이 되고 있는 각 나라의 범죄가 하나님의 기준에서 심판의 때가 찼다는 것으로 볼 수 있을 것이다.

또 하나의 문제는 각 나라마다 언급된 '로 아쉬벤누'(lō 'ašîbennû, 내가 그것을 돌이키지 않을 것이다)에 대한 해석 문제이다.[18] 여기서 접미사에 해당하는 '그것'에 대한 해석이 분분하다. 대부분의 주석가들은 '그것'이 하나님의 심판이나 진노를 가리키는 것으로 본다. 즉 심판의 위협(Wolff), 분노(Knierim), 야웨의 목소리(Hayes, Smith & Page), 심판(Gelderen, Garrett) 등이다.[19] 이들의 주장은 나름대로 의미가 있지만 일일이

---

16 M. Weiss, "The Pattern of Numerical Sequence in Amos 1-2: A Re-Examination," *JBL* 86, 4 (1967): 419-20.

17 B. K. Smith & F. S. Page, *Amos, Obadiah, Jonah*, NAC 19B (Nashville: Broadman & Holman Publishers), 1995, 47.

18 마소라 본문을 받는다면 이렇게 분해할 수 있다. 'ašîbennû, hi. ipf-energicum, 1. c. sg. + suf. 3. m. sg.

19 Cf. H. W. Wolff, *Joel and Amos: A Commentary on the Books of the Prophets Joel and Amos*, Hermeneia (Philadelphia: Fortress Press, 1977), 153-54; Knierim, "'I will not cause it to return' in Amos 1 and 2" in G. W. Coats and B. O. Long (eds.), *Canon and Authority: Essays in Old Testament Religion and Theology* (Philadel-

따져보면 석연찮은 부분도 있다.[20] 그런데 특이하게도 바레(Barré)는 탈굼역과 칠십인역에서 그 가능성을 발견하고 성경의 다른 용례와 고대 근동 문헌에 근거하여 앞에 언급된 나라의 지명을 '그것'에 대한 선행사로 본다.[21] 그러면 '그 나라를 하나님께로 돌아오지 않도록 하겠다'고 번역하게 된다. 이것은 언약 관계를 끝내겠다는 의미가 된다.

그렇지만 이 해석이 정당성을 가지려면 이스라엘을 둘러싼 열국이 여호와의 봉신이 될 때 가능하다. 이 대명사의 선행사를 단정하기는 어렵지만 '로 아쉬벤누'(lō 'ašībẹnnū, 내가 그것을 돌이키지 않을 것이다)란 표현은 법적인 문맥에서 나온 것으로서 형벌을 의미하는 것이다. 이것은 이 심판의 성격이 돌이킬 수 없는 것임을 전제로 하고 있을 뿐만 아니라 듣는 사람이 모종의 공포를 느끼도록 하는 어투로 쓰였다.

---

phia: Fortress, 1977), 172-75; J. H. Hayes, *Amos: The Eighth-Century Prophet* (Nashville: Abingdon Press, 1988), 70-71; C. van Gelderen, *Het boek Amos* (Kampen: Kok, 1933), 17; D. A. Garrett, *Amos: A Handbook on the Hebrew Text* (Waco, Texas: Baylor University Press, 2008), 24-25.

20 '위협'이라는 볼프의 견해는 그가 제시하는 고대 근동 문헌과 성경 본문이 아모스의 상황과 잘 맞지 않는다. '분노'를 제시하는 크니림의 견해는 본문 밖에서 의미를 가져와야 한다는 문제가 있다. 2절에 나타난 '야웨의 목소리'는 그것의 선행사로 볼 수 있지만 계속 반복되는 모든 대명사의 선행사를 2절에서 찾는 것은 어색하다. 막연한 '심판'으로 보는 것은 '그것'에 대한 선행사가 없다는 것이다.

21 M. L. Barré, "The Meaning of *l' 'šybnw* in Amos 1:3-2:6," *JBL* 105/4 (1986): 611-31.

4. 주석적 설명

1) 아람에 대한 심판(암 1:3-5)

아람은 이스라엘과 치룬 전쟁에서 드러낸 극도의 잔인성 때문에 책망을 받는다. 수도 다메섹으로 언급된 아람은 "철 타작기"로 타작하듯이 요단 동편에 살던 므낫세 지파와 갓 지파로 분류된 길르앗 땅의 사람들을 잔인하게 압제한 것 때문에 심판을 받게 된다. 부싯돌로 된 타작기가 아니라 '철 타작기'를 은유로 사용하여 아모스는 철기문명을 살아가면서 기술문명이 앞서있는 아람을 상기시키면서 그 야만적인 정복을 부각시키고 있다.

역사적으로 이것은 엘리사와 동시대인이었던 하사엘의 정복을 가리키는데 기원전 9세기 후반에 일어난 것으로 본다(왕하 8:7-15; 10:32, 33; 13:7). 물론 아모스 당대의 사건으로 보는 학자도 있다.[22] 구약(왕하 13:7; 사 41:15; 미 4:12; 합 3:12)과 고대 근동 문학은 철저하고도 극심한 군사적 정복을 표현할 때 타작한다는 표현을 쓰곤 했다.[23]

아람의 잔인성에 대한 심판의 도구로 불이 사용되었다(암 1:4a). 하나님의 심판은 자연적인 재해가 아니라 정치적인 전쟁을 통한 파괴로 나타날 것이다. 성경과 고대 근동에서는 불이 종종 왕실 군대 지도자의 파

---

22 Wolff, *Joel and Amos*, 155.
23 '타작하다'에 해당하는 아카드어 *dâšu*는 은유적으로 쓰일 경우 나라와 사람을 목적어로 받는다. 나라에 쓰인 경우는 티글랏빌레셀 III세에게 적용되었다. "나는 철 썰매로써 Bit-Amukkani를 타작했다." 사람에게 쓰인 경우는 아슈르바니팔에게 적용되었다. "모든 대적을 타작하는 자." Cf. S.M. Paul & F.M. Cross, *Amos: A Commentary on the Book of Amos*, Hermeneia (Minneapolis: Fortress Press, 1991), 47.

괴적인 능력을 상징하는데 사용되었다. 이것은 이스라엘이 요단 동편 땅을 점령할 때 고대 시에 나타난 내용에서도 알 수 있다. 헤스본에서 불이 나와서 모압을 삼킨다는 표현은 아모리 왕 시혼과 그의 군대의 파괴적인 힘을 묘사한 것이다(민 21:27-30). 이사야 시대의 앗수르 왕 산헤립도 자신을 '저항하는 자를 소멸하는 화염'이라고 했다.[24]

여기서 폴(Paul)이 생각하듯이 "하나님은 가나안 신화에 묘사된 것과 같이 모든 것을 삼키는 불로써 싸우시는 전사의 이미지나 하나님의 현현을 묘사하는 것"은 아니고 열강을 도구로 사용하셔서 전쟁으로 심판하신다는 것이다.[25]

아람에 대한 심판은 비교적 상세히 기록되었다. 하나님께서 '하사엘의 집'과 '벤 하닷의 궁궐들'이라고 칭한 것은 하사엘의 왕조를 의미한다. 실제로 하사엘의 왕위를 고대의 다메섹 왕실 이름을 가진 아들 벤 하닷이 계승함으로써 왕조를 창건했다(왕하 13:3, 24). 이 하사엘과 벤 하닷은 이스라엘 왕 여호아하스와 여호아스의 시대이지만 아모스가 이 예언을 할 때는 여로보암 2세 때의 아람을 통치자로 염두에 두었을 것이다.

아람의 왕조는 오랜 세월 동안 '하사엘과 벤 하닷의 집'이란 이름으로 잘 알려져 있었다.[26] 이 왕조에 대한 심판으로서 여호와께서 왕궁과 그 요새들을 사를 것이다(암 1:4b). 여호와께서 다메섹의 문빗장을 꺾음으로

---

24 D. D. Luckenbill, *Ancient Records of Assyria and Babylonia* (Lodon: Histories & Mysteries of Man Ltd., 1989), 2:115, par. 233.

25 Paul & Cross, *Amos*, 48.

26 Cf. Wolff, *Joel and Amos*, 156.

써 시리아 수도의 방어선을 무너뜨리고 왕을 처치하실 것이다(암 1:5).

여기서 '거민'으로 번역된 히브리어 $yōšēb$(앉은 자)은 '통치자' 또는 '왕'으로 번역하는 것이 옳다. 그래서 아웬의 통치자와 벧 에덴의 규 잡은 자가 끊어질 것이라는 표현이 병행을 이루는 것으로 합당해 보인다. '규 잡은 자'란 왕권을 휘두르는 자에 대한 상징적인 표현이다.[27]

'아웬 골짜기'란 말은 '악의 계곡'이란 뜻인데 아람에 대한 경멸적인 표현이다. 이것은 '벧 에덴'에도 적용되는데, 그 뜻은 '쾌락 또는 사치의 집'으로 어조가 풍자적이다. 5절에 나타난 심판 예언은 세 가지로 구성되었는데 다메섹과 아웬과 벧 에덴에 관한 각각의 내용이 진행하는 병행법으로 쓰였다면 아웬과 벧 에덴은 다메섹이 될 것이다.

그렇지만 각각 독립적인 병행법으로 쓰였다면 이 명칭이 단순히 다메섹에 대한 은유적인 표현으로 볼 수는 없을 것이다. 아웬은 칠십인역에서 언급된 '온'과 일치하는 것으로서 이집트의 태양숭배지 헬리오폴리스가 아니라 시리아의 헬리오폴리스로 볼 수 있다. 이곳은 다메섹 북서쪽에 있는 바알벡(Baalbek) 근방일 것이다. 이것도 가능성이 있는 지역이다. 벧 에덴은 아카드어 문헌에 나오는 비트-아디니(Bit-Adini)와 일치하는 것 같다. 이곳은 유프라테스 강둑에 있는 도시로서 아모스 시대에 중요한 도시였다.[28]

---

27 개역성경에서는 '홀'이라고 번역했는데 그 의미는 대신이 임금을 알현할 때 예를 갖추기 위해서 손에 쥐던 패를 말한다. 그래서 이 번역은 적절하지 않다. '규'라는 말은 옥으로 만든 것으로 옛날 중국에서 천자가 제후를 봉하거나 신을 모실 때 쓴 것이라고 한다. 그래서 그 용도를 볼 때 '규'가 더 적절한 번역이라고 할 수 있다.

28 D. A. Hubbard, *Joel and Amos*, TOTC 25 (Downers Grove, IL: InterVarsity Press, 1989), 138.

다음 단계의 심판은 이곳의 통치자를 처치한 후에 아람의 거민들은 포로가 되어 '키르'(*Qir*)로 유배된다는 것이다. 아모스는 이 장소를 원래 아람사람들이 여기서 왔던 곳으로 이해했다(9:7).

그러나 그 위치는 분명치 않다. 하나님은 그들을 다시 본거지로 돌려 보냄으로써 아람의 자랑스런 역사를 거꾸로 되돌리겠다고 위협하셨다. 이것은 이스라엘을 애굽으로 돌려보내겠다는 것에 비교할 수 있다(신 28:68). 이 심판의 메시지는 기원전 732년에 성취되었는데 그때 앗수르 왕 티글랏 빌레셀이 다메섹을 정복하여 거민들을 길로 사로잡아가고 다메섹 왕 르신을 죽였다(왕하 16:9).[29] 하나님은 한때 아람 사람들을 '키르'(우물, 함정)에서 구해주셨지만 그들이 범죄할 때 다시 그 곳으로 돌려보내신다.

"야웨께서 말씀하셨다"는 표현은 주권자이신 하나님의 엄중한 선언으로 그 심판의 예언형식을 마무리하는 것이다. 아람은 하나님의 백성을 학대한 대가를 치루어야 했다.

2) 블레셋에 대한 심판(암 1:6-8)

블레셋에 대한 심판에서 가사가 죄를 범한 유일한 블레셋 도시로 언급되었지만 심판에 대한 위협은 다른 세 도시에도 적용되었다. 마치 다메섹이 아람의 주요 도시라서 거기에 대한 죄를 언급하고 나서 온 거민이 심판을 받는 것과 같이 가사가 블레셋을 대표하는 도시이기 때문에

---

29 Cf. Chisholm, *Interpreting the Minor Prophets*, 78; Thomas E. McComiskey, "Amos," *EBC* 7, 284.

그 죄가 언급되었다.

가사의 죄는 그 거민들의 상업적 목적과 이권을 위해서 인권을 유린한 것이다(암 1:6). 가사는 해양민족 중 하나인 블레셋 사람들이 세운 다섯 도시 중 최남단에 위치한 항구도시로서 주도적인 역할을 하는 수도였다.[30] 그래서 다른 도시보다도 상업적, 정치적 중요성이 있는 도시였다.

그들은 여기서 인신매매의 죄, 그것도 전체 거민을 에돔에 노예로 팔아넘기는 노예무역에 종사하는 죄를 지었다. 노예들은 군인들이라기보다는 그들이 습격하거나 전쟁을 치루면서 사로잡은 남녀, 어린이와 같은 전쟁포로였을 것이다. 이런 일은 종종 있었다. 에돔은 이들을 구리광산의 노동에 투입하거나 또 다른 곳에 팔기 위해서 샀을 것이다. 아람은 인간의 삶을 경시하고 잔인하게 짓밟았는데 비해서 블레셋은 인간의 가치를 경멸했다.

아모스의 관심은 그들의 국적에 상관없이 인간의 자유와 존엄성에 있는 것처럼 보인다.[31] 노예무역을 통해서 고귀한 인권이 유린되는 것같이 말이다. 그러나 이 죄는 하나님의 백성이 연루된 것이기 때문에 일어난 것임을 고려해야 할 것이다. 분명히 아모스는 이 예언을 할 때 이스라엘과 유다 백성을 염두에 두었을 것이다.[32] 아마도 블레셋과 인접한 국경지대에서 이스라엘이나 유다가 취약할 때(왕하 13:7) 격리된 국경에서 습

30　H. J. Katzenstein, "Gaza," in *ABD*, 912.
31　Wolff, *Joel and Amos*, 158.
32　Cf. S. K. Lee, *Election and Ethics*: Ethical Basis of the Prophecy of Amos (Seoul: Dongbang, 2005), 117.

격이 일어났을 것이다.³³ 블레셋은 과거에 유다와 이스라엘 자손을 헬라에 팔기도 했다(욜 4:6). 즉 인간의 보편적 인권에 관한 문제가 아니라 하나님의 백성을 탄압한 것을 보응하는 하나님의 언약적 심판이라는 것이다.

블레셋의 심판은 아람과 같이 하나님이 직접 불을 보내시어 가사 성을 불사르는 것이다(암 1:7). 이것은 하나님의 지시 하에 이루어지는 군사적 공격을 뜻하며, 이때 하나님의 불이 가사의 요새들을 삼킬 것이다. 그런데 이 심판은 가사에만 국한되지 않는다. 하나님은 아스돗, 아스글론의 왕을 제거하시겠다고 위협하신다(암 1:8a). 여기서 '거민'으로 번역된 히브리어 단어(yōšēb)는 '앉은 자'라는 뜻으로 왕을 의미한다.³⁴

즉 아스돗의 통치자는 '앉은 자'로 묘사했고, 아스글론의 왕은 '규를 잡은 자'로 표현함으로써 병행을 이루었다. 가사와 같이 아스돗도 연안 도시인데, 가사에서 북쪽으로 28km 지점에 있다.³⁵ 아스글론의 그 중간 지점에 있다. "또 손을 돌이켜 에그론을 치리니"라는 말은 심판하시는 하나님의 권능에 대한 히브리식 표현이다. 이제 에그론 쪽으로 그 능력을 돌리겠다는 말이다. 그 결과로 재난에서 남은 블레셋 사람들이 멸망할 것이다. 블레셋 거민은 아무도 생존하지 못할 것이다.

블레셋 사람에 대한 심판에는 아람과 같이 백성이 포로로 잡혀가는 내용이 없다. 그것은 사람을 노예로 판 자는 반드시 죽일 것이라는 율법

---

33 Stuart, *Hosea-Jonah*, 312.
34 Cf. A. R. Hulst, "šāḵan," in *TLOT*, 1329.
35 A. C. Myers, *The Eerdmans Bible Dictionary* (Grand Rapids, MI: Eerdmans, 1987), 92.

이 적용된 것으로 보인다(출 21:16). 하나님은 한 나라의 수호신이 아니라 주권자로서 역사를 이끄신다. 하나님의 심판은 블레셋이 노예 매매를 한 것만큼이나 철저했다. 여기서 블레셋 다섯 도시 중 가드가 언급되지 않은 것은 그곳이 유다에 편입되어서 더 이상 독립된 도시로 보지 않기 때문일 것이다(대하 11:5-10). 여기에 대한 증거로는 블레셋에 대한 심판에서 가드는 한 번도 언급되지 않았다는 것이다(슥 2:4; 9:5-7; 습 5:7). 블레셋의 가사는 아모스의 예언이 있은 지 약 삼십 년 후에 앗수르왕 티글랏 빌레셀 III세에 의해서 기원전 734년에 점령당했다. 아스돗은 기원전 712년 앗수르에 대해서 반란을 일으키다가 사르곤에 의해서 점령당했다. 이때 에그론도 점령당했다. 블레셋은 바벨론과 페르샤의 지배를 거치면서 그 지역에서 문화와 언어에서도 블레셋 요소를 찾아보기 어렵게 되었다.[36] 택한 백성에 대한 반인륜적인 행동이 그들의 멸망을 초래하게 되었다.

3) 두로에 대한 심판(암 1:9-10)

열방에 대한 다른 예언과는 달리 페니키아는 두로만 언급되었다. 기원전 8세기 중반은 엣바알(Ethbaal)이 통치하던 역사상 두 번째 황금 시대였다. 이때부터 기원전 701년 산헤립이 시돈의 지위를 독립적으로 격상시키기까지는 시돈은 두로와 하나의 정치적 단위를 구성하고 있었다.[37] 그 도시는 방대한 무역 제국의 심장부로서의 그 전략적인 위치로

---

36 H. J. Katzenstein, "Philistines," in *ABD* 5, 236-238.
37 H. J. Katzenstein, "Tyre," in *ABD* 6, 688.

말미암아 부와 영향력을 행사할 수 있었다(겔 26-28). 그 무역활동 중의 하나가 노예 매매였다. 이 행위가 하나님의 심판의 원인이 되었다. 두로에 대한 고소는 가사에 대한 것과 비슷하다. 그들이 '모든 사로잡은 자(whole captives)를 에돔에 판 것'은 가사와 같아 보인다. 그렇지만 두로는 상인이기 때문에 블레셋과 같이 전쟁과 같은 습격을 통해서 한 마을이나 공동체를 포로로 삼은 것 같지는 않다. 오히려 이들은 중개업을 통하여 이 일을 한 것 같다.[38]

블레셋 만행과 또 다른 점은 두로의 행위는 배신의 의미가 있다는 것이다. "그들이 그 형제의 계약을 기억지 아니했다"는 것이다. 이것은 언약을 깨뜨리고 그 임무를 저버렸다는 뜻이다(시 105:8; 렘 14:21). 이것이 어떤 종류의 계약인지는 분명치 않다. '형제'라는 말은 문자적으로 혈연 관계가 아니라 계약의 파트너를 가리킨다(왕상 9:13). 또한 개인적이라기 보다는 국가 간에 맺어지는 것인데 주종 관계가 아니라 평등조약이다.

이는 충성과 사랑으로 맺어지는 특징이 있기 때문에 특별한 친밀성을 묘사하는 것이다. 이 용어는 고대 근동에서는 관례적으로 쓴 것이다. 애굽의 람세스 II세와 히타이트의 핫투실리스가 평화조약을 맺으면서 서로가 '형제 관계'라고 언급했다.[39] '형제의 계약'은 성경에서 유일한 표현이다.

아모스 시대에는 국가 간의 협정은 일반적이었다. 그 전에는 솔로

---

38 R. R. Lessing, *Amos* (St. Louis: Concordia Publishing House, 2009), 128.
39 *ANET*, 199. "보라 하티의 대왕 핫투실리스는 이집트의 대통치자 우세르-마아트-레 세텝-엔-레와 오늘부터 영원히 우리 사이에 좋은 평화와 형제 관계가 이루어지도록 규정을 세우노라. 그가 나와 형제 관계에 있는 한 그는 영원히 나와 평화를 누리고, 내가 그와 형제 관계에 있는 한 나는 영원히 평화를 누린다."

몬이 두로의 히람과 언약을 맺었다(왕상 5:12). 또 아합이 시돈 여인 이세벨과 결혼함으로써 이스라엘과 페니키아가 협정을 맺었을 것이다(왕상 16:31). 그 후 계속적인 협약이 있었을 수도 있다.

그러나 이 중 어느 것을 가리키는 지 단정할 수는 없지만 이 계약의 대상은 이스라엘인 것 같다.[40] 그렇지 않으면 하나님께서 굳이 두로의 죄를 문제 삼을 이유가 없을 것이다.[41] 노예 무역은 고대사회에 만연된 관행이었다. 이들의 죄는 계약을 저버리고 인권을 무시하고 사람을 물질적 이익을 얻는 동기로 본 것에다 하나님의 백성을 노예로 매매한 것을 더한다.

두로의 죄의 결과로 여호와의 심판의 불이 두로 성을 함락시킬 것이다. 이 불은 하나님의 심판을 경험하는 방식이다. 실제로 두로는 함락되었다. 앗수르는 두로를 네 차례 공격해서 파괴시키고 조공을 바치도록 했다. 티글랏빌레셀 III세(기원전 728-7년), 살만에셀 V세(기원전 727년), 산헤립(기원전 701년) 그리고 에살핫돈(기원전 677년) 때이다. 바벨론의 느부갓네살은 십삼 년 동안 두로를 포위하고 있다가 결국 기원전 572년에 패배시켰다.

예언의 완전한 성취는 알렉산더 대왕을 통해서 일어났다. 그는 기원전 332년에 육지의 두로를 파괴한 잔해로써 섬까지 연결하는 약 팔백 미터 정도되는 제방을 쌓아서 두로를 철저히 파괴했다.[42] 이 예언에서는

---

40   Cf. J. Priest, "The Covenant of Brothers," *JBL* 84 no. 4 D (1965): 400-06.

41   폴과 크로스는 "(아모스) 선지자가 이스라엘을 염두에 두었다고 해도 그의 기소는 그가 실제로 다른 나라를 가리킬 가능성을 배제하지 않는다"고 했다. Paul & Cross, *Amos*, 61.

42   D. R. Edwards, "Tyre in the Greco-Roman Priod," in *ABD* 6, 690.

앞의 두 나라와는 달리 페니키아나 다른 도시로까지 심판이 확대되지 않았다는 점이 특이하고, 또 두로에 대한 예언에서 결어 "야웨의 말이니라"가 빠진 것도 특이하다.[43]

4) 에돔에 대한 심판(암 1:11-12)

열방에 대한 심판 예언은 이 단락에서 이스라엘과 혈연 관계에 있는 나라를 향한다. 그것은 야곱의 형제였던 에서의 후손인 에돔부터 시작한다. 이스라엘 모든 역사에 걸쳐서 에돔은 이스라엘의 적이었다. 아모스 시대에 에돔과의 관계를 구체적으로 알 수는 없으나 다윗 시대부터 에돔은 이스라엘의 속국이었다(삼하 8:13-14; 왕상 11:15-16; 왕하 3장). 그러다가 여호람 때 독립했다(대하 21:8). 그 사이의 일반적인 분위기는 적대적이었지만 그 관계는 하나님의 말씀대로 대부분 종속 관계였다(창 25:22-23).

에돔의 죄는 "칼로 그의 형제를 쫓아가" 자기 형제를 대적한 행위였다. 이 적대 행위는 바벨론에 의한 유다 침공 사건에서 일어난 것으로 볼 수는 없다. 이것은 여호람 때 독립을 위한 반란과 지속되었던 해묵

---

43 Limburg는 "편집자가 이 책의 각 단원에서 칠이나 다중적 일곱 개의 신적 선언 양식을 만들려고 했기 때문에 이 양식이 빠졌을 것이다. 가장 짧은 이 신탁들은 서두나 결어 양식이 정말 필요치 않았을 것이다"고 했다. J. Limburg, "Sevenfold Structures in the Book of Amos," *JBL* 106/2 (1987) 222. 투커는 두로와 에돔의 심판의 이유가 유사하기 때문인 것 같다고 했다. G. M. Tucker, "The Social Location(s) of Amos: Amos 1:3-2:16," in J. J. Ahn & S.L. Cook (eds.), *Thus says the Lord* (New York, London: T &T Clark, 2009), 276.

은 불화의 감정에서 비롯된 것으로 볼 수 있을 것이다(대하 21:8, 10).[44] 특별히 여호람에서 독립한 이후 그들은 예루살렘을 공격하기 위해서 블레셋-아랍 동맹군에 합세했을 것이다(대하 21:16-17).

그들은 형제에 대한 '긍휼'을 버렸다. 여기서 '형제'라는 말은 두로의 '형제의 계약'에서 말하는 정치적인 관계가 아니고 혈육을 의미한다.[45] 형제애를 저버린 에돔의 유일한 목적은 죽이는 것이었다. 특별히 '쫓아가다'('라다프,' *rādaf*)와 '버리다'로 번역된 šāḥaṭ(멸하다)는 전쟁과 관련된 용어다.

특별히 '긍휼'을 모태('레헴,' *reḥem*)라고 표현한 것은 에서와 야곱이 한 태에서 태어난 쌍둥이라는 것을 암시하는 표현이며, 그 긍휼을 없앤다는 것은 감정적인 요인을 배제한다는 것으로 형제애를 버리는 것에 대한 적절한 용어가 된다. 에돔의 분노는 들판의 불과 같이 번져갔고, 형제 관계의 불화는 악화되었다.

유다 백성을 잔인하게 학대한 것에 대한 하나님의 심판의 도구는 불이었다. 데만과 보스라는 에돔의 고도인데 이것들이 전쟁으로 멸망할 것이다.[46] 데만은 남쪽에, 보스라는 북쪽에 있다. 이 양극의 지역을 언급

---

44 J. R. Bartlett, "The Brotherhood of Edom," *JSOT* 4 (1977): 21.
45 피쉬베인과 쿠트는 이 형제 관계를 '계약의 형제'로 바레는 '계약의 파트너'로 본다. 또 쿠트는 '그의 긍휼'을 '그의 계약의 자비'라고 번역하고 바레는 '그의 동맹'이라고 번역했다. M. A. Fishbane, "Treaty Background of Amos 1:11 and Related Matters," *JBL* 89 no 3 (1970): 313-318. R. B. Coote, "Amos 1:11: *RḤMYW*," *JBL* 90 no 2 (1971): 206-208. M. L. Barré, "Amos 1:11 Reconsidered," *CBQ* 47 no 3 (1985): 420-427.
46 보스라는 에돔의 중요한 도시 중 하나였는데 고고학적 발굴물에 의하면 이 도시가 기원전 8세기부터 6세기 파괴될 때까지 상당한 번영을 누렸다는 것이 확인된다. Kenneth G. Hoglund, "Edomites," in Alfred J. Hoerth, Gerald L. Mattingly & Edwin M.

함으로써 이 심판이 에돔 땅 전체에 해당된다는 것을 암시한다. 죄를 지은 사람 때문에 모든 백성이 고통을 당하게 된다.

이 부분은 에서와 야곱 간에 있었던 옛적 갈등을 연상시킨다. 비록 그들이 쌍둥이 형제지간이었지만 에돔이 유다를 향한 지속적인 적대감은 끊이지 않았다(민 20:14-21). 이 갈등은 에돔 출신인 헤롯왕이 야곱의 자손인 예수 그리스도를 살해하기 위해 베들레헴에서 태어난 모든 유아를 살해하기까지 계속적으로 이어진다(마 2장).

5) 암몬에 대한 심판(암 1:13-15)

암몬은 요단 동편, 북쪽 길르앗과 남쪽 모압 사이에 있었다. 이 예언에 나타난 다른 민족과 같이 암몬도 이스라엘과 오랫동안 관계가 있었다(창 19:30-38). 암몬의 죄는 길르앗의 임신부의 배를 가른 것이었다. 이들의 서너 가지 죄는 국가적으로 만연된 만행이었다. 이 행위는 테러를 감행해서 인구를 줄이기 위해서 하는 국경전의 일반적인 행위로 보인다(왕하 8:12; 15:16; 호 13:16). 이런 습격을 통하여 자기 영토를 확장하려고 했다. 암몬은 다른 팔레스타인 국가들에 비해서 지리적으로 잘 연합하지 못했기에 자기 영토를 넓히기 위해서 사사 시대에는 종종 비옥한 길르앗 땅을 침략했다.[47]

본문은 자신의 팽창주의로 인해 길르앗의 아이 밴 여인의 배를 가르

Yamauchi (eds.), *Peoples of the Old Testament World* (Grand Rapids, Mich: Baker Books, 1994), 339.

47 Stuart, *Hosea-Jonah*, 314.

고 자손을 멸절시키려는 암몬의 잔인성에 대한 심판을 상세하게 기록하고 있다. 이와 유사한 만행은 고대 근동 문헌에도 가끔 나타나 있다.

중기 앗수르 노래는 티글랏 빌레셀 I세(기원전 1114-1076년)의 섬뜩한 죄를 기록하고 있다.

"그는 임신한 여인의 모태를 가르고 그 유아의 눈을 파내고, 그들의 강한 남자들의 목을 잘랐다."[48]

또 신 바벨론의 한 애가에도 그런 참혹한 기록이 있다.

"어머니의 모태가 갈라진 것을 … 내 눈이 볼 수 없구나."[49]

이런 야만적인 행위는 적의 인구가 증가하는 것을 방지하기 위한 것으로서 아모스 예언에서 지적된 암몬의 잔인성을 잘 설명하고 있다. 이것은 바로가 히브리 남아를 죽이라고 명령한 것이나 현대인의 낙태와는 비교할 수 없을 정도로 잔인한 행위이다. 더욱이 이스라엘의 아이를 죽이는 것은 하나님의 약속된 미래와 관련된 것이기에 하나님은 이 문제에 단호하게 대응하실 수밖에 없을 것이다.

암몬의 죄에 대해서 하나님은 랍바 성에 불을 보내어 그 성을 사를 것이다. "전쟁의 날에 외침과 회오리바람의 날"이란 '야웨의 날'에 대한 다른 표현이 될 수 있을 것이다.[50] 또한 '날'을 두 번 반복해서 쓰는 것은 하나님의 주권적인 강력한 개입을 의미하기도 한다. 이것은 암몬의 주

---

48 M. Cogan, "'Ripping open pregnant women' in light of an Assyrian analogue," *JAOS* 103 no 4 (1983): 755-757.

49 W. G. Lambert, "A neo-Babylonian Tammuz lament," *JAOS* 103 no 1 (1983): 211-215.

50 Paul & Cross, *Amos*, 80.

도시인 랍바가 대적의 공격에 의해 함락될 것이라는 말이다.[51] 표현상으로 군사적 침략과 자연의 재앙으로 인한 심판으로 보이지만 여러 선지자들은 폭풍을 대적에 대한 하나님의 파괴적인 공격을 추상적으로 묘사했다(사 29:6; 렘 23:19; 나 1:3). 앗수르의 왕들도 자신에게 비슷한 이미지를 적용시켰다. 예를 들어, 아닷니나리 II세(기원전 1018-1013년)는 "내가 바람이 맹습하듯이, 질풍으로 노할 것이다"라고 자만했다.[52]

암몬의 패배는 왕과 대신들이 사로잡혀감으로써 정점에 달할 것이다. 지도자들이 포로로 유배된다는 점에서 아람 백성이 유배되는 것과 다르다. 몇몇 고대 사본에서는 몰렉에 해당하는 히브리어 단어(*mlkm*)를 모압의 신인 밀곰(*milkōm*)으로 모음을 붙여 읽었다. 그러나 이런 모음 표기는 뒤의 '그의 대신들'이란 말 때문에 이것은 불가능하다. 암몬의 주도권은 느부갓네살이 랍바성을 점령하고 많은 거민들이 유배될 때 끝이난다. 이것으로 아랍 침입자들이 암몬을 차지할 수 있는 길을 열게 되었다.[53] 아모스는 "여웨께서 말씀하셨다"란 표현으로써 자신의 메시지의 권위를 부여하고 있다.

6) 모압에 대한 심판(암 2:1-3)

모압은 암몬의 형제나라였다(창 19:30-38). 이 나라의 위치는 사해 동편, 남쪽의 에돔과 북쪽의 암몬 사이에 있었다. 이스라엘과 유다는 오랜

---

51 Stuart, *Hosea-Jonah*, 314.
52 Cf. Chisholm, *Interpreting the Minor Prophets*, 80.
53 McComiskey, "Amos," in *EBC*, 290.

기간 동안 모압과 다양한 관계를 가졌다. 다윗 왕은 자기 조상이 모압 사람이었음에도 불구하고 모압을 심하게 다루고 지배했다(룻 4:17-22; 삼상 22:3-4; 삼하 8:2). 이스라엘은 오므리 통치시절 모압을 관할했으나 모압 왕 메사는 오므리의 아들인 아합이 죽은 후 이스라엘을 배반했다(왕하 1:1;3:5). 이것은 메사의 석비를 통해서도 알 수 있다.[54]

모압의 대표적인 죄는 이스라엘에 대한 죄도 아니고 유다에 대한 죄도 아닌 것 같다. 모압의 죄는 에돔 왕의 뼈를 불살라 회를 만들었다는 것이다. 이것은 하나님의 공의로 그 백성과 상관없이 심판하실 수 있다는 것이다. 그래도 의문이 생기는 것은 모압이 에돔 왕의 뼈를 불살랐다는 것이 이 문맥에서 심판의 대상으로 여겨지는 것이 잘 맞지 않는다. 하나님의 백성과 아무런 상관이 없이 일어나는 잔학 행위에 대해서 심판을 선언하시는 하나님의 행위는 이례적이다.

여기에 대한 대안으로 그 에돔 왕이 이스라엘의 분봉왕일 수 있다는 것이다. 또 다른 대안은 여기서 '에돔 왕의 뼈'를 단순한 속격으로 보지 않고 행위자의 속격(genetivus auctoris)으로 보는 것이다. 즉 '에돔 왕에 의한 뼈'(cf. 사 66:16). 이때 그 뼈는 에돔 왕의 뼈가 아니라 에돔 왕이 죽인 유다 사람들의 뼈가 될 수 있다.[55] 그래서 모압은 건축자재인 회를 얻기 위해 에돔 왕이 죽인 유다 사람들의 뼈를 불사른 일 때문에 심판을 받는다.

---

54 "그러나 오므리는 메하다바 땅을 점령하여 거기서 그의 통치 동안과 그의 아들의 통치 기간 반, 사십 년간 머물렀다. 그러나 그모스가 그 땅을 내 시대에 돌려주었다. 그래서 내가 바알 마온을 건설하고 거기에 저수지를 만들었다." A. F. Rainey & R. S. Notley, *The Sacred Bridge* (Jerusalem: Carta, 2006), 211.

55 C. van Leeuwen, *Amos*, POT (Nijkerk: Callenbach, 1985), 72.

뼈를 불사르는 것은 죽음에 대한 모독 행위다. 제단에서 뼈를 태우는 것도 제단을 더럽히는 수치스런 행위이다(왕상 13:2; 왕하 23:16-20). 뼈를 사르는 것은 고대 근동에서도 가증스런 일이다. 페니키아의 아히람의 비문(기원전 1200-1000년)과 에쉬무나잘(Eshmunazar, 기원전 300년)이 묘지 도굴을 경고했다.

"나를 열지 말라, 나를 분란케 하지 말라, 이는 아스타르트에게 가증하기 때문이다."[56]

하나님은 죽은 자를 욕되게 하지 않고 영예롭게 해주기를 원하기에 장례를 명하셨다(신 21:22-23; 수 10:22-27). 하나님의 심판은 다시 한 번 불로 묘사되었는데, 불이 요새들을 사르는 것, 요란함, 전쟁의 외침과 나팔 소리는 전쟁의 광경과 소리를 효과적으로 묘사한 것이다. 모압의 신전이 있는 그리욧의 궁궐들이 전쟁으로 멸망하고 그 나라는 하나님의 심판으로 끝이 날 것이다. 그리고 그 나라의 통치자와 관리들이 심판의 대상이 되는데 이들은 정의에 대한 책임을 진 자들이다. 하나님의 심판은 자기 백성을 학대한 나라에 대해서 일관성 있게 선포되었다.

5. 결어

아모스의 예언에서 처음으로 제시된 열국에 대한 심판 예언이 서두에 나타난 것은 단순히 수사적인 기법을 위하여 배치된 것은 아니다. 하나님의 심판의 초점이 이스라엘에 있기 때문에 열국에 대한 심판이 먼저

---

56 Leeuwen, *Amos*, 71.

선포됨으로써 이스라엘이 벗어날 수 없는 덫에 걸리게 되는 느낌을 갖도록 하는 수사법이 사용된 것은 사실이다. 또한 그것이 이스라엘에 대한 심판의 정당성을 알려주기도 한다. 그렇지만 무엇보다도 아모스의 열국에 대한 심판은 내용적으로 하나님의 약속의 성취로 보아야 한다. 그것은 하나님께서 아브라함에게 하신 약속에 근거를 둔 심판이라는 것이다.

> 너를 축복하는 자에게는 내가 복을 내리고 너를 저주하는 자에게는 내가 저주하리니(창 12:3a).

이스라엘을 에워싼 나라들은 하나같이 하나님의 백성인 이스라엘/유다를 괴롭히고 학대한 자들이다. 본문에서는 블레셋, 두로, 모압이 학대한 대상이 명확하지 않지만 이들이 단순히 보편적인 인권을 침해한 결과로 아모스의 예언에서 심판의 대상이 되는 것은 생각하기 어렵다. 하나님은 이들 나라에 대해서 심판을 선포하면서 자신이 약속에 신실한 분임을 나타내셨다.

이 심판 예언에 나타난 하나님의 신실성은 하나님이 이스라엘 민족의 수호신이 아니라 친히 만국과 만민의 하나님 됨을 나타낸다. 또한 그것은 야웨 하나님의 백성에게는 위로와 경고가 된다. 약속에 신실하신 하나님을 아는 것이 신앙 공동체로서 이스라엘이 존재하는 근거가 된다. 새 언약 시대에는 아브라함의 약속이 그리스도의 교회에 적용된다.

왜냐하면 그리스도 안에 있는 자가 아브라함의 자손이기 때문이다(갈 3:29). 그래서 베드로의 고백 위에 선 교회는 음부의 권세가 이기지 못한다(마 16:18).

15장

구약에 나타난 야웨(하나님) 경외의 삶[1]

1. 서언

일반적으로 두려움이란 스스로 통제할 수 없는 힘에 대한 반응으로 나타나는 불안한 감정이라고 볼 수 있다.[2] 성경에 나타나는 두려움의 대상은 죽음(창 32:12; 렘 26:21), 원수(출 14:10; 삼상 17:11, 24; 왕하 10:4), 속박(창 43:18), 위협(삼하 3:11), 권위(삼상 3:15) 등이다.[3] 인간에게 나타나는 두려움이나 공포의 이런 다양한 대상은 자신의 운명이나 사람에게서 오는 것이다. 그래서 두려움 자체는 인간의 불안한 감정을 표시하는 것으로 대체로 부정적인 의미를 지닌다.

그러나 두려움의 대상이 하나님이 될 때 이 감정적 표현은 종교적인 성격을 띠기 때문에 그 의미는 달라진다. 물론 숭배의 대상이 비인격체

---

1 이 글은 「고신신학」 3권 (2001)에 실렸다.
2 Cf. Gunter Lanczkowski, "Furcht," *TRE* 11, 755.
3 Cf. Sigfried Plath, *Furcht Gottes: Der Begriff ary im Alten Testament* (Stuttgart: Calwer Verlag, 1963), 14-23.

일 경우에는 그 말은 공포의 성격을 지닐 수 있지만 그 말이 성경에 언급된 인격적인 야웨 하나님과 연결될 때는 긍정적인 의미가 부각된다 (창 22:12; 수 4:24 등).

오히려 성경은 자연이나 사람에 대한 두려움은 금지사항으로 언급하고(출 14:13 등), 하나님에 대한 두려움은 명령으로 권장하고 있다 (레 19:14 등). 그래서 하나님을 두려워하는 것이 그 백성이 지녀야할 기본적인 태도에 속한 것으로 이해된다.

구약의 '야웨 경외' 또는 '하나님 경외'에 대해서 고찰하는 이 글은 어원 연구와 더불어 그 의미와 관련된 범주를 따라서 본문에 대한 주석적 설명을 함으로써 이 주제의 현실적 중요성을 드러낼 것이다.

2. 경외($yār\bar{e}$)의 어원과 용법

한글성경에 '공경하고 두려워함'이란 뜻을 지닌 낱말인 '경외'는 히브리어 원형 ירא('야레,' yr')를 번역한 것이다. '야레'($yār\bar{e}$)의 어원은 확실하지 않지만 오스테르호프(Oosterhoff)는 원래 '헐떡이다'란 의미일 것이라고 하면서 아랍어 $wariha$(숨이 찬), 아람어 '러아'($r^e\,\bar{a}$, 허파)와 히브리어 '라아'($rā\,\bar{a}$, 보다)를 제시했다.[4] 베커(Becker)는 '야레'($yār\bar{e}$, 떨다)와 관련이 있는 것으로 보고 그 동사의 원래 의미는 시편 76:9의 단어에 나타난다

---

4 B. J. Oosterhoff, *De Vreze des Heren in het Oude Testament* (Utrecht: Utrecht University, 1949), 8.

고 했다.[5] 주옹(Joüon)은 아랍어 '와아라'(wa'ara, 떨다, 도주하다)가 원래 의미에 가까운 것으로 보고 두려움과 도망은 밀접한 관계가 있다고 했다.[6] 그러나 푸스(Fuhs)는 그런 아랍어 병행을 사용하는 것이 문제가 있다고 보고, 그는 동사 '와아라'(wa'ara)는 '(뒤로) 밀치다, 치다'를 뜻하는 '와라아'(wara'a)의 어근변형일 것이라고 추측하면서 히브리어 '야레'(yārē)는 아랍어 wari'a(경건한)와 관련된 것으로 본다.[7]

그러나 이 아랍어 단어는 어원이라기보다는 히브리어 단어의 영향을 받은 것으로 본다. 사실 히브리어 어근과 상관없이 사용되는 '경건한' 이라는 의미를 지닌 일상적인 아랍어 용어는 '찰리훈'(ṣālihun)이다. '야레'에 대한 현대 아랍어의 동의어로는 '하우푼'(haufun, fear), '라아바'(ra'aba, terrified)와 '카림'(karīm, respectable)과 같은 단어가 있다.[8]

BDB 히브리어 사전은 '야레'의 아카드어의 어근으로 '이루'(îrû)를 제시하지만[9] 그 용례를 고대문헌에서 찾기 어렵고 Ahw와 CAD 같은 대표적인 아카드어 사전에는 이 단어가 빠져있다. 그 대신 아카드어의 동의어로 동사 '팔라후'(palāḫu, 두려워하다), 명사 '풀루흐투'(puluḫtu, 두려움)가 쓰였다. 바벨론 창조신화에서 명사 '풀루흐투'는 항상 마르둑의 갑주나 인간 전갈들이나 티아맛의 용들에 의해 확산된 공포의 능력이라는

---

5 J. Becker, *Gottesfurcht im Alten Testament*, AnBibl 25 (Romae: E Pontificio Instituto Biblico, 1965), 1.

6 Paul Joüon, "Crainte et peur en hébreu biblique," *Biblica* 6 (1925): 175.

7 H. F. Fuhs, "yārē," in *TWAT*, 870.

8 M. Debahy, *Dictionary of Hebrew Verbs*: Hebrew-Arabic with an index of the Arabic equivalents (Beirut: Librairie Du Liban, 1970), 26.

9 *Enhanced Brown-Driver-Briggs Hebrew and English Lexicon* (Oxford: Clarendon Press, 1977), 431.

의미로 쓰였고, 길가메쉬 서사시에서 동사 '팔라후'도 주로 '두려움에 떨다'는 의미로 쓰였다. 그런데 형용사 '팔후'(palḥu)와 '팔리흐'(pāliḥ)는 항상 제의적 의미와 존경과 경배의 의미를 지닌다.[10] 그래서 아카드어의 경외란 신들과 왕의 면전에 선 인간의 근본적인 태도로 정의한다.

그것은 바른 행위를 위한 두려움뿐만 아니라 바른 제의적 의식을 통하여 권력에 의해서 세워진 질서를 존중하는 것이다. 또한 그것은 신적인 능력과 거리를 두고 두려운 능력에서 나타난다. 그것은 밝힐 수 없고, 예견할 수 없는 두려운 반응과 관련된 것이다.[11]

히브리어 '야레'(yārē)는 모든 품사를 통틀어 구약에 436번 나타난다.[12] 이 단어의 동사 형태는 333번 나오는데 특별히 이 단어의 목적어가 하나님과 관련된 표현은 약 80퍼센트가 된다.[13] 동사 외에도 여성 명사 연계형과 하나님을 뜻하는 말과 나란히 써서 내용상 하나님을 목적으로 갖는 경우도 많다. 즉 '야웨 경외,' '주를 경외하는 것,' '하나님 경외'란 표현이 그렇다. 하나님의 이름이 다양하게 나타나는 것은 다양한 문서나 상반된 개념의 차이를 두는 표현이 아니라 교호적으로 쓰인 것이다.[14]

---

10 Louis Derousseaux, *Louisainte de Dieu dans l Ancien Testament* (Paris: Les éditions du Cerf, 1970), 43-51.
11 Derousseaux, *Louisainte de Dieu*, 9.
12 H. P. Stähli, "*yārē*," in: *THAT* I, 765-6.
13 M. Van Pelt /W. C. Kaiser, Jr., "ארי," in *NIDOTTE* II, 765-6.
14 Th. C. Vriezen, *Hoofdlijnen der theologie van het Oude Testament* (Wageningen: Veenman en Zonen, 1977), 194. H. A. Brongers, "La crainte du Seigneur (Jir'at Jhwh, Jir'at Elohim)," *Oudtestamentische Studieën* 5 (1948): 163.

야웨를 경외한다고 할 때 '경외한다'는 말 자체는 일반적으로 '두려워하다,' '공경하다,' '예배하다,' '신뢰하다'란 의미로 쓰였다.[15] 하나의 단어가 요나서의 짧은 본문에서도 다양한 의미를 지닌다. 즉 "사공이 두려워하여"(욘 1:5), "하늘의 하나님 여호와를 경외하는 자"(욘 1:9), "무리가 알고 심히 두려워하여"(욘 1:10), "그 사람들이 여호와를 크게 두려워하여"(욘 1:16) 등이다. 그래서 '야웨 경외'가 정확하게 무엇을 의미하는 지는 문맥 가운데서만 파악할 수 있다.

3. 야웨 경외와 공포감

'야레'(yārē)가 하나님과 관련해서 쓰면서도 공포의 의미를 지닌 말로 쓰인 경우도 있다. 사무엘하 6:9은 "다윗이 야웨를 경외했다"고 한다. 이때 경외의 의미는 역사서 다른 본문의 경외와는 달리 '두려워하다'란 뜻이다. 웃사가 법궤를 붙들었을 때 그가 율법을 범함으로써(민 4:15) 하나님의 벌을 받아 죽는 공포의 분위기 속에서 다윗은 하나님을 두려워했던 것이다. 쉬텔리(Stähli)는 이 두려움을 성물과 관련된 것으로 분류한다.[16] 그러나 다윗이 야웨를 두려워한 것은 성막이나 법궤 자체와 관련된 것이 아니라 웃사의 죽음으로 인한 것이다. 사실 다윗도 법궤를 운반하는 국가적인 행사를 주도하면서 출발부터 잘못된 방법으로 시도했다. 그래서 하나님의 심판이 자신에게도 미칠까봐 두려워했던 것이다.

---

15 *DCH* IV, 276-8.
16 Stähli, "*yārē*," 770.

이 사건에서 하나님은 공포의 대상이 아니라 인간과 대화할 수 있는 인격적인 분이시지만 죄를 지은 사람에 대해서는 하나님이 공포의 대상이 될 수 있음을 볼 수 있다.

또 다른 경우는 출애굽기 20:20의 하나님의 강림과 관계된 것인데, 이 구절에는 두 개의 '야레'(yārē)가 상반된 개념으로 쓰였다.

> 두려워 말라 ….너희가 그를 경외하여('알-티라우 … 티헤 이라토,' 'al-tīrāū … tihyê yir'ātō)(출 20:20).[17]

첫 번째 단어는 공포심과 관련된 것이다. 하나님의 현현이 너무도 장엄하기 때문에 하나님이 접근하여 말씀하시는 것은 미천한 인간에게는 죽음을 야기할 수도 있다는 것이다. 하나님의 현현 앞에서 백성들이 공포에 떨고 있을 때 모세가 백성을 안심시키기 위해서 '두려워하지 말라'고 한 것이다. 하나님은 자신의 임재를 경험하도록 하기 위해서 특별한 방법으로 강림하셨지만 그것은 생래적 인간에게는 공포를 일으킬 수밖에 없었던 것이다.

17　tīrāū, qal, jussive, 2. m. pl.; ō는 접미사가 목적 소유격(objective genitive)으로 결합된 형태. Cf. König, *Historisch-kritisches Lehrgebäude der hebräischen Sprache*, §37; GK, §135 m.

4. 야웨 경외와 예배

야웨만을 그리고 그를 성심으로 예배하는 것은 신실한 이스라엘 백성의 삶에 있어 중심부를 차지한다. 구약은 '경외'라는 말을 써서 예배에 관한 지침을 주고 있다.

사무엘은 예배의 대상을 지칭하면서 '야웨 경외'라는 말을 썼다.

> 야웨만 경외하라(삼상 12:24).

사무엘은 자신의 고별사의 결론으로 야웨 하나님이 그 백성에게 베푸신 출애굽을 통한 구원의 은혜와 가나안 땅 점령 시 역사하신 하나님의 일을 상기시키면서 야웨만을 예배할 것을 명령했다. 다른 신을 예배의 대상으로 삼아서는 안 된다는 말이다. 여기서 '경외'란 제의적인 섬김을 의도한 것이기 때문에 '예배'로 대치할 수 있는 말이다.[18] 열왕기상 17:39의 "오직 너희 하나님 야웨를 경외하라"란 명령도 같은 차원에서 이해할 수 있다(cf. 사 8:12-13; 욘 1:9).

제의적인 성격을 가진 표현은 신명기에서도 나타난다.

> 네 하나님 야웨 경외하기를 항상 배우기 위함이라(신 14:23).

이 말은 야웨 하나님께서 그 이름을 두시려고 택하신 곳에서 곡식과 포도주와 기름의 십일조를 먹고 우양의 처음 난 것을 먹는 것이 목적

---

[18] Cf. Oosterhoff, *De Vreze des Heren*, 43.

이다. 즉 하나님께서 주신 물질적 풍요는 하나님을 예배하도록 규정된 임무와 밀접한 관계가 있다는 것이다.

여호수아 24:14에서 "그러므로 너희는 이제 야웨를 경외하고 그를 섬기라"는 표현은 족장들의 신앙적 행위와 관련된 유서깊은 도시인 세겜에서 야웨와 백성 간에 맺은 언약의 내용이다(창 12:6-8; 33:20; 35:4).[19] 여기서 '섬기다'란 동사와 나란히 쓰인 '경외'란 말은 이스라엘의 조상들이 메소포타미아 지역과 애굽에서 신들을 섬기던 것(겔 20:8)과 대조적인 개념으로 쓰였다. 여호수아와 야웨와 맺은 언약의 핵심적인 개념이 바로 '야웨 경외'라는 표현에 함축되어 있다. 이는 애굽에서 인도하여 가나안 땅을 정복하고 그 약속의 땅에 평안히 거하게 하신 야웨의 은혜에 걸맞게 언약의 관계를 신실하게 유지하며 살아야 한다는 말이다.

이 언약은 다른 신들을 결단코 섬기지 않고 야웨만 섬기는 신앙의 배타적인 성격이 주종을 이룬다. 여호수아는 그의 설교 첫머리에서 사용한 '야웨 경외'의 개념에서 '너희 마음을 이스라엘의 하나님 야웨께로 향하라'란 결론을 이끌어내었다. 그래서 이 본문에 나타난 '야웨 경외'의 의미는 '섬기다,' '경배하다,' '마음을 야웨께로 향하다'란 의미로 쓰였다.

특별히 크루즈(Kroeze)는 이 하나님을 경외하는 것은 제의(colere)에서 나타난다고 지적했는데[20] 물론 제의가 종교적인 삶의 중심이긴 하지만 본문의 '야웨 경외'를 제의에 한정시킬 필요는 없다. 그것은 예배와 더

---

19 수 24장에 나타난 언약과 관련된 포괄적인 연구. William T. Koopmans, *Joshua 24 as Poetic Narrative* (Sheffield: Sheffield Academy, 1990).

20 J. H. Kroeze, *Jozua*, COT (Kampen, Kok, 1968), 255.

불어 삶의 전 영역에서 야웨 하나님에 대한 언약을 신실하게 지킬 것을 요구하는 것이다.

모세는 하나님을 경외한다는 말을 야웨 하나님을 바르게 예배하는 것과 관련해서 사용했다. 출애굽기 20:20, "너희가 그를 경외하여"(*tihyê yir'ātō*)는 처음에 언급된 '경외'가 단순한 두려움을 뜻하는 것과는 다른 종류의 두려움을 말하는데 이것은 일차적으로 하나님에 대한 공경과 신뢰를 바탕으로 한 정당하고, 거룩한 두려움을 뜻한다.[21]

그 결과로 백성들은 범죄하지 않고 순종하는 삶을 살게 되는데 여기서 말하는 범죄는 윤리적인 행위가 아니라 하나님을 경배하는 것과 관련된다. 백성들이 우상을 만들어 섬기게 될 것을 염려하여 모세가 하나님을 경외하라고 했다. 문맥상 이것은 십계명 중 둘째 계명과 관련된 것으로 하나님을 예배하는 방법에 관한 것이다. 그래서 이 본문의 경외는 바르게 예배하라는 의미를 지닌다.

특별히 예배의 태도와 관련해서 경외라는 말이 쓰인다. 하나님은 거룩하신 분이시기 때문에 구약은 백성들이 두려움으로 그 앞에 나아가 섬길 것을 권한다. "야웨를 경외함으로 섬기라"(시 2:11)는 명령은 우주의 주권자이신 야웨와 그 종을 대적하는 교만한 세상의 왕들과 관원들이 야웨의 심판에서 어떻게 벗어나는가에 대한 답변으로 주어진 것이다.[22]

그러나 이러한 경외심은 권세있는 왕들에게만 요구되는 것은 아니다.

---

21 J. P. Hyatt, *Exodus*, NCBC (Grand Rapids: Eerdmans Publishing Co., 1980), 217.
22 Kraus, *Psalmen* 1, 154.

창조주와 구속주로서 경배를 받으시는 하나님 앞에 구속받은 백성은 상한 심령과 회개와 겸손에 합당한 마음의 태도인 경외심을 가지고 예배에 임해야 한다(cf. 시 5:7).

'야웨 경외'란 야웨를 섬긴다는 말과 나란히 쓰여서(신 6:13; 삼상 12:14, 24; 왕하 17:33, 36) '예배하다'라는 의미로 사용될 뿐만 아니라 예배의 방법과 태도와도 관련해서 사용되는 포괄적인 개념으로 쓰인다.

5. 야웨 경외와 믿음

믿음은 인격적인 신뢰를 의미하는 것으로 구약에는 믿음의 동의어로서 경외라는 말이 많이 쓰인다. 창세기 22:12의 "네가 하나님을 경외하는 줄을 내가 아노라"는 말은 아브라함이 이삭을 하나님께 바쳤을 때 하나님의 사자로부터 받은 평가다.[23] 이 문맥에서 하나님 경외($y^e r \bar{e}$ '$^e l \bar{o} h \bar{\imath} m$)는 아브라함의 믿음이 하나님 앞에서 인정받는 증표의 역할을 한다.[24]

다시 말해서 하나님의 명령에 전적으로 자신을 내어 맡기고 순종한 신앙적 행위로 그가 하나님을 경외한다는 것을 증명해 보인 것이다. 그

---

23 이 절의 '*attā yāḏa'tī*(이제 내가 아노라)는 하나님의 전지성에 문제를 제기할 수 있는 부분이다. 그래서 이 문제를 피하기 위해서 그 말을 야웨의 사자의 말로 이해하든지, 시리아역 페쉬타와 같이 '네가 알려주었다'로 번역할 필요가 있다. Cf. Martin Parmentier, "Der Satzteil jetzt habe ich erkannt …(Gen. 22:12) in jüdischer und christlicher Überlieferung," *Bijdragen, Tijdschrift voor Filosofie en Theologie* 56 (1995): 362-368.

24 *qāṭēl*형인 *yerē*는 동사의 기능을 가진 형용사로서 목적어를 지닌다. König, *Historisch-kritisches Lehrgebäude der hebräischen Sprache*, § 241; GK, § 116, g; JM, § 121.

래서 이 본문에서 하나님 경외라는 말은 단순한 두려움이나 공경이 아니라 전적인 헌신과 순수한 믿음을 뜻한다.[25]

같은 의미로 창세기 42:18에서는 요셉이 형들 앞에서 "나는 하나님을 경외한다"('*eṭ-hā' ĕlōhīm ' anī yārē*)고 했다. 하나님이 특별히 강조된 이 명사문은 요셉이 하나님을 믿고, 지속적으로 신뢰한다는 말이다. 이 말로써 자기 스스로 신뢰할 만한 사람인 것과 관대함을 나타내면서 형들을 안심시켰다. 물론 그 순간 요셉의 형들은 요셉이 믿는 신이 애굽신이라고 생각했겠지만 적어도 요셉의 제안이 초월자에 대한 신뢰에 기초한 것인 줄 알고 어느 정도는 신뢰했을 것이다.

요단강을 건넌 후 여호수아는 백성들에게 야웨께서 홍해와 요단강을 마른 땅으로 건너게 하신 목적을 언급했다.

"너희가 너희 하나님 야웨를 영원히 경외하도록 하기 위해서"(수 4:24, *l ᵉma'an y erātem 'ᵉt-yahweh ' ᵉlōhēkem kŏl-hayyāmīm*)라는 말에서 완료, 2인칭 복수형인 '여라템'(*y ᵉrātem*, 너희가 경외한다)은 구약에서 유일하게 여기서만 쓰인 표현이다. 여기서 '러마안'(*l ᵉma'an*, ~하기 위하여)의 지배를 받으면서 완료형으로 쓰인 것은 특이하다.

아리아프라텝(Aryaprateeb)은 이 본문을 '신명기 사가'에 의한 것으로 보고 신명기에 나타나는 야웨에 대한 경외가 특별히 언약적 규정과 관계가 있는 것으로 보았다.[26] 그러나 이것은 신명기 역사가의 편집 때문이라기보다는 바로 앞의 책인 신명기 율법을 적용하고 있을 뿐이다. 이 본

---

25 Cf. E. A. Speiser, *Genesis*, AB (York: Doubleday, 1964), 163.
26 K. Aryaparateeb, "A Note on YR in Jos. IV 24," *VT* 22 (1972): 240–242.

문의 '야웨 경외'는 이스라엘이 하나님의 기적으로 요단강을 건넘으로 말미암아 하나님 자신과 그분의 언약과 백성의 지도자에 대한 충성을 나타내는 것을 말한다.[27] 약속의 땅으로 들어가는데 시기적으로[28] 큰 자연적인 장벽이 되었던 요단강을 마른 땅으로 건넌 것은 하나님에 대한 백성의 헌신을 요구한다. 그래서 이 '경외'란 단순한 두려움이나 존경이 아니라 단 마음으로, 베푸신 은혜에 대해서 전심으로 드리는 충성과 헌신을 말한다. 이것은 예수께서 기적과 표적을 통해서 자신이 하나님의 아들이심을 믿고 풍성한 생명을 얻어 헌신하도록 하는 것과 같다.

이와 같이 '야웨 경외'란 표현은 신뢰나 믿음이라는 말의 동의어로도 쓰인다.[29]

6. 야웨 경외와 사랑

경외란 창주조와 피조물 간의 거리감을 느끼게 하는 말로 쓰이는 반면에 사랑이란 거리감을 없애는 친근함을 뜻한다. 그런데 상반되는 이 두 개념, 즉 야웨를 경외하라는 요구와 사랑하라는 요구가 신명기에는 결합되어 있다.[30]

27　Richard S. Hess, *Joshua*, TOTC (Leicester: IVP, 1996), 116.
28　"요단이 모맥 거두는 시기에는 항상 언덕에 넘치더라"(수 3:15)라는 상황설명은 봄에 레바논 산맥의 눈이 녹아서 요단강 물이 불어나는 사월 말부터 오월 중순까지 계속되는 추수기를 말한다.
29　Cf. Vriezen, *Hoofdlijnen der theologie van het Oude Testament*, 175.
30　Zimmerli, *Grundriss der alttestamentlich Theologie*, 127.

우선 신명기에서 말하는 '야웨를 경외하는 삶'은 야웨 하나님께 순종하는 삶의 태도로 요약할 수 있다. '쉐마 이스라엘'의 배경으로 볼 수 있는 신명기 6장 초두에 언급된 '야웨 경외'가 율법에 대한 순종을 전제로 한다.

> 이는 곧 너희의 하나님 여호와께서 너희에게 가르치라고 명하신 명령과 규례와 법도라 너희가 건너가서 차지할 땅에서 행할 것이니 곧 너와 네 아들과 네 손자들이 평생에 네 하나님 여호와를 경외하며 내가 너희에게 명한 그 모든 규례와 명령을 지키게 하기 위한 것이며 또 네 날을 장구하게 하기 위한 것이라
> (개역개정, 신 6:2-3; 히브리 성경, 6:1-2).

그런데 한글 번역은 야웨를 경외하는 것과 율법을 준수하는 것 간의 관계가 불분명하다. 2절의 히브리어 문장에서 '리쉬모르'(lišmōr)는 전치사(l^e)가 동사 šāmar(지키다)의 부정사 연계형과 결합한 것인데 이 용법은 분사나 동명사의 기능을 가진다.[31] 여기서는 분사로 보아서 "네 하나님 여호와를 경외하며 내가 너희에게 명한 그 모든 규례와 명령을 지키게 하기 위한 것"으로 번역하기보다는 "그 모든 규례와 명령을 지킴으로써 네 하나님 야웨를 경외하도록 하기 위하여"로 번역하는 것이 맞다. 이것은 야웨를 경외하는 삶이 그분의 명령에 순종함으로써 이루어진다는 말이다(cf. 신 4:10; 8:6; 17:19). 그 순종은 단순한 외적인 복종이 아니

---

31 GK, §114, f.

라 마음으로부터 우러나는 순종을 의미한다(신 5:29).

마음으로 하나님께 순종하는 것은 하나님께 대한 내적인 자세를 말하며 그분을 친근히 대하는 '태도'를 가리킨다.[32] 경외는 한편으로 어느 정도의 거리를 둔다는 뜻이 있지만 동시에 다른 한편으로 하나님을 가까이 하는 친근한 태도를 요구한다(신 10:20; 13:4). 바로 이 관계가 사랑의 관계다.

신명기에서는 이 사랑이 야웨를 경외하는 동기가 된다. 야웨께서 조상들과 그 후손들을 사랑하셨기 때문에 이스라엘은 야웨를 경외하라고 충고한다(신 10:12). 야웨 하나님께서 애굽에서 겨우 칠십 명의 조상으로 하늘의 별같이 많게 하심으로 백성에 대한 사랑을 증명해 주셨기 때문에 백성들은 야웨를 경외해야 했다(신 10:22).

사실 구약에서 말하는 이스라엘의 종교는 마음을 다하여 야웨 하나님만을 사랑하라는 율법 가운데 집약되어 있다(신 6:4-5). 또한 그 사랑은 독점적이고 배타적인 성격을 지닌 것이기 때문에 백성들에게 두려움의 성격을 지닌 언약적 요구가 부과된다.

이와 같이 신명기에 나타나는 야웨에 대한 사랑이란 야웨를 경외하는 것과 분리되지 않는다(cf. 신 6:2, 13; 10:20; 28:58).[33] 진실하고 절대적 사랑이란 완전한 순복을 뜻하고, 쾰러(Köhler)가 정의한 "하나님을 경외하는 것은 순종이다"라는 말을 고려한다면[34] 사랑과 경외는 자연스럽게 연결된다.

---

32 Fuhs, "yārē," 874.

33 S. Terrin, Fear, in G.A. Buttrick(ed.), *The Interpreter's Dictionary of the Bible* 2, (Nashville: Abingdon, 1981), 258; W. L. Moran, "The Ancient Near Eastern Background of the Love of God in Deuteronomy," *CBQ* 25 (1963): 78.

34 L. Köhler, *Theologie des Alten Testament* (Tübingen: Verlag von J.C.B. Mohr,

7. 야웨 경외와 행복

구약은 주로 두 가지 단어로 복을 나타낸다. 그것은 '바락'(bārak)과 '오쉬리'('ŏšrī)인데 한글성경에는 별 구분 없이 쓰였다. 어원적으로 보면 bārak은 그 어원이 '무릎,' '무릎을 꿇다'를 의미하는데 원래 복이 우월한 존재로부터 오는 것으로 이해한 것 같다.[35] '오쉬리'('ŏšrī)는 '가다'란 어원적 의미를 가지는데 이것은 복을 누리는 상태와 관련된 것으로 보인다.[36] 모빙켈은 이 두 단어를 동의어와 같이 구분없이 쓴다.[37]

반면에 크라우스는 '바락'(bārak)을 성스러운 의식에 사용되는 것으로 '바락'(bārak)은 세속적으로 개방된 개념으로 구분했다.[38] 한글도 어느 정도 그런 의미가 있지만 그것이 성도의 삶의 영역에 국한될 때는 복(blessing)과 행복(felicitas, salus)을 엄격하게 구분해서 사용할 필요가 없다. 왜냐하면 여러 시편에서 보는 대로 '복을 주다'라고 표현할 때는 '오쉬리'를 쓰지만 '복이 있다'라고 말할 때는 'ŏšrī를 쓰기 때문이다(시 1:1; 2:12; 32:1, 2; 33:12; 34:9; 40:5; 41:2; 65:5; 84:5, 6, 13; 89:16 등).

구약에서 말하는 복은 하나님의 구속 행위로 얻은 생명과 그 생명을 보존하고 누리는 데 필요한 지속적인 보살핌을 뜻한다. 그런데 구약은 하나님이 주시는 복과 믿음이라는 말을 결부시키지 않는다. 믿음이라는 말에 대해서 베스터만은 "이 축복의 선물을 감사함으로 받는 것을 믿음

1936), 38.
35　Scharbert, "ברך," in *TWAT* I, 811.
36　H. Cazelles, "אשיר," in *TWAT* I, 481.
37　Mowinckel, *Religion und Kultus*, 57.
38　Kraus, *Psalmen* 1, 134.

이라고 하지도 않고 믿음과 아무 관련도 없다. 더욱 놀라운 것은 우리가 구약에서 창조주와 창조에 대해서 언급하는 곳에서도 믿음이란 낱말을 찾을 수 없다"고 한다.[39] 사실 구약에는 믿음이란 말과 복을 연결시키는 대신 그 개념을 다양하게 사용하면서 경외란 말을 복과 결부시킨다.

구약은 '믿음이 있는 자가 복이 있다'는 표현을 쓰지 않고 '야웨를 경외하는 자가 복이 있다'고 한다(시 112:1; 115:13; 128:1). 여기서 복에 율법 준수가 자주 첨가 되는 것은 앞에서 살펴본 대로 그것이 야웨를 경외하는 것과 무관하지 않기 때문이다. 우선 야웨를 경외하는 자가 누리는 복은 제사장 축복(민 6:24-26)과 같은 내용을 담고 있다. 먼저 하나님의 보호가 야웨를 경외하는 자에게 복으로 주어진다.

> 야웨의 사자가 주를 경외하는 자를 둘러 진치고 저희를 건지시는 도다(시 34:7).

반대로 야웨를 경외치 않는 자는 보응을 받는다(시 55:19). 야웨의 지키시는 보호가 얼마나 안전한가는 야웨 경외가 생명의 근원으로 표현되는 데서 절정을 이룬다.

> 야웨를 경외하는 자에게는 견고한 의뢰가 있나니 그 자녀들에게 피난처가 있으리라 야웨를 경외하는 것은 생명의 샘이라 사망의 그물에서 벗어나게 하느니라(잠 14:26, 27).

---

39 Westermann, *Der Segen in der Bibel*, 19.

침멀리는 이 구절을 "야웨를 두려워하는 자는 두려워할 필요가 없고, 야웨를 두려워하지 않는 자는 두려움에 떨 수밖에 없다"고 결론 짓는다.[40] 이것은 기독교의 역리적인 진리를 잘 표현한 것이다(마 16:25).

야웨를 경외하는 자는 물질적인 복을 받아서 풍요로운 삶을 보장받는다. 물질적인 필요를 채우는 것이 반드시 복이라고 할 수는 없을 것이다. 그러나 구약은 물질적 풍요를 통해서 영적인 교훈을 주려고 한다. 풍요로운 삶에 대한 약속은 보통 사람의 고정관념과 상상을 초월하여 야웨를 경외하는 자는 결코 부족함이 없다고 시편은 강조하고 있다(시 34: 9, 10; 111:5). 거기다가 소원성취를 통하여 윤택한 삶을 강화시켜 주신다.

> 저는 자기를 경외하는 자의 소원을 이루시며 또 저희 부르짖음을 들으사 구원하시리로다(시 145:19).

이와 같이 제사장 축복에서 언급된 대로 야웨를 경외하는 자에게 베푸는 은혜(ḥeṣeḏ)가 하늘만큼이나 크다고 시편 기자는 찬송한다(시 103:11).

그러나 이 모든 복을 능가하는 복은 역시 하나님과 친밀한 교제를 나누는 것이다. 이것은 성경에서 가장 중요한 주제이자, 이스라엘의 영원한 소망이다. 제사장 축복에서는 '얼굴을 비취는 것'에 해당한다. 하나님을 마주 대하고 친밀한 교제를 나누는 것보다 더 큰 행복은 없을 것

---

40 Zimmerli, *Grundriss der alttestamentlich Theologie*, 128.

이다. 하나님은 자신을 경외하는 자에게 이런 복을 약속하셨다.

> 야웨의 비밀(sōḏ)이 그를 경외하는 자에게 있도다(시 25:14).

'소드'(sōḏ)는 신뢰할 만한 가장 가까운 관계를 유지하는 사람끼리 비밀 이야기를 주고받는 것을 말한다.[41] 하나님은 자신을 경외하는 자에게 자신의 은밀한 것을 나누어 주실 정도로 놀라운 특권을 부여하셨다. 야웨를 경외하는 자는 하나님의 계시를 가장 가까이서 받아누리며 교제를 나누는 특별한 관계를 보장받는다. 이스라엘에게 가장 큰 복은 하나님과 함께 하며 긴밀한 관계를 유지하는 것이다(시 73:28). 이 행복은 야웨를 경외하는 자만이 누릴 수 있는 특권이다.

8. 야웨 경외와 지혜/지식

'야웨 경외'는 지혜서의 중심 주제다. 물론 이 사상은 시편에도 나오는데 이 시편을 '지혜의 시'라고도 한다(시 111:10). 지혜서는 율법서나 역사서와는 다른 문학적 형식을 지니고 있다. 이러한 문학양식의 비역사적인 성격 때문에 지혜서를 주석할 때 구약의 중요한 주제가 되는 역사성과 율법적 요소를 소홀히 하는 것이 현실이다.[42] 그렇지만 지혜서는

41　*HALAT* III, 703. sōḏ 를 개역한글과 개역개정은 '친밀함,' KJV는 'secret,' NIV는 'confide in'이라고 동사로 풀어서 번역했다.

42　W. P. Brown, *Eccleciates*, Interpretation (Louisville, Kentucky: Westminster John Knox Press, 2000), 11-12.

내용이나 사상적으로 역사적인 요소가 배제되었거나 율법과 무관한 성격을 지닌 책이 아니다. 백성들이 경외해야 할 야웨는 역사적으로 그들을 애굽에서 인도하여 낸 하나님이시고, 백성들이 가져야 할 지혜는 야웨의 구속역사에 대한 반응이며 이 지혜는 또한 율법을 일반화시킨 것이기 때문에 역사와 율법이 이 지혜서에 용해되어 있다고 보아야 할 것이다.

욥은 지혜를 논하는 28장에서 '주 경외'(*yirʾaṯ ʾaḏōnāy*)를 언급한다.[43] 이 말이 욥기 전체에서 '야웨 경외'의 절정을 이룬다.[44] 이 장에서 욥은 시적인 표현을 사용하여 보화를 캐내는 인간의 능력이나 짐승의 예리한 본능으로도 지혜를 찾을 수 없다고 주장한다. 또한 지혜는 세상의 어떤 귀한 것과도 비교할 수 없을 정도로 값진 것이라고 하면서 그 절대 가치를 주장한다(욥 28:15-19).

문맥상 그가 말하는 지혜는 인간이 당하는 고통의 원인을 가르쳐주는 지혜를 의미한다. 그것은 곧 자신의 딜레마에 대한 해답이다. 이런 지혜는 어디에서도 발견할 수 없고 하나님만이 그 있는 곳을 아신다고 했다. 물론 이 말은 지혜가 하나님 밖에 존재한다는 뜻은 아니다. 그것은 하나님께 속한 것으로 인간이 지혜에 도달할 수 있는 방법이 있다는 것이다. 지혜는 하나님이 운행하시는 창조세계의 거대한 매카니즘 속에 어디에서나 발견되는데(욥 28:23-27), 그것을 특정한 장소에서 발견할 수 없다

---

43 이런 결합은 구약에서 한 번밖에 나오지 않은 표현이다.

44 Paul S. Fiddes, "Where Shall Wisdom Be Found? Job 28 as a Riddle for Ancient and Modern Readers," in J. Barton & D. J. Reimer (eds.), *After the Exile*: Essays in Honour of Rex Mason (Macon, Georgia: Mercer University Press, 1996), 179-181.

는 의미에서는 감추어졌다고 볼 수 있지만 사실은 어디에서나 발견할 수 있는 것이다. 그것을 찾는 방법이 바로 하나님을 경외하는 것이다.

> 주를 경외함이 곧 지혜다(욥 28:28).

용어에 있어서 '주'(' $ad\bar{o}n\bar{a}y$)라고 쓴 것은 내용상 하나님이나 야웨와 같다. 다만 지혜가 지니는 보편성을 의식해서 야웨라는 이름 대신에 '주'라고 언급한 것 같다. 문맥상 욥이 말하는 '경외'는 하나님을 가까이 하여 신뢰하며 끝까지 따르는 것을 의미한다. 욥은 스스로 하나님이 자신에게서 얼굴을 돌리시고 자기를 대적으로 여기며(욥 13:24), 진노하시며 적대시한다고 했다(욥 16:9). 그가 의인으로서 고난을 당하는 이유를 알 수 없지만 그래도 하나님께 자신을 맡기는 것이 곧 지혜라는 것이다.

고통을 주시는 그분께 피하는 것이 문제의 해결 방법이라는 말이다(욥 13:20). 욥은 자신을 지혜의 본으로 제시한 셈이다(욥 1:1, 8; 2:3; 13:20; 42:8).[45] 욥의 경우를 볼 때 이 지혜가 인간이 겪는 모든 종류의 고난에 대한 원인을 알려주지는 않는다. 그러나 그 지혜가 궁극적으로 인생 문제를 해결하는 방편이 된다.[46]

그런데 욥이 말하는 '경외'에 대한 정의와 잠언에서 말하는 '경외'의 등식은 다르다. 욥은 "주를 경외함이 곧 지혜다"라고 했고 잠언은 "야웨를 경외하는 것이 지혜(지식)의 시작($r\bar{e}š\bar{\imath}t$)이다"(잠 1:7; 9:10 cf. 시 111:10)

---

45 Derousseaux가 욥이 주를 경외하는 것과 신적인 정의에 대한 현명한 가르침을 거부했다고 주장하는 것은 욥기의 전체 내용과 다르다. Derousseaux, *La crainte de Dieu*, 335.

46 C. Bijl, *Zo rijk als Job* (Kampen: Van den Berg, 1989), 63-64.

라고 한다.[47] 욥은 '하나님 경외'를 지혜라고 통틀어서 말했고, 잠언은 지혜의 '시작'이라고 했다.

시작이라는 말은 야웨를 경외하는 것이 지혜의 끝이 아니라는 말이다. 또한 그 경외가 지혜를 포괄할 수 없다는 것이다. 여기서 시작이라는 말은 근본 원리가 된다는 뜻이다. 지혜의 근본 원리는 인간이 자신의 자원을 사용해서 하나님의 무한한 세계를 탐구할 수 있도록 한다.[48]

잠언의 목적은 구속받은 백성이 하나님의 세계에서 자신의 삶을 행복하게 성공적으로 꾸려갈 수 있도록 도와주기 위해서 기록되었는데, 그 성공의 열쇠가 바로 지혜다. 그런데 그 지혜는 '야웨 경외'를 통해서 얻을 수 있다.[49] 이 지혜는 구원하시는 이스라엘의 하나님을 떠나서는 결코 발견할 수 없다.

지혜 자체는 인간이 복지를 추구하고 불행을 막으려는 본성에 근거하여 축적된 경험에서 나온 것인데 구약은 그 지혜를 인식하는 방법이 경험론적이 아니라 이론 이전의 인식론임을 강조한다.[50] 사실 욥의 세 친구

---

47 잠언은 지식(sōd)과 지혜(ḥŏkmā)를 교차해서 쓰기 때문에 이 두 용어는 동의어로 이해해야 한다.

48 C. G. Bartholomew, "Wisdom Books," in T. D. Alexander & B. S. Rosner (eds.), *New Dictionary of Biblical Theology* (Leicester: Inter-Varsity Press, 2000). 120.

49 비교적 최근 연구는 잠언을 오경의 전통을 따라서 다섯 부분으로 구성된 것으로 본다 (1:1; 10:1; 25:1; 30:1; 31:1). Alex Luc, "The Titles and Structure of Proverbs," *ZAW* 112. 2 (2000): 252-255. 이 가운데서 '야웨 경외'는 첫 부분에 6번, 둘째 부분에 12번, 셋째 부분에 1번, 다섯째 부분에서 1번 언급될 정도로 잠언에서 중요한 위치를 차지한다. 그런데 Day는 잠언의 '야웨 경외' 사상은 바벨론 지혜에서 차용한 것이라고 한다. 그렇지만 신격에 대한 경외 사상은 보편적 현상이다. John Day, "Foreign Semitic influence on the wisdom of Israel and its appropriation in the book of Proverbs," in J. Day, R. P. Gordon & H. G. M. Williamson (eds.), *Wisdom in Ancient Israel*: Essays in honour of J. A. Emerton (Cambridge: Cambridge University, 1995), 67.

50 Michael V. Fox, *A Time to Tear down & a Time to Build up* (Grand Rapids, Michi-

들은 자신의 경험에 기초하여 재난을 당한 욥을 평가했지만 결과적으로 그들은 지혜롭게 판단하지 못했다(욥 42:7).

잠언이 지혜의 출발점으로 '야웨 경외'를 강조한 것은 또 다른 출발점이 있다는 것을 전제로 한다. 야웨를 경외하는 길을 벗어난 다른 출발점은 어리석은 자의 길인데 잠언은 그 길을 타락한 세상의 악한 길로 규정한다. 특별히 잠언에서 언급하는 지혜는 도덕적 덕목으로 제시되었다. 야웨는 지혜의 원천과 목표가 되시기 때문에 그를 경외하는 경건은 우주를 창조하시고, 다스리시는 하나님에 대한 고백과 지혜의 덕목을 구체화시킴으로써 바른 도덕적 삶을 표현하는 것이다.[51]

욥기와 잠언에서 살펴 본 바와 같이 '야웨 경외'는 인생 문제를 궁극적으로 해결하는 지혜로서 하나님에 대한 인간의 전적인 신뢰인 동시에 모든 인간 행위에 대한 도덕적 근본 원리가 된다.

9. 야웨 경외와 허무

인생허무에 대해서는 전도서에서 포괄적으로 다루고 있다. 개역한글판의 "헛되다"는 히브리어 단어 '헤벨'(*hebel*)을 번역한 것인데 이것은 기본적으로 '숨결,' '증기' 또는 '비어있는 것'을 말한다. 그러나 이 말은 물리적인 의미가 아니라 인간학적으로 이해해야 하기 때문에 일반적

---

gan: Eerdmans, 1999), 80.

51 Leo G. Perdue, *Proverbs*, Interpretation (Louisville, Kentucky: Westminster John Knox Press, 2000), 76.

으로 알베르 까뮈의 작품 『시지프의 신화』에 서술된 의미로 '의미 없다' (meaningless, senseless)란 말로 번역할 수 있다.[52] 그러나 전도서의 정황에 비추어서 '덧없다'(ephemeral)란 의미로 이해하는 것이 옳다.[53]

전도자는 이 세상의 모든 일이 덧없다고 했다. 전도자는 첫 마디에서 (1:2) 이 덧없음의 단어를 반복(단수+복수)하여 최상급 형태로 표현하고 있다(h aḇel h aḇālīm). 그는 이 허무를 "사람이 해 아래서 수고하는 모든 수고가 자기에게 무엇이 유익한가?"(전 1:3)라는 수사 의문문에 대한 답변으로 제시하고 있다.

이 허무는 전도자 솔로몬의 경험에 근거한 것으로 봐도 무리가 없다.[54] 솔로몬은 이스라엘 역사에서 최고의 부귀영화를 누렸던 왕으로 예수께서도 인정하셨다(마 5:29). 그러나 부귀와 권세, 지혜와 쾌락으로 장식된 그의 호화로운 삶에 대한 자신의 평가는 바람을 잡으려는 것과 같이 허무한 것이었다(전 1:12-2:26).

인생의 덧없음은 이스라엘을 통일왕국으로서 가장 강한 국가로 만들었던 다윗의 고백에서도 나타난다. 그는 자신의 삶이 하나님 앞에서 없는 것 같다고 했고, 사람마다 성공할 때에도 헛것이며, 헛된 일에 분주

---

52 Fox, *A Time to Tear down*, 27-32.
53 C. L. Seow, *Ecclesiastes*, AB (New York: Doubleday, 1997), 112.
54 전도서의 내적 증거는 전도서의 저자로 솔로몬이라는 인물을 염두에 두고 있음이 분명하다. "다윗의 아들 예루살렘 왕"이라는 표현은 자연스럽게 솔로몬을 가리킨다. 또 저자의 비길 데 없는 지혜(전 1:16), 육체적인 쾌락을 누릴 수 있는 풍부한 기회와 유래 없는 부(전 2:7-8)에 대한 기록도 솔로몬과 관련된다. 그리고 전도서 뒷부분에서 자주 반복되는 지혜의 주제와 하나님 경외와 자주 사용되는 잠언(잠 10:8-18)은 잠언과 비교할 수 있는 것이다. 이런 증거가 모든 문제를 깔끔하게 해결하는 것은 아니지만 솔로몬을 문학적인 가상 인물로 보기보다는 전도서의 실제 저자로 보는 견해를 상당히 뒷받침하는 것으로 볼 수 있다.

하며 재산을 모으지만 누가 그것을 취하게 될지도 모른 채 살아간다고 했다(시 39:4-5; 개역한글, 5-6). 여기서 다윗은 인생의 의미와 인생무상을 이해할 수 있는 능력을 구한다.

시편 62편에서는 부자나 탈취한 자들을 의지하지 말라 경고하면서 인간은 신분고하를 막론하고 다 헛된 존재인데 그 무게가 입김(*hebel*)보다 더 가볍다고 했다(시 62:8-9; 개역한글, 9-10). 인생보다 더 무상한 것이 없다는 말이다.

모세의 시에서도 인생의 자랑은 수고와 슬픔뿐이라고 하고, 하나님의 존재에 비해서 인간의 연수가 얼마나 짧은지 날아간다고 했다(시 90:10).

이렇게 허무는 모든 인간이 지니는 시한성과 가변성 때문에 오는 무상함, 비실재성, 망상, 신뢰성이 없는 것으로서 불가피하며 통제 불가능한 성격을 지니고 있다.

이 허무에 대한 두 가지 극단적인 양상은 비관적 염세주의자로 살거나 그것을 세속적으로 극복해보려는 시도에서 비롯되는 쾌락주의자로 사는 것이다. 삶의 양상이 어떠하든 인생 자체 즉 하나님 없는 인간의 삶은 허무할 수 밖에 없다. 전도서의 솔로몬도 예외없이 인생의 참된 의미를 찾으려고 노력하지만 모든 것이 헛되다고 고백한다. 그래도 삶의 향락을 조언한다. 즉 먹고 마시고 수고하는 가운데 마음으로 낙을 누리는 것이 가장 좋다고 한다(전 2:24; 3:13; 5:18).

그는 염세주의자가 아니지만 향락주의자도 아니다. 그가 권하는 세상의 낙은 하나님을 경외하도록 하는 길잡이 역할을 한다. 그래서 전도서가 주는 총체적인 교훈은 하나님께서 때를 따라 필요를 채우시며, 인생의 수고와 낙을 허락하시고, 주권적으로 역사를 운행하시는 것은 사람이 하나

님을 경외하게 하려는 목적이라는 진술에 집약되어 있다(전 3:10-15).[55]

이것은 인생이 허무를 피할 수 없지만 그것을 극복할 수 있는 길이 있다는 말이다. 그 길은 야웨를 경외하는 것이다. 구조적으로 전도서의 내부의 틀인 허무를 외부의 틀인 '하나님 경외'로 싸고 있다.[56]

전도자는 전도서의 마지막을 다음과 같이 결론짓는다.

> 일의 결국을 다 들었으니 하나님을 경외하고 그 명령을 지켜라,
> 왜냐하면 이것이 사람이 행할 전부이기 때문이다(전 12:13).

이 문장 전체가 도치되어서 글의 결론적인 성격과 목적어를 강조하고 있다('^{e}ṯ-hā' ẹlōhīm y^{e}rā w e'^{e}ṯ-miṣōṯāw). '하나님 경외'는 여기서 처음 언급된 것은 아니다(전 3:14; 5:6, 개역한글, 7절; 7:18; 8:12). 그러나 앞서 언급한 것은 그렇게 확신에 찬 명령을 하지 않았다.

전도자는 여기서 백성들이 하나님과 바른 관계로 인도하려는 의도로 '하나님 경외'를 명령한다. 여기서 말하는 경외란 초월적인 존재를 인정하고, 받아들이며, 하나님에 대한 존경과 영광과 경배를 의미한다.[57] 율법적 요구와 관련된 명령은 여기서 처음 나오는데 하나님과 바른 관계를 유지하기 위한 조건으로 계명 준수에 대한 의무를 고려한다면 경외와 율법 준수가 결론적으로 연결되는 것은 자연스럽다. 신명기에서 언

55　Alexander A. Fischer, *Skepsis oder Furcht Gottes?*, Studien zur Komposition und Theologie des Buches Kohelet (Berlin: Walter de Gruyter, 1997), 228-244.
56　A. G. Shead, "Ecclesiastes From The Outside In," *RTR* 55 (1996): 27.
57　Tremper Longman III, *The Book of Ecclesiastes*, NICOT (Grand Rapids, Michigan: Eerdmans, 1998), 282.

급된 경외와 사랑이 여기서 언급되었다.

전도자는 하나님을 경외하고 그의 명령을 지켜야 할 이유를 그것이 인간의 전부(kī-zê kŏl-hā'āḏām)이기 때문이라고 말한다. 이것은 하나님을 경외하고 그의 명령에 순종하는 것이 의미있고, 진정한 행복을 위해 인간이 해야 할 가장 중요한 일이라는 뜻이다.[58] 이렇게 전도서에서는 하나님 경외가 삶에 대한 확실한 지침으로 주어진 지혜의 총괄적 개념인 동시에 하나님의 감추어진 지혜에 대한 인간의 답변이 된다.[59]

유한한 인간과 근본적으로 다른, 영원하시고 주권적으로 역사하시는 전능하신 하나님을 경외하는 가운데 인간은 허무를 극복하고, 무의미한 삶이 의미를 되찾을 수 있다는 것이 전도서의 핵심 메시지이다. 결국 이것이 새 언약 시대의 성도에게 적용될 때는 모든 계명을 이루신 예수님을 믿는 것이다. 왜냐하면 아무도 하나님의 명령을 지킬 수 없기 때문이다.

10. 야웨 경외와 윤리

야웨 하나님을 경외하는 것은 윤리적 규범인 율법을 준수하는 동기가 된다. 창세기 20:11의 "하나님을 두려워함이 없다"('ēn-yir'aṯ 'ᵉlōhīm)라는 말은 아브라함의 생각에 그랄 지방 사람들이 하나님을 두려워하지 않기 때문에 살인할 수 있다는 것이다. 그래서 여기서는 '하나님 경

---

[58] Becker, *Gottesfurcht im Alten Testament*, 225.
[59] Fischer, *Skepsis oder Furcht Gottes?*, 243–4.

외'가 도덕적, 윤리적 행위의 규범과 연루된 상황과 관련하여 사용되었다.[60] 하나님을 두려워하지 않는 것은 하나님의 관점에서 제시된 선악에 대한 기준이 없다는 의미로 쓰였다. 같은 의미로 출애굽기 1:17에서 산파들이 하나님을 두려워해서 애굽 왕의 명령을 따르지 않았다. 즉 하나님을 도덕적 규율과 윤리적 규범의 시여자로 인정하고 그 시여자의 판단을 두려워한 것이다(cf. 레 19:14; 25:17; 25:36, 43).

직업윤리와 관련된 직분 수행의 동기도 경외와 관련된다. 출애굽기 18:21에서 이드로가 모세를 향해서 "그대는 … 하나님을 두려워하며"라고 했는데 이것은 모세의 재판하는 일과 관련해서 언급한 것이다. 특별히 판단하는 일은 하나님을 경외하는 것과 관련이 있다. 왜냐하면 "재판은 하나님께 속했기 때문이다"(신 1:17). 이드로가 모세를 평가하는 말에서 하나님 경외라는 말을 쓴 것은 모세가 하나님을 의지하는 사람이라는 뜻에서 그렇게 말한 것으로 보인다. 역대하 19:9의 "야웨를 경외하여 이렇게 행하라"에서 '경외'가 한 문맥 속에서 7절의 '두려움'(pāḥad)과 같은 내용으로 쓰였다.

이렇게 문맥에 따라서 '떨다.' '놀라다'란 뜻을 가진 '두려움'(pāḥad)은 종종 하나님에 대한 경배를 뜻하는 '야웨 경외'와 동의어로 쓰인다.[61] 본문은 유다왕 여호사밧이 재판관들이 공정한 재판을 할 것을 명령하는 내용이다. 재판관은 하나님과 같이 불의도 없고, 사람을 차별하지도 않고, 뇌물을 받아서도 안 된다. 왜냐하면 재판은 사람을 위한 일이 아니

---

60   Sarna, *Genesis*, 143.
61   Roubos, *II Kronieken*, 187.

라 하나님을 위한 일이기 때문이다. 이 직무를 행하는데 우선적으로 요구되는 것은 야웨를 경외하는 것이다. 이는 재판할 때 함께 하시는 야웨 하나님이 법의 시여자이기 때문이다. 하나님의 공의가 나타나도록 공정한 재판을 하기 위해서 재판관은 야웨를 경외해야 한다. 이것은 야웨 하나님을 신뢰하는 것을 뜻한다. 그 때에 바른 판결을 할 수 있을 것이다.

사회윤리와 관련해서 느헤미야가 "너희가 하나님을 경외하여 행해야 할 것이 아니냐"(느 5:9)고 귀족과 관리들을 꾸짖었다. 이들은 유다 공동체의 영향력 있는 구성원으로서 느헤미야를 도와 이상적인 사회를 건설하기 위해서 노력해야 할 자였지만 백성들을 상대로 고리대금업(*maššā*, 7절)을 하여 농토와 집을 저당잡고, 자녀를 이방인에게 노예로 팔게 하는 일로 백성의 궁핍을 가중시켰다.[62]

이런 처절한 상황으로 인한 백성들의 원망에 대하여 느헤미야는 '하나님 경외'라는 말로써 귀족과 관리들을 책망했다. 여기서 느헤미야가 하나님의 뜻과 율법에 대한 순종의 동기로서 이 표현을 사용한다.[63] 브레네만(Breneman)은 이 표현을 욥기와 잠언과 같은 구약의 지혜문학에서 나온 개념이라고 주장한다.[64]

그러나 그 개념과 용법에는 차이가 있다. 왜냐하면 적어도 지혜문학의 대표적인 문구는 야웨를 경외하는 것이 지식 또는 지혜와 관련되어

---

62 페니키아와 그리스, 아랍상인들의 노예무역은 겔 27:13; 욜 4:3; 암 1:9에 언급되었다.

63 Werner, Kessler, *Gottes Mitarbeiter am Wiedeeraufbau: Die Propheten Esra und Nehemia* (Stuttgart: Calwer Verlag, 1971), 105. J. Blenkinsopp, *Ezra-Nehemiah*, OTL (Philadelphia: The Westminster Press, 1988), 259.

64 M. Breneman, *Ezra, Nehemiah, Esther,* NAC (Nashville: Broadman & Holman Publishers, 1993), 204.

있기 때문이다(욥 28:28; 잠 1:7). 율법은 가난한 자들에 대한 각별한 배려와 친절을 요구하고 이를 이행하지 못하는 지도자들을 선지자가 책망한다. 즉 이자규정(출 22:25; 레 25:36; 신 23:19), 채무자를 위한 담보 규정(신 24:10, 11), 기업의 상환(레 25:27, 28, 41), 동료 이스라엘인이 노예로 전락되는 금지 규정(레 25:39, 46), 지도자의 착취에 대한 책망(사 3:14; 암 2:6-8; 미 2:1-3 등) 등이다.

느헤미야가 파탄의 지경에 빠진 공동체를 회복하기 위해서 제시한 '하나님 경외'는 이상적인 신앙 공동체를 만들기 위해서 율법을 주시고 그 법을 따라 판단하시는 하나님을 두려워하여 친절과 성실로 헌신적인 삶을 요구하는 것이다.

이와 같이 야웨 하나님을 경외하는 것은 개인윤리, 직업윤리, 사회윤리와 같은 윤리적 규범을 준수하는 동기가 된다. 반대로 그 동기가 사라질 때 불법과 편법과 같은 자기 이권을 위한 비윤리적인 행위가 되살아난다.

11. 야웨 경외와 세속화

세속화라는 말은 처음에는 국가나 사회에서 교회의 재산을 몰수하는 것을 가리켰다. 또 이 말은 프랑스 혁명 당시 공산주의가 주도하는 영역에서 많이 사용되었고, 수도사가 면책특권을 가지는 것을 가리키기도 했다.[65] 세속화란 종교, 역사, 철학, 사회, 정치, 과학 등 여러 문화 영

---

65 B. Rietveld, "Secularisatie," in F. W. Grosheide, G. P. Van Itterzon (eds.),

역에서 다양한 의미를 갖고 사용되었다. 세속화라는 '세상'(mundus)과는 다른 '세대'(saeculum)라는 말에서 왔는데 그것은 현상 세계를 의미한다. 이것을 성경의 원리에 비추어 볼 때 이 세속화란 말은 영원한 세계에 대조되는 개념으로 한시적인 세상에 근거를 둔 삶의 양식에서 비롯된 시대적 현상을 의미한다고 볼 수 있다. 세속화는 영원한 가치보다는 일시적인 가치를 중요시한 결과로 나타난다.

근원적인 의미에서 세속화는 하나님과 바르지 못한 관계에서 출발한다. 그 결과 하나님의 언약과 상반되는 세속적 가치가 삶을 지배하게 된다. 이것은 개인과 공동체에 다 적용된다. 영적인 측면에서 이스라엘 역사는 한 마디로 세속화와의 싸움이었다고 정의할 수 있다.

하나님의 특별한 은혜로 선택된 이스라엘(신 7:7; 14:1; 암 3:2)은 하나님의 소유로 제사장 나라로서 거룩한 백성이 되어야 했다(출 19:6). 그런 하나님의 구속의 은혜에 부합하는 삶은 하나님과 언약 관계를 유지하는 삶인데 그 관계를 유지하는 방편은 율법을 준수하는 것이다. 이스라엘은 역사적으로 끊임없이 세속화의 길을 걸었다.

가나안 정복과 땅 분배 후 그 백성이 맺은 언약(수 24:21)은 약속의 땅에 완전히 정착하기도 전에 백성 편에서 파기되었다(삿 2:2). 그것은 곧바로 이스라엘의 세속화와 직결된다. 하나님의 백성이 가나안 땅의 거민을 쫓아내라고 하는 하나님의 명령에 순종하지 않고 그들과 언약을 맺고 이방신들을 섬길 뿐만 아니라 자녀들을 이방인과 혼인하도록 함으로써 언약 공동체를 깨뜨렸다(삿 3:6). 그들은 야웨의 신앙으로 가나안

Christelijke Encyclopedie (Kampen: Kok, 1963), 133.

땅을 변화시킨 것이 아니라, 정착민으로서 농경생활을 해야 하는 현실적 필요 때문에 가나안 종교와 문화에 자신들이 변화를 받았던 것이다. 이스라엘 역사에 나타난 바알 사상은 자연이 모든 생명의 시여자라는 신념으로서 세속적 인본주의를 대표하는 것이다.[66] 이런 세속화 현상은 이스라엘 역사 초기부터 끝까지 나타났다. 이스라엘의 멸망도 세속화를 극복하지 못했기 때문에 당한 하나님의 심판이다.

시대마다 교회가 사회를 변화시키는 능력을 상실한 것은 교회가 세속화되었거나 세속화의 영향을 받고 있기 때문이다. 교회 내부에 세상적 가치가 깊숙이 자리잡고 있다는 말이다. 오늘날 모든 영역에서 가속화되는 세속화 현상에 대한 처방으로 캄파이스(Kamphuis) 교수는 '하나님 경외'를 제시한다.[67] 그는 '하나님 경외'를 하나의 능력으로 세속화에 대한 답변이라고 한다. 하나님을 두려워할 때 교회는 세속화의 거센 물결에 휩쓸리지 않고 믿음의 능력으로 교회의 순수성을 지킬 수 있을 것이다. 하나님을 두려워하지 않을 때 성도는 언약을 떠나 세상이 제시하는 가치관을 따를 수밖에 없다. 그럴 때 세상을 변화시켜야 할 교회는 그 사명을 망각하고 오히려 세상에 의해서 교회가 변화될 것이다.

'야웨 경외'는 모든 시대를 초월해서 세속화에 대한 적절한 처방이 될 뿐만 아니라 모든 가치 기준이 상대화되는 포스트모던 시대에도 절대적 기준을 제시한다.

66　James B. Jordan, *Judges* (Eugene, OR: Wipf and Stock Publishers, 1999), 35.

67　J. Kamphuis, *Godsvruchten, een kracht*: aantwoord aan de secularisatie (Goes, Oosterbaan & Le Cointre, 1990).

12. 결어

구약에서 피조물에 대해서는 금지사항으로, 하나님에 대해서는 권고나 명령형식으로 되어있는 '야웨 경외'는 구속받은 백성이 지녀야할 기본적인 태도이다. 경외라는 말 자체는 하나님과 거리를 두면서도 친밀한 관계를 의미하는 묘한 성격이 있다. 신명기에서는 이 두 개념이 순종을 매개로하여 경외와 사랑으로 연결되어 있다.

하나님과의 관계에서 '야웨 경외'는 야웨를 섬긴다는 말과 나란히 쓰여서 예배란 의미로 사용될 뿐만 아니라 예배의 방법과 태도와도 관련되는 포괄적인 개념이며, 신뢰나 믿음이란 말의 동의어로도 쓰인다. 자신에게 미치는 결과를 볼 때 구약은 역리적으로 야웨를 두려워하는 자가 세상을 두려워하지 않고 진정한 행복을 누릴 수 있다고 약속하고, '야웨 경외'가 인생 문제를 궁극적으로 해결하는 지혜라고 선언한다.

그것은 필연적으로 인간에게 찾아오는 허무까지도 극복하도록 한다. 대인 관계에서 야웨 하나님을 경외하는 것은 개인윤리, 직업윤리, 사회윤리와 같은 윤리적 규범을 준수하는 동기를 제공하며, 가치관과 관련해서 '야웨 경외'는 세속화에 대한 적절한 처방이 된다.

그러므로 하나님을 두려워하는 것은 구약이 요구하는 신앙의 핵심적 표현이며 그 개념은 시대와 문화를 초월해서 모든 그리스도인에게 적실성을 지니는 신학적 주제라고 할 수 있다. 새 언약의 백성에게 '야웨 경외'는 말씀과 성령의 인도를 받아서 하나님을 의지하고 믿음으로 사는 것에 대한 포괄적인 개념이다.

색인

ㄱ

가치관 349, 350

거룩함 16, 18, 162, 174, 242, 243

결혼 88, 89, 95, 97, 102, 103, 180, 200, 246, 256, 257, 258, 259, 262, 263, 267

경외 320, 322, 323, 325, 326, 327, 328, 329, 330, 331, 334, 335, 338, 339, 340, 343, 344, 345, 346, 349, 350

계대결혼 91, 99, 103

계시 13, 20, 21, 22, 28, 29, 30, 33

고등 종교 254

고라 자손 272, 274, 276, 278, 280, 291

고레스 212, 215, 216

고멜 256, 257, 258, 259, 260, 261, 262, 263, 264, 266, 267

고백 126, 135, 136, 142, 239, 340, 341

공포 301, 319, 320, 321, 323, 324

광야 72, 78, 110, 164, 169, 243, 245, 282

교제 21, 83, 84, 149, 222, 254, 290, 336

교통 16, 17

교회 42, 43, 44, 45, 46, 48, 50, 52, 54, 55, 56, 57, 58, 82, 83, 103, 104, 105, 170, 174, 318

구속사 4, 5, 11, 16, 20, 23, 24, 25, 26, 28, 29, 31, 34, 36, 38, 106, 248

구속자 103, 105

구약의 중심 4, 11, 15, 16, 17, 18,

19, 25

구원 4, 17, 18, 22, 24, 25, 27, 29, 31, 40, 44, 45, 46, 52, 54, 55, 69, 70, 74, 77, 78, 80, 106, 110, 141, 145, 230, 233, 252, 254, 283, 292, 325, 339

구조주의 37

그룹 152, 157, 158, 161, 165, 166, 174, 241, 242, 247

근족 관계 100

긍휼 210, 291, 312

기근 71, 87, 128, 135, 136, 137

기도 67, 69, 83, 122, 124, 125, 126, 127, 129, 131, 134, 135, 137, 138, 140, 143, 145, 146, 149, 269, 271, 278, 279

기둥 152, 153, 166, 167, 168, 169, 170, 173, 174

ㄴ

나오미 86, 87, 88, 89, 90, 91, 92, 93, 94, 95, 96, 97, 98, 99, 100, 101, 103, 104, 107

낙원 156, 174

내러티브 비평 37

노예무역 306

ㄷ

다문화 85, 107

다신론 95, 126, 281

다윗 40, 105, 109, 110, 111, 112, 113, 114, 115, 116, 118, 119, 120, 121, 125, 134, 141, 142, 143, 145, 146, 150, 160, 180, 184, 187, 200, 202, 203, 204, 241, 274, 279, 280, 311, 323, 341

단일성 42, 44

단일신론 92, 126

독수리 157, 220, 231, 233

ㄹ

레위인 206, 243, 274, 278, 280

룻 91, 92, 93, 94, 95, 96, 97, 98, 99, 100, 101, 102, 103, 104, 106

ㅁ

마르둑 227, 321

맹세 94, 96, 133

메사 184, 316

메시아 29, 55, 94, 103, 106, 121, 150, 203, 208, 210

모압 184, 185, 197, 205, 298, 303, 313, 315, 316, 317, 318

물신 235, 251

미갈 111, 112, 113, 114, 115, 116, 117, 119, 120, 121, 122

미래 26, 47, 54, 61, 72, 101, 216, 225, 230, 250, 251, 252, 253, 266, 290, 314

미살산 278, 283, 284, 285

민담 176, 239

ㅂ

바다 153, 171, 172

바알 170, 180, 181, 182, 263

발등상 109, 241, 242

배교 106, 177, 180, 181, 190

범선 236

법궤 109, 110, 111, 112, 115, 118, 125, 144, 154, 157, 160, 234, 235, 236, 237, 238, 239, 240, 241, 242, 244, 247, 274, 323

베들레헴 87, 89, 92, 98, 99, 313

병행법 146, 199, 219, 221, 299, 304

보상 75, 138

보좌 109, 131, 150, 208, 216, 237, 238, 241, 242, 247, 252

보편성 42, 44, 56, 338

보호 63, 71, 72, 79, 84, 100, 162, 174, 216, 334

복 83, 235, 283, 333, 334

복음 188, 189, 191

복음전파 190

불순종 25, 79, 113, 135, 136, 143

불신앙 87, 92, 106, 109

비유 256, 258

ㅅ

사랑 17, 18, 75, 96, 98, 103, 105, 120, 261, 263, 267, 309, 330, 332, 344, 350

사후세계 195

산헤립 198, 303, 308, 310

상속 102

상징 235, 240, 244, 245, 249, 251, 252, 254, 255, 303

새 언약 43, 48, 50, 55, 56, 84, 234, 253, 254, 255, 318, 344, 350

서신 81, 192, 193, 194, 195, 196, 198, 199, 203, 210

선교 51, 52, 55

선택 51, 97, 107, 117, 229, 263, 348

섭정 197, 204

성도 84, 107, 116, 122, 233

성막 78, 154, 155, 157, 163, 164, 166, 171, 173, 274, 323

성소 152, 153, 155, 156, 158, 162, 163, 164, 173, 238, 239, 246

성전 124, 129, 130, 131, 133, 135, 136, 137, 139, 140, 141, 143, 144, 145, 148, 149, 151, 152, 153, 155, 156, 157, 158, 159, 162, 164, 166, 167, 168, 170, 173, 212, 215, 238, 242, 245, 247, 251, 268, 270, 272, 274, 276, 277, 278, 280, 291

성취　23, 31, 45, 48, 55, 56, 70, 80, 91, 94, 121, 141, 142, 170, 174, 175, 176, 178, 186, 190, 207, 208, 222, 233, 252, 264, 305, 310, 318

세속화　36, 347, 348, 349

소망　72, 78, 94, 122, 230, 233, 278, 335

속성　18, 127, 128, 158, 173, 225, 226, 228, 233, 242, 243, 255, 259

솔로몬　124, 125, 126, 127, 128, 129, 130, 131, 133, 134, 135, 136, 137, 138, 139, 140, 141, 142, 144, 146, 180, 184, 187, 201, 246, 341, 342

수사학적 비평　37

순종　79, 83, 100, 106, 119, 122, 123, 187, 327, 331, 332, 344, 348, 350

신명기 기자　176, 194, 240

신비평　37

신앙고백　16, 94, 96, 227

신정국가　181, 189

신화　289

심판　87, 121, 122, 129, 136, 137, 138, 149, 185, 188, 191, 196, 203, 204, 206, 207, 208, 209, 210, 216, 243, 244, 267, 293, 294, 298, 299, 300, 302, 303, 305, 307, 308, 309, 311, 314, 315, 316, 317, 318

ㅇ

아말렉　185

아브라함　39, 40, 42, 43, 44, 45, 46, 47, 48, 49, 50, 51, 53, 55, 80, 88, 149, 318, 328, 344

아세라　181, 182

아합 177, 178, 179, 180, 181, 182, 184, 185, 186, 189, 190, 191, 200

안식 90, 91, 93

알레고리 36, 257, 258

암몬 185, 298, 313, 314, 315

야곱 48, 59, 67, 88, 218, 221, 311, 312, 313

야웨의 날 25, 314

약속 23, 39, 40, 41, 42, 44, 45, 46, 47, 48, 50, 52, 53, 54, 55, 56, 67, 69, 70, 72, 77, 80, 84, 87, 93, 106, 124, 135, 136, 137, 138, 143, 146, 150, 326, 330, 335, 336, 348, 350

언약 15, 16, 17, 21, 23, 25, 26, 79, 84, 89, 95, 105, 106, 110, 124, 126, 127, 134, 135, 138, 141, 142, 149, 197, 199, 202, 203, 206, 210, 233, 235, 244, 252, 267, 326, 327, 330, 348, 349

언약궤 159, 161, 234, 235, 236, 237, 238, 240, 241, 242, 243, 244, 245, 246, 247, 248, 249, 250, 251, 253, 254, 255

얼굴 63, 64, 73, 74, 75, 78, 80, 146, 152, 157, 161, 281, 283, 291, 338

에돔 294, 298, 299, 306, 309, 311, 312, 313, 315, 316

엘리사 178, 198, 302

엘리야 178, 179, 190, 192, 193, 194, 195, 196, 197, 198, 199, 203, 206, 208, 210

여리고 144, 182, 183, 184, 185, 188, 189, 191

여호람 192, 194, 196, 197, 199, 200, 201, 202, 203, 204, 205,

206, 207, 208, 209, 210, 311

역사 비평 35

영광 18, 21, 22, 48, 114, 118, 157, 158, 162, 174, 227, 244, 245, 247, 249, 253

예루살렘 109, 110, 111, 118, 139, 140, 144, 170, 183, 209, 215, 237, 238, 242, 245, 249, 250, 252, 253, 274, 277, 312

예배 57, 58, 79, 82, 83, 84, 249, 254, 278, 323, 325, 326, 327, 328

예언 79, 121, 175, 176, 178, 190, 193, 196, 203, 208, 210, 212, 219, 246, 247, 250, 293, 294, 295, 296, 298, 299, 306, 311, 318

예언형식 305

오순절 32, 106, 148, 252, 264

왕국 104, 176, 190, 201, 210

용서 127, 128, 129, 138, 140, 149

우상 215, 327

원수 268, 269, 272, 277, 280, 292, 319

원인론 176, 239

위로 44, 79, 90, 91, 122, 172, 189, 216, 227, 233, 318

유일신론 95, 126

윤리 344

율법 87, 88, 91, 92, 93, 94, 101, 102, 103, 133, 136, 143, 150, 188, 210, 257, 307, 323, 331, 332, 337, 344, 346, 347, 348

은혜 62, 63, 67, 74, 79, 84, 90, 91, 93, 94, 97, 98, 99, 105, 107, 127, 136, 141, 143, 146, 188, 189, 190, 251, 252, 267, 290, 291, 326, 330, 335, 348

이방인 56, 88, 91, 98, 106, 127, 147, 149, 162, 215, 226, 276, 277, 280, 281, 346, 348

이세벨 180, 181, 310

이주여성 107

인권 306, 307, 310, 318

일신사상 126

임재 74, 111, 115, 118, 122, 129, 130, 131, 149, 160, 169, 235, 238, 240, 244, 245, 249, 251, 252, 254, 282

ㅈ

자기 저주 96, 133

저주 45, 50, 56, 76, 79, 80, 121, 175, 176, 178, 185, 186, 187, 188, 189, 191, 235

전승사 16, 58

전진 28, 30, 237, 248, 254

점진 38, 64, 298

제사장 58, 59, 60, 66, 67, 69, 77, 78, 80, 81, 84, 110, 145, 158, 170, 173, 257, 259, 279, 280, 334, 335

제의 기구 109, 235, 249, 253, 255

족장 43, 70, 87, 221, 326

종교다원주의 91, 97

종교사학파 235, 254

주권 18, 242, 243, 255

주문 66

주석 방법 25, 37

주술 66

지성소 144, 152, 153, 158, 159, 160, 161, 162, 163, 164, 165, 166, 173, 243, 247

지파 동맹체 238, 239

지혜/지식 336

ㅊ

창녀 256, 262, 263, 267

창조 25, 26, 27, 44, 225, 226, 227,
    228, 232, 334, 340

축도 57, 58, 67, 81, 82, 83

축복 57, 59, 62, 65, 66, 70, 76, 78,
    80, 81, 83, 84, 252, 333, 335

축제 279

ㅋ

쿰란 59, 71, 81, 214

ㅌ

티글랏 빌레셀 305, 314

티아맛 321

ㅍ

팽창주의 313

평강 62, 63, 64, 75, 76, 78, 79, 83,
    84

평화 75, 79, 253

표제 269, 270, 271, 272, 273, 274,
    275

풍요 45, 65, 70, 84, 87, 136, 137,
    188, 255, 326, 335

ㅎ

하나님 나라 16, 18, 19, 27, 28, 118,
    190

하사엘 302, 303

행복 71, 75, 122, 333, 335, 336,
    339, 344, 350

허무 340, 341, 342, 343, 344, 350

헬몬산 276, 277, 278, 284, 285

형제 98, 100, 103, 309, 311, 312

혼합체 157, 158

회개 87, 92, 135, 136, 137, 138,
    139, 328

휘장 153, 157, 162, 164, 165, 166,
    173

흉년 87

희생 185, 186, 190

히엘 178, 179, 184, 185, 186, 190

구속사와 구약 주석
Redemptive History and Old Testament Exegesis

2017년 3월 20일 초판 발행

지은이	신득일
편 집	변길용, 정희연
디자인	윤민주
펴낸곳	사)기독교문서선교회
등 록	제16-25호(1980. 1. 18)
주 소	서울시 서초구 방배로 68
전 화	02) 586-8761-3(본사) 031) 942-8761(영업부)
팩 스	02) 523-0131(본사) 031) 942-8763(영업부)
홈페이지	www.clcbook.com
이메일	clckor@gmail.com
온라인	기업은행 073-000308-04-020, 국민은행 043-01-0379-646 예금주: 사)기독교문서선교회

ISBN 978-89-341-1627-1 (93230)

* 낙장 · 파본은 교환해 드립니다.

이 도서의 국립중앙도서관 출판시 도서목록(CIP)은 서지정보유통지원시스템 홈페이지(http://seoji.nl.go.kr)와 국가자료공동목록시스템(http://www.nl.go.kr/kolisnet)에서 이용하실 수 있습니다.
(CIP제어번호: CIP2017003227)